幼児教育 知の探究 2

教育臨床への挑戦

青木久子

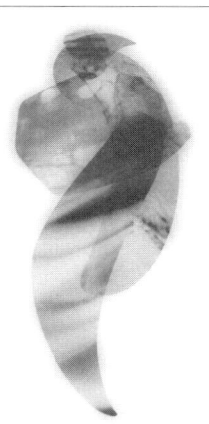

萌文書林

はしがき

　明治の近代国家建設を目指して学制を敷いた第一の教育改革，第二次世界大戦後の民主国家建設を目指した第二の教育改革は，教育によって国の未来を再建するという国家目的が明確にあったが，1980年以降，紆余曲折しながら模索している第三の教育改革は，今なお混沌とした状況にある。すでに四半世紀が経過しているが，過去の国家に依存してきた教育改革から，民意が改革を推進するだけの活力を有するようになるには，物質的・上昇的な価値から"人間の生"に基本をおいた問いへと価値の転換を図り，人々が志向する文化そのものの本質に光を当てていくことが必要であろう。

　しかし学校が社会から遊離し，子どもたちに合わなくなっていても民意が建設的に動いてこない。また行政が民意と対話し，民意を支えて施策化し，それを推進する機能が働かない。小学校の生活科や総合学習の導入，教育のプロセス・アプローチに対する第三者評価の導入等は，敗戦直後の民主化への教育が目指したものであったはずである。また，幼稚園・保育所・総合施設等の制度的見直しも，戦前からの就学前教育の課題がそのまま積み残されてきた結果といえよう。それは家族の時間やコミュニティの人々のつながり，豊かな地域文化の醸成，そこに生きる人間の本質の発展という方向より，少子化対策，経済の維持といった国の施策が先行するものとなっている。これは，半世紀の間に国家依存，体制依存の体質が招いた混沌であり，今まさに教育理念そのものの問い直しが求められている時が来ているといえよう。

　国による民主化から，民による民主化成熟への道のりには，人間が生き

ることの意味への問い，生きる価値のおきどころ，世代循環するトポスの文化の見直しが必要である。それは，幼稚園・保育所・小学校といった分断された施設区分から，コミュニティの中での就学前から学童期を経て生涯にわたって展開される学習を構成していく視点でもある。地域の子どもたちの生きる場としての総体を受け止め，地域社会の環境・文化と共生する教育への転換は，学校化された知の限界を越えて知の在所や知を構築する関係のありようを転換し，知そのものへの問いを新たにするだろう。

　生の根元にまでさかのぼろうとする本企画は，人間・学び・学校・社会という共同体のトポスに焦点を当てて，従来の就学前教育が子どもたちに当てた光を再考しつつ，あわせて抱えてきた課題も浮き彫りにして，これからの知を構築する視座を掘り起こしたいと思う。

　なお20巻にわたる本企画は，次の三つの特長をもっている。一つは，幼稚園や保育所，総合施設等の多様化に伴い，本来の就学前教育の理念も児童福祉の理念も曖昧になり，幼児教育界を混沌とさせている現状を踏まえ，3歳児から低学年までを見据えた就学前教育に光を当てて"人間の教育"の根元に迫る。二つに，従来の幼児教育に関連した書籍の感覚としては，難しいという批判を浴びることを覚悟の上で，専門性を高めることを願う幼児教育者養成大学やキャリアアップを図る現職者だけでなく，広く一般の人々にも読んでいただけるような知の在所を考える。三つに，現在の幼稚園教員養成カリキュラムの内容を基本においてはいるが，今後の教員養成で必要とされる内容を加えて全巻を構成している。

　本シリーズ刊行に当たっては，萌文書林の服部雅生社長の大英断をいただいた。社会体制転換をしたポーランドが5年制の大学で修士論文を書いて初めて教員の入り口に立ち，一人前の幼稚園教員として認められるには14

年の学習研鑽と実践を積んで国家試験を通るという厳しいものであることを思うと，まだ日本の就学前教育の先は長いという思いもする。しかし，このシリーズによって教科書内容の重複を避け，教師・保育士の専門性を高めるために一石を投じたいという，長年，幼児教育界の出版に携わってきた服部氏だからこその決断をいただいたことに深く感謝する。

　いつになってもこれで完成ということはない。多くの方々から忌憚のない意見を寄せていただき，次の時代への知の橋渡しができることを願っている。

2007年1月

　　　　　　　　　　　　　シリーズ編者　青木久子・磯部裕子

本書まえがき

　本書のタイトル「教育臨床への挑戦」が保育原理Ⅱとして「就学前教育史」を表すことになるとは筆者自身，まったくの驚きである。従来の「保育原理Ⅱ」あるいは「教育史」は，それなりのスタイルをもっていて，そこには先人の知が集積されている。しかしその知の集積に対して筆者は，ことばでは言い表せないが，何か違う感覚を持ち続けてきた。それは実践現場で這い回って生きてきた者の無知か，実践知を学問知と融合できない者の限界かとも考えている。戦後の就学前教育は量的拡大を是とする社会で，幼年期の教育とは何か，人間の教育は何を原理とするかなど，現場を生きる筆者には立ち止まって考える余裕がなかっただけに，大きな潮流に身を委ね，なるようになるという諦めをつくってきたのかもしれない。

　幸いにも，ことばでは言えない何かが違うという感覚，つまり身体内に蓄積された暗黙知を言葉にして「教育史」の中に浮き彫りにしていく作業に取りかかる機会を得て，ようやく就学前教育を支える学問の総体が，自己の実践知と融合し始めたような感覚をもっている。

　本書を「教育臨床への挑戦」とした動機は，一つはきっかけとなった「教育臨床学」の存在である。1988年に京都大学に「教育臨床学」と称する講座が開設されて，学校が抱える問題の深部に迫る知を構築しようとする契機が提供され，ふたたび幼年期の教育は何を原理として人間の教育を行うのかに意識を向けることができたのである。もう一つは本来，教育学は場所(トポス)に働く関係の現象を学問として構築する学で，あえて教育臨床学と言わなければならない時代とは何だろうという問題意識である。

そこで，幼年期教育における教育史を，臨床的視点から構築してきた人々の歩みの過程を整理することによって，教育実践現場の臨床性がいつ頃から変質したのか，そもそも教育学は臨床性と遊離した学問だったのかがとらえられるのではないかと考える。

　本書の全体は3部構成で，第1部は，幼稚園教育の祖といわれるフレーベルの『人間の教育』『自伝』等から，彼が教育学を構築し実践によって確かめる過程での様々な問いや逡巡する思いを読み解きながら，原理の根元に迫る。フレーベルの自己教育・教育・教授・訓練といった概念が，遊びや祈り，労作などの活動を通して陶冶されるとした新教育を推進した人々の論理となっていく原点をみることができるからである。

　また，日本の幼年期教育にこれらの思想性がどのように拡がり定着してきたのか，幼稚園教育の臨床家たちが，どのように自らの論理として学問知と実践知を融合してきたのかを探る。さらに，世界と交流する思想の可能性と限界をとらえている。

　第2部では，教育の理念を姿形に現す場所・空間・時間という外的作用に視点を当てる。アフォーダンス理論は，人間が生命活動を行う身体システムと環境との相互作用を論理づけるもので，教育という社会的営為も大きな宇宙(コスモス)の中の一活動形態でしかないということを認識させてくれる。教育は，施設に具現化された姿形を通して現実の生活をつくり，見えない精神を生活に表現する。それは場所における経験と時間・空間と深く関係する問題で，教育における陶冶の問題でもある。先人が，記憶と経験を織りなす教育の内容を構造化した中にも，原理につながる思想があることに触れる。

　第3部は，自らを教育する我，自己という主体に視点を当てる。道徳の

完成をめざすのは，自由な我であり自己認識であるとするシェリングの論理を基礎に，自我の社会性を考える。また，現実の世界，つまり臨床知の働く世界で生み出されていく"意味"が発達の実質となっていくことを踏まえて，意味の普遍性をつくりだす共同意識にも言及する。最後に，明治期の伝統的な教育から大正デモクラシーの時代に新教育を実践して，臨床知と学問知を融合した人々の主張を掲げる。

たいへん異色な教育史になったことは否めない。それというのもこの教育史が，人の為した事の歴史というより，為した事の根底にある思想に様々な角度からアプローチしているからである。また，思想の拡がりが実践を生みだし，実践によって思想がつながっていくところに視点を当てているからである。原理のつらなる脈絡に中心を置いてきたため，幼児教育界の歴史に登場する人々を多くは掲出できなかったきらいはある。しかし，実践者のもつ暗黙知は，人々が生きた時間や社会の現実に即して生みだされた思想と共にあることを思うと，読者の皆様が本書の批判を通して自らのもつ暗黙知を顕在化させ，新たな知見を構築する宝庫を提供できるに違いないと思う。

教育基本法が改正され，また教員免許の更新制度が検討されて教育改革が進行する中で，現職の教員や次代を担う若者に寄せられる期待は大きい。日々，現実の状況に向き合うだけでは何が問題の本質かも把握できにくいが，歴史の中に，忘れられた時間，埋もれた言葉，人々の生きる価値などを発見することができるだろう。最初の原稿ができてから1年間，行きつ戻りつしながら添削を重ねてきた。力不足で，「教育臨床への挑戦」の本意を十分言葉に表すことができず忸怩たる思いがする。しかし今日，諸々の教育によって重箱の角をつつくような部分に区分されてしまった知を，も

う一度，自己に統一できるようにするために，エポケーから新たな実践への問いを起こしてくれることを願っている。

　最後に，本書の発刊に当たって，服部直人氏には企画段階から多大な協力をいただいた。筆者自身，若き青年の真摯な研究態度から多くを学び，幼児教育の専門家と交わす以上に，専門的な対話を重ねる喜びを味わわせていただいた。彼の励ましがなかったら，本書は完成には至らなかったのではないかと深く感謝している。

　2007年3月

　　　　　　　　　　　　　　　　　　　　　　　　　　　　青木久子

目　次

第 1 部　人間教育の原理

第 1 章　生の系譜 …………………………………………………… 2
§ 1　教育原理のルーツ ……………………………………………… 2
　1．就学前教育原理の必要性 ……………………………………… 2
　　（1）時代を超えて生きる思想 ………………………………… 3
　　（2）教育原理の二側面 ………………………………………… 4
　　（3）今日の就学前教育原理の視点 …………………………… 6
　2．『人間の教育』の構造と理念 ………………………………… 9
　　（1）一つの永遠の法則 ………………………………………… 10
　　（2）万物の天命および天職 …………………………………… 12
　　（3）教育とは何か ……………………………………………… 15
　　（4）教育の内容と方法の原理 ………………………………… 19
§ 2　臨床を哲学する ………………………………………………… 22
　1．フレーベル以前の幼児教育実践者 …………………………… 22
　2．実験による実証 ………………………………………………… 26
　　（1）実践による原理の実験 …………………………………… 26
　　（2）こだわりをもつ自分の発見 ……………………………… 28
　　（3）経験知と学問知融合の必要性 …………………………… 30
　　（4）社会に対する実践報告 …………………………………… 33
　3．幼児期の人間教育の原理 ……………………………………… 35
　　（1）両親の役割 ………………………………………………… 37
　　（2）人間教育の始まり ………………………………………… 38
　　（3）幼児教育の方法原理 ……………………………………… 40
　　（4）労働の教育 ………………………………………………… 42

　　　　(5) 幼児教育の原理の実証 …………………………………… 45

第2章　日本の幼児教育思想の系譜 ……………………………………… 50
　§1　国産の幼児教育原理への道程 ……………………………………… 50
　　1．フレーベルの恩物による教育 …………………………………… 50
　　　　(1) 日本の幼児教育指針 ………………………………………… 51
　　　　(2) 輸入した幼児教育の方法 …………………………………… 52
　　2．幼児教育学の見解 ………………………………………………… 54
　　　　(1) フレーベルの恩物批判への序章 …………………………… 55
　　　　(2) 「幼児教育学」としての構想 ……………………………… 57
　§2　大正・昭和期にみる就学前教育の原理 …………………………… 60
　　1．大正期の就学前教育原理 ………………………………………… 60
　　　　(1) 自由教育の潮流 ……………………………………………… 61
　　　　(2) 自由人として描く教育 ……………………………………… 64
　　2．昭和初期の幼児教育原理 ………………………………………… 66
　　　　(1) 四半世紀にわたる実践研究 ………………………………… 67
　　　　(2) 幼児教育普及期を生きた倉橋惣三 ………………………… 69

第3章　精神の源流へのアプローチ ……………………………………… 76
　§1　教育史を学ぶということ …………………………………………… 76
　　1．様々な源流へのアプローチ ……………………………………… 76
　　　　(1) フレーベル研究者の軌跡 …………………………………… 77
　　　　(2) 見聞の啓蒙 …………………………………………………… 78
　　2．共同する教育実践 ………………………………………………… 80
　　　　(1) トルストイの学校 …………………………………………… 81
　　　　(2) タゴールの学校 ……………………………………………… 82
　　3．参加観察による場所の調査研究 ………………………………… 84
　　　　(1) 生活することによって学ぶ思想 …………………………… 84

(2) フレネ学校へのアプローチ ……………………………………… 86
　§2　幼児教育原理の限界 ……………………………………………… 88
　　1.　幼児教育原理の限界 ……………………………………………… 88
　　　(1) 教育実践の危機 ………………………………………………… 89
　　　(2) 問題解決のための学問の必要性 …………………………… 91
　　2.　教育の大転換を支える思想 …………………………………… 92

第2部　場所・空間・時間という原理の所在

第1章　自己活動する内的衝動の発露と環境 ……………………… 96
　§1　幼児の探索行動とアフォーダンス ………………………………… 96
　　1.　人間の衝動 ………………………………………………………… 96
　　　(1) 衝動の発露 ……………………………………………………… 97
　　　(2) 複雑系の世界 …………………………………………………… 98
　　2.　生物学的視覚論の意味 ………………………………………… 101
　　　(1) 1. 2歳児の探索行動 ………………………………………… 102
　　　(2) アフォーダンスとは ………………………………………… 103
　§2　就学前教育とアフォーダンス …………………………………… 110
　　1.　生活環境と陶冶内容 …………………………………………… 110
　　　(1) 通園路のアフォーダンス …………………………………… 112
　　　(2) 生活環境のアフォーダンス ………………………………… 113
　　2.　労作や遊び環境のアフォーダンス …………………………… 114
　　　(1) 労作環境のアフォーダンス ………………………………… 115
　　　(2) 遊び環境のアフォーダンス ………………………………… 117
　　　(3) 子どもの自己組織化と教育の動力 ………………………… 119

第2章　原理を具現化する場所(トポス) ……………………………… 121
　§1　場所(トポス)の論理 ……………………………………………… 121

1．生きる場所 …………………………………………… 121
　　2．場所が保有する意味 ………………………………… 122
　　　（1）場所の区分と自己 ………………………………… 122
　　　（2）場所の論理 ………………………………………… 124
§2　教育原理を姿 形(すがたかたち)に現す臨床の知 ……………………… 127
　　1．姿形の四つの視点 …………………………………… 127
　　2．自己活動を重視する場所 …………………………… 129
　　　（1）子どもの権利を読む ……………………………… 129
　　　（2）場所が提供するもの ……………………………… 131
　　　（3）自然環境に陶冶内容を埋め込む ………………… 133
　　　（4）自然を生かす生活の場所 ………………………… 134
　　3．文化の伝達を目的とした場所 ……………………… 135
　　　（1）伝統型の理念実現の場 …………………………… 136
　　　（2）カントの教育学 …………………………………… 138
　　　（3）個性教育・英才教育への挑戦 …………………… 141
　　　（4）方法の原理研究の必要性 ………………………… 142
　　　（5）知識注入教育批判と外国人の目 ………………… 143
　　　（6）サービスとしての就学前教育の危機 …………… 145
　　4．ブランドメソードを取り入れた場所 ……………… 147
　　　（1）モンテッソーリの精神の具現化 ………………… 147
　　　（2）ブランド保育の課題 ……………………………… 149
　　5．町を生きる場所 ……………………………………… 150
　　　（1）家なき幼稚園の実践 ……………………………… 150
　　　（2）近郊教育カリキュラム …………………………… 152
　　　（3）町に子どもが生きる場所を探す ………………… 153
§3　不調和な場所(トポス)での実践 ……………………………… 155
　　1．原理を現す環境の不統一 …………………………… 155
　　　（1）施設設備に関する歴史の動向 …………………… 155

（2）遊びと自然環境のずれ ………………………………………… 156
　　2．囲いの中の長時間生活 ………………………………………………… 158
　　　（1）ずれの間での実践 ……………………………………………… 159
　　　（2）ある外国人の目 ………………………………………………… 161

第3章　経験という教育陶冶の内容 ………………………………………… 163
　§1　想起的記憶の誕生 ………………………………………………… 163
　　1．経験を生みだす場所と時間と出来事 ………………………………… 163
　　　（1）ベルグソンの時間と記憶 ……………………………………… 163
　　　（2）クオリアという心像 …………………………………………… 164
　　2．時間に展開される内容 ………………………………………………… 166
　　　（1）一日を単位とする時間の内容 ………………………………… 166
　　　（2）自己活動への時間の変化 ……………………………………… 167
　　　（3）記憶の誕生から喪失まで ……………………………………… 169
　　　（4）経験と語り ……………………………………………………… 170
　§2　現象が生起する構造 ……………………………………………… 172
　　1．時間と内容の構造化 …………………………………………………… 172
　　2．経験のまとまり ………………………………………………………… 175
　　3．場所と時間と内容にみる経験の質 …………………………………… 177
　　　（1）幼稚園と保育所の物理的区分 ………………………………… 177
　　　（2）時間と内容の構造化 …………………………………………… 179
　　　（3）調和がくずれるとき …………………………………………… 184

第3部　教育の実体

第1章　自己と自己教育 ……………………………………………………… 190
　§1　意志の所在 ………………………………………………………… 190
　　1．自己活動をなすわたしの意志 ………………………………………… 190

　　　　(1) シェリングの宇宙の知性 ……………………………… 191
　　　　(2) 自由と善の本質 ………………………………………… 193
　　　　(3) 心理的諸状態の強さ，弱さと自由 …………………… 201
　　2. 経験を組織化する主体 ……………………………………… 204
　　　　(1) 開かれた経験 …………………………………………… 204
　　　　(2) 主体としての自我と自己 ……………………………… 209
　　　　(3) 自我の社会性 …………………………………………… 210
　§2 意味の生成 ……………………………………………………… 214
　　1. フッサールの生活世界 ……………………………………… 214
　　　　(1) 日常という世界 ………………………………………… 214
　　　　(2) 言葉とジェスチャー …………………………………… 216
　　　　(3) 生活世界と全体世界 …………………………………… 219
　　2. 意味とシンボリックな相互作用 …………………………… 221
　　　　(1) 間主観的な意味 ………………………………………… 221
　　　　(2) 意味と象徴 ……………………………………………… 222
　　3. 生活世界の振りと会話 ……………………………………… 227
　　　　(1) 意味の生まれるところ ………………………………… 227
　　　　(2) 共同感情が生まれる保育のトポス …………………… 229

第2章　教育臨床への挑戦 …………………………………………… 235
　§1 教育実践へのアプローチ ……………………………………… 235
　　1. 教育実践のもつ必須条件 …………………………………… 235
　　　　(1) 実践研究の定義 ………………………………………… 235
　　　　(2) 教育的価値 ……………………………………………… 236
　　2. 教育的意味のエポケー ……………………………………… 240
　　　　(1) 生活世界の超越論的判断中止 ………………………… 241
　　　　(2) 教育実践の吟味 ………………………………………… 242
　§2 教育実践の真髄 ………………………………………………… 245

1. 八大教育主張の真意 ……………………………………………… 245
   (1) 教育の先導試行の時代的価値 ………………………………… 246
   (2) 8人の主張骨子 ………………………………………………… 247
2. おわりに ………………………………………………………… 256

【引用・参考文献】………………………………………………… 259
【索引】……………………………………………………………… 273

第1部

人間教育の原理

　古代ギリシャ，ローマの時代から，教育は国家の大事業として人々の関心の対象となってきた。7歳までの子どもが学校における被教育者として語られるようになってまだ200年にならず，就学前教育は右に左に揺れうごきながらその原理を模索しているといえよう。原理とは，不易*である。しかし，教育は人間の社会的営為のため，社会の変化にともなって流行を追うものであり，そこに教育の不易を見いだすことはいつの時代も困難な作業である。

　第1部では「教育学」と「教育史」をもって原理とする就学前教育を，フレーベルの『人間の教育』を読みときながら，今日までつなげてその思想の根元に迫りたい。従来の教育史は，人物とその思想を中心に構成しているが，ここでは臨床知と学問知を融合する過程に思想が生まれた必然を，人々の実践からとらえている。

第1章

生の系譜

§1　教育原理のルーツ

1. 就学前教育原理の必要性

　日本が範とした「就学前教育の原理」は，フレーベル（*Friedrich Wilhelm August Froebel*, 独, 1782-1852）の教育哲学である。江戸時代末期，武士や商人が学ぶ藩校や寺子屋だけではなく『垂統秘録』**には，貧民のための慈育館「貧民の赤子を養育する官署」や，出生より4，5年を過ぎた子どもの遊児廠「小児を遊楽せしむる堂」が記載[1]されているが，そこに幼児教育原

---

*　「不易流行」　不易は詩的生命の基本的永遠性を有する体，流行は詩における流転の相で，その時々の新風の体で，根元においては一に帰すべきもの，という意。教育においては，変わらぬ原理と時代により変わる原則，内容，方法に対して不易と流行をいう。

**　『垂統秘録』（佐藤信淵1857年の著，改造社，1923）　プラトンの『国家』，マキャベリの『君主論』，孟子の『王政』に当たる国家論。その「小学校編」に其高2万石以上に小学校（高等教育機関）を1校，1万石以上の土地に対して廣濟館（政事）1か所，療病館（病院）2か所，慈育館（出生より数え4，5年間の貧民赤子の養育館）3か所，遊児廠（4，5歳より7歳までの幼児の遊び堂）20か所，千石につき教育所（8歳以上）1か所を設けて，無償で養育，教育をする構想。年齢に応じて，すべての子どもが遊児廠，教育所へと進む国家の教育制度論。

理のルーツを求めることは難しい。また，江戸時代は子育ての書として『養生訓』『和俗童子訓』[2]『父兄訓』『安斎随筆』[3] など多くの文献が残されているが，これらも養護，保育の方法原理に通じるとはいえ，家庭の養育・育児書であって集団施設教育を語るには及ばない。つまり国家が学制を敷いて国民皆学のお触れ書きを出し，さらに幼稚園教育を始めたところから，職業としての学問を取り扱う場，集団教育機関としての人間陶冶の場が生まれ，その教育の原理・方法の必要性に迫られるようになったのである。

（1）時代を超えて生きる思想

　フレーベルの教育哲学は難解である。一つは残されている多くの論文から，彼自身が思想遍歴の中で得た思索の過程を理解しなければならず，もう一つは教育哲学自体がキリスト教文化圏の思想であり，彼が大きな影響を受けた18世紀から20世紀初頭の哲学に，また，古くはギリシャの哲学にまで遡らなければ，その真意を理解できないからである。そのためであろうか，幼児教育者なら誰しもフレーベルの名前や彼の主要著書，その思想の一節を知らない者はない。しかし，それがどのように生まれてきたのかを学んできた者は少ない。初等教育を実践し，試行錯誤を繰り返す過程で得た世界観，理（ことわり），身体にしみ込ませた共通感覚（コモン・センス）などの臨床知に挑戦するためには，その人間が生きた時代と人生遍歴に一つの信念，思想が成熟した"生の系譜"を学んでいくことが必要であろう。

　今日，われわれがフレーベルのキンダーガルテンの幼児教育理論に不易をみようとすると，彼の著書『人間の教育』[4]＊に学問の基礎を置くことにな

＊『人間の教育』　1826年に刊行された『人間の教育』は，フレーベル44歳の著作である。これは幼児期だけではなく，少年期，学校期の人間，ひいては両親も含めた人間全体を通じての教育原理である。現実批判や自省を通してあるべき教育の真実の姿を探求した労作で，とくに幼児教育者にとっては必読書である。

　本書『人間の教育』の引用は，フレーベルの実践に視点を当てた研究者である岩崎次男訳『人間の教育Ⅰ』明治図書出版，1960による。このほかに，小原国芳・荘司雅子『フレーベル全集全5巻』玉川大学出版部，1971がある。

る。そこには，彼の思索的な青年期の「人間の教育とは何か」の問いに対する核心の集成があるからである。しかし，それを学ぶことで不易が分かったと思うのは早計である。核心が生まれた場所＊に働く論理，そこにおける他者との関係性，生涯にわたって彼を突き動かした内的衝動，彼が小さな確信を積み重ねた時代的・歴史的時間といった過程に真正の原理の源があると思うからである。つまり，彼の臨床知が確信ある論理構造をもった学問知として構築された過程にこそ，彼の実践において生きられる原理があるといえよう。

　ある思想が時代を超えて生きるには，多くの人々に共感・共鳴をよぶ何かがある。それが個々人が経験から得た「確かな信念」と響きあう先達の「不易」，つまり時代が変わっても変わらない普遍であろう。日常は無意識の中にある自己教育の原理と，先達や今を生きる人々の教育原理とが響きあうとき，時代を超え，世代や立場を超えて生きる教育の思想が生まれてくると考える。

(2) 教育原理の二側面

　一般に教育の原理をとらえるには，二つの立場がある。一つは人間教育の原理，つまり学校の有無にかかわらず古代から人間が社会と和合し自己実現に向けて生涯，研鑽する存在として，自己自身を教育する原理である。たとえ幼い子どもでも他者に教育的作用を及ぼし，他者から教育的作用を受ける相互関係の中で自己教育を行っている。万物は複雑系の世界で自律的に調和する存在であり，命に限りある有限な人間が生きる意味を問いつつ，善を全うしようとする自己教育の原理は，哲学的思索の分野でもある。これは真・善・美を希求する人間観，自然観，教育観の根底にあるものであり，これが教育の不易をとらえるための思想，原理を学ぶ一つの視点である。ここに教

＊　場所（トポス）　単なる物理的空間ではなく，相互に作用しながら意味を生みだしている場。場所の論理については，第2部第2章を参考にされたい。

育原理の基礎を置く人々は，人間を哲学することに重点を置く。有限な人間存在を知らないで教育を打ち立てることなどできないからである。

もう一つは社会的営為である学校教育という実践共同体の枠の中での教育の原理である。学校における教育の原理には，さらに学校教育の対象としての幼児・児童等の発達に応じた教育の原理と，教授の方法原理の二つの視点がある。

ライン（*Wilhelm Rein*, 独，1847-1929）は，『教育学原理』[5]で教育学の体系を歴史的教育学（教育史）と系統的教育学におき，系統的教育学は基礎論と細論に分ける。基礎論は教育理論や陶冶理論であり，細論はさらにいかに教えるかという視点からの理論的教育学と，教育形式論・教育行政論を包含する実際的教育学に分けている。

教育の本質を知るためには，哲学や宗教思想，社会学や人間学などの視点から広い意味で教育をとらえることが必要である。また教育は現実をよりよく向上させる理想化の作用であり，理想については哲学や倫理学，社会学といった視点からの研究が必要である。さらに，教育の対象を知るためには，生理学的・生物学的・心理学的な研究視点も必要とされる。系統的教育学は，基礎論があっての細論というわけである。

一方，教育客体（教育目的の対象）を理想に向けて向上させる教育方法については，それが教育学そのものだとする人も多い。教育客体がもつ現実を踏まえ，教育目標を設定し，教育の場，教育作用の場を考察していく。今日では教科教育法・教育技術などの派生学も成立しており，また，これ以外にも対象年齢別，分野別，内容別の部分科学としても成立している。

学校教育における人間の教育も，人間を哲学することを始めとして，その哲学の上に教育の方法原理が生まれるわけで，これらは本来切り離せないものである。教育学の始まりといわれるコメニウス（*Johann Amos Comenius*, チェコ，1592-1670）の『大教授学』[6]は，「あらゆる人にあらゆる事柄を教授する普遍的な技法を提示する大教授学」という副題が示すように，都市村落などの地域，男女を問わず，すべての青少年に僅かな労力で着実に教える技

法とするが,「基礎は事物の自然そのものから発掘され,真理は工作技術の相似例によって論証され,順序は年月日,時間に配分され,最後に,それらを成就する平易で的確な道」として学校教育の基礎と方法原理の全体系が示されたものである。そして教育の目的を神による調和におき,自然界の運行にならって自然を観察する法則をあげている。

就学前教育としての保育学あるいは幼児教育学を,人間行為を哲学する「人間形成に関する法則を研究する学問」である教育学の派生学ととらえるか,現実的な社会に対応する保育の方法や技術を研究する学問ととらえるかで原理の様相が異なる。昔から教員養成・保育士養成機関や教師・保育士の多くは,方法論を学ぶことに走りやすい。なぜ,その方法が人間教育にとって必要なのかといった基礎となる視点を抜きに,どんな方法で文化を伝達するかが主たる目的となりやすいのである。そこが今日にいたってなお,就学前教育が社会変動に一方的に流される一因になっていると思われる。ルソー(*Jean Jacques Rousseau*, 仏, 1712-1778) が『エミール』[7] を通して「造物主の手を離れるとき,すべてのものは善であるが,人間の手に移されると,すべてのものが悪くなってしまう」として,人が子どもという存在を知らないで誤った教育をしていることを嘆いたように,「教育」という言葉の概念を哲学することを忘れて,方法に留まってしまいやすいのである。その方法を獲得することによって,自らの実践において生きられる真正の人間教育の原理を求めることを忘れてしまうのではなかろうか。

(3) 今日の就学前教育原理の視点

前述のように,今日のわが国の幼児教育原理,保育の原理は二つの立場を明確に統合して,一つの論理を生みだしているわけではない。幼稚園,保育所それぞれの法の目的,制度の目的が,原理と直接結びつき,原理が法の目的に縛られている。戦後の幼稚園,保育所の実践的・理論的リーダーである3人の原理の構造の多様性を1990年前後の「保育原理」でとらえてみよう。

フレーベル，倉橋惣三の思想の流れを生きる森上史朗（1931-）は『初等教育の原理』[8]で，第1章 教育と教育学，第2章 教育の基礎となるもの，第3章 人間形成の原理を掲げ，人間形成の原理に迫る教育や教育学，児童観や指導観といった言葉の概念規定をして，その原理を，相互作用により，ともに変容する主体においている。そして，第4章 子どものための保育施設・学校で，保育所と幼稚園という福祉施設，学校教育機関の成立過程を説明したのち，第5章 教育における指導の原理，第6章 教育内容と教育計画の原理，第7章 子どものための教育評価，第8章 教師に求められるもの，の内容を展開している。

　一方で村山貞雄（1919-），岡田正章（1925-）らの『保育原理』[9]は，第1章で「保育」と「教育」の違い，第2章から4章で家庭，幼稚園，保育所を説明した後，第5，6章で保育者の役割と乳幼児の発達に触れている。第7章で幼保の保育制度の違い，施設の歴史的変遷に触れ，第8章で幼稚園と保育所の目的を説明している。第9章から13章までが，「教育要領」と「保育指針」に示された保育内容を掲げ，保育方法，保育課程，評価の諸課題をあげている。

　教育学自体，"学"としてのアイデンティティーが未完成だとも，未完成だからこそ高等な知的生産や探求が継続されるともいわれる。森上が思想だけでなく制度，方法，教育課程・指導計画，実践と評価と多岐にわたって述べるように，教育学の総体であれば教育に関係する領域を取り出して集合させた雑多な集積になるのはやむを得ない。また村山・岡田らは児童期の教育とは異なる保護の概念を強調する。そして家庭，幼稚園，保育所という保育の場所区分の説明と制度（法や指針に示された内容を含む）を中心として就学前の保育内容を構成する。前者は初等教育としての幼稚園を，後者は福祉施設としての保育所を念頭において，就学前教育の原理・思想史だけでなく制度や施策，方法や技術，実践や評価，家庭教育など教育学のすべてに言及しようとするため，認識や行為の根本をなす原理に迫りにくい。幼児教育の思想・人間，教育制度論，教育方法論，教育社会学などの教育の個別・広域な

科目にまたがって教員養成課程の教科目が重複した内容をもつのも，教育学の体系に原理をどう位置づけるかに関係している。

かつて大正デモクラシーによって自由教育運動が盛んなころ篠原助市（1876-1957）は，教育学の問題を世に問い続け，『理論的教育学』[10]において自分の思想を成就している。その内容は，1 教育の意義，2 教育の理念，3 教育の限界と陶冶性，4 教育の方法と心理学，5 教育の主体及び客体としての児童，6 教育的価値，7 形式的陶冶と教育，8 文化価値と教育の方法，9 方法上の原理で，哲学的基礎に重点をおいた教育学の構造である。篠原は，教育という現象の純粋な姿を把握しようとの努力から出発し，理論的教育学を構築するのに，

・自然の理性化として，価値と存在との両界に跨り，2者を結合し，むしろ自然から価値に高まりゆく教育現象を如実に眺め，教育の対象性を確立する。
・教育現象の要素たる価値と存在との各々にわたって考察を試み，総合して根本意志の教養と教育的作業の原則という教育学の根本概念をつきとめる。
・これから演繹した教育的価値実現の可能条件としての教育方法上の原理に論究した。

としている。篠原は，価値と存在，つまり教育の内的自我か外的作用かの二者を結合したところに演繹的な方法原理が生まれると考えたのである。当時，彼は内的自我に軸を置いた人間を尊重する新教育の立場をとりつつ自由のみを謳歌する新教育を批判的にみて，もう一つの価値を模索していた。そこには西洋の，価値か存在か，あるいは内的自我か外的作用かの二分による対立項ではなく，東洋的な帰一の思想を読みとることができる。つまり，外的作用である教育は，児童自身の陶冶性と作用してその限界を超え，児童は教育の主体であるとともに客体として自己を統合し教育的価値を生みだしていく。それゆえに教育の方法は児童の心理的働きを斟酌して行うという，二者を結合したところに教育をみるのである。

彼は，1906年，29歳で小学校の主事（現在でいう校長）に迎えられ，2年後の『新入児童の観念界』という幼児の観念界の実態分析研究を手始めに，様々な思想に出会い，思索し，論文を発表した。そうして20年をかけて構築した『理論的教育学』であるだけに，教育原理の二側面を統一する貴重なものといえよう。

第二次世界大戦後，教育は法的制度の目的に縛られて，幼児教育の不易である原理は，教育機関と福祉施設で視点の置き方が異なるままに今日に至っている。当然，幼児教育・保育を担う人々の意識も異なり，価値と存在との両界に跨るはずの原理の二つの視座は実践者の中で統一されていかない。制度・施設の目的が先行すると，対象である子どもが忘れられ，人間の教育が哲学されなくなる現象が生まれるからである。それは同時に哲学だけでなく，社会学，倫理学，生理学や生物学，宗教思想や人間学といった関係する諸領域から幼児教育・保育が孤立したことを意味する。

こうして，人間教育の原理が法の目的（憲法，教育基本法とも分離した下位の学校教育法，児童福祉法等）に縛られる状況は，個々人が自分の実践において生きられる原理を生みだす土壌をも枯らせている。そこに今日の，教育思想が活力を失う原因の一つがあると思われる。

2.『人間の教育』の構造と理念

フレーベルの『人間の教育』は，次のような目次の内容構成である。第1篇 基礎論，第2篇 幼児期の人間，第3篇 少年期の人間，第4篇 学校期の人間，第5篇 全体の概観と結論で，第1篇は，人間教育に関する哲学的基礎と教育の概念規定および骨格を示すものである。

第2篇から第4篇までは，発達の連続性を重視し，幼児期は生命の段階で内面的なものを外化する時代，少年期は学校の人となり個々の事物の研究に向かって学習する時代，学校期は生徒としての少年が一段高い知的考察へと進む段階として，方法原理の具体化が述べられている。

また，学校期の人間としての第4篇は，第1章 学校とは何か，第2章 学校は何を教えるべきか，第3章 主要な教科について，A宗教及び宗教教育について，B理科及び数学について，C言語及び言語教授及びそれに関連せる読み書きについて，D芸術及び芸術科について，第4章 家庭と学校との関係及びそれによって制約される教科について，A一般的考察，B個々の教科の特殊考察，に分かれている。

ペスタロッチ（*Johann Heinrich Pestalozzi*, スイス，1746-1827）に学び，ペスタロッチがなしえなかった教育の体系化とそこにある原理をフレーベルの『人間の教育』から読みとくためには，彼の学びの遍歴，彼を取り巻く環境，そして経験によって得た暗黙知*などに触れないわけにはいかない。そこで『人間の教育』にみられる言葉の背景を，『自伝』[11]を中心にいくつかの論文と関連づけながら，彼が教育実験を通して構築した原理の臨床性を次の(1)～(4)でとらえていく。

(1) 一つの永遠の法則

フレーベルは，森羅万象の世界に一つの法則が存在し，万物はその法則によって活動しているとする。万物の中にあるその永遠の法則とは，今様に言えば生得的にもつ内的な力，DNAに埋め込まれた情報であるとともに，なお科学では解明できない複雑な万物存在が有する普遍的・必然的な関係である。『人間の教育』の冒頭は，次の言葉から始まっている。

1. 万物の中には，一つの永遠の法則があって，作用し，支配している。
   （『人間の教育』以下『人間』と略す，p.9 *l*2）

万物は，永遠の法則である神的なものがその中にあって働き，支配されて

---

* 暗黙知　知の可能性は言語によって明示される以上に，五感の統合（共通感覚〈コモン・センス〉）として身体内にある。前言語的な知のもつ可能性を暗黙知としたのは，M．ポランニー（*Michael polanyi,* ハンガリー，1891-1976）である。長尾史郎訳『個人的知識』ハーベスト社，1985，高橋勇夫訳『暗黙知の次元』ちくま学芸文庫，2003

いることによってのみ存在し，その神的なものがそれぞれのものの本質であるとする。永遠の法則が万物に作用し支配しているからこそ，人間は自由と自己決定によって本質を表すことができるとするのである。宇宙であれ，生物であれ，鉱物であれ，私たちが認識する世界に無限など存在しないが，仮に現世に無限があったとしたら自由や自己決定は無用の概念であろう。自覚し，思索し，自己決定によって内在する神性を超越するという彼の人間観は，人間存在の根幹を為すものである。有限なものを無限のうちに，感覚的なものを超感覚的に，人間を超人間的に，時間を超時間的にみるロマン主義の思想を生みだしたこの人間観は，時代を超えて普遍のものとして万人に訴える強い力のある言葉である。

　万物の永遠の法則を，フレーベルはいつ感得したのか，人間観の原点がそこにある。『自伝』によると，彼の哲学的思索の始まりは，幼児期に遡る。一つは，9か月で死別した母への思い，わが子を省みる時間すらない多忙な父の牧師生活，兄弟や奉公人によって世話をされて，"両親の愛に飢えを感じていたころ，わたしの意識が芽生えた"からこそ，家族愛への強い衝動をもつに至ったということである。二つは，4歳で義母との生活が始まり，孤独な寂しさから「自分のより高貴な，より純粋な，より内的な生を意識し，生涯いだき続けた品位ある自信と道徳的自負心の基をきずいた―中略―そして少年期の初めにはすでにわたしは無理やりに自己へ，自己の内部へと導かれ」「外的生活の諸現象とは対立した本質と内的発展の考察へと導かれた」[12]というように，盛んな自己との対話，自己省察が始まっていたということである。彼に孤独がなかったら，精神が内面に向き合う強い衝動や本質と内的発展の考察は生まれなかったかもしれない。　三つに，彼が「自然や植物世界や花の世界は，わたしが見，かつ理解できるかぎり」観察と物思いの対象となり「父の大好きな庭の手入れの手伝いをしたし―中略―彼らが多忙なときは懸命に手伝わねばならなかったし，そうすることでわたしの体力も洞察力も増した」[13]というように，自主的な遊びや仕事に教育的意味を見いだしていたことである。

幼児期から少年期の初めに，森羅万象の世界に一つの法則が存在し，万物はその法則によって活動していることを感得する生活や，直観的感覚と自己対話が生涯の学びの姿勢を形づくり自己形成の基礎になったという思いが，やがて冒頭の「万物の中には，一つの永遠の法則があって」の言葉に反映されているといえよう。今日盛んに言われる幼児期の自我の芽生え，自己への気づき，自己形成の主体の確定が，フレーベルにおいては母への慕情，父との軋轢や葛藤，孤独感を癒してくれる自然界に身を置いて対話する自己から発生しているのである。晩年，幼児の教育に彼を駆り立てたものは，この自己への気づき，自己教育の主体への芽生えが幼児期にあるという原点への強い思いだったのではなかろうか。

(2) 万物の天命および天職

　人々が今ある自分を語る場合，意識が芽生えたころから物語が始まる。そこでの幸福感や葛藤が今の自分の基になっていることは，多くの人々が知っている。過去から現在，未来に続く時間の中の有限な自分がとらえられなかったら，自己の存在は安定しないからである。しかし，遭遇した困難や葛藤を"より高貴な，より純粋な，より内的な生を意識し，品位ある自信と道徳的自負心の基"を築くことに向けられるかどうかは精神のありようである。フレーベルをそこに向けたもの，それは生活環境であり，また，万物の法則を支配している神の存在への畏敬であろうか。

　"生命体の本質"を神性において人間をとらえるのは，コメニウス，ルソー，ペスタロッチのロマンティークな教育思想の流れであるとともに，フィヒテ（*Johann Gottlieb Fichte*，独，1762-1814）やシェリング（*Friedrich wilhelm Joseph Van schelling*，独，1775-1854）の自然哲学に拠るところが大きい。シェリングは個人の生命は類を生きようとする永遠の生命であり"自然は見える精神であり，精神は見えない自然である"という心身合一の哲学を生命体の本質に据えている。それは，プラトン（*Platōn*，ギリシャ，前427-前347）が『メノン』[14]の中で「人間であったときにも，人間として生まれていなかっ

たときにも、同じように正しい思わくがこの子の中に内在していて、それがよびさまされた上で知識となる」というように、生まれる前から徳や善を内在させているとする人間観に通じるものである。

　それはまた、日本の「七つ前は神のうち」や「子宝思想」を生んだ民間信仰、禅の思想に相通じるものがある。鈴木大拙（1870-1966）は、「分割は知性の性格である。まず主と客とを分ける。われと人、自分と世界、心と物、天と地、陰と陽などすべてを分けることが知性である。主客の分別をつけないと、知識が成立せぬ。知るものと知られるもの、この二元性からわれらの知識が出てきて、次から次へと発展していく」[15]のが西洋思想の特徴であり、そこに二者対立の争いの世界、力の世界が開けるとする。力の世界は、個々特殊の具体的事物を一般化し概念化し抽象化する長所があるが、逆に個々の特性を減却し、創造欲を統制、抑制し、凡人のデモクラシーに陥るという短所がある。しかし東洋人の心理は「知性発生以前、論理万能主義以前のところに向かってその根を下ろし、その幹を培う」[16]とする。それは万物が生まれ出た全体を包み込む母性である。東洋民族の意識、心理、思想、文化の根元には母性があり、この見地からすると絶対矛盾の世界が自己同一になる、つまり言葉に出すとすべて抽象化し、概念化し、一般化する憂いがあるが、抽象とは実は具体そのもので、日常生活の上に具現化されていると考えるのである。大拙に従えば、最も神に近い、神のうちにある乳幼児を宝として大切に育てる生活そのものが類をつなぐ術、母性の現れであり、子どもの育つ場を支えているということになる。

　カント（*Immanuel Kant*, 独, 1724-1804）、デカルト（*René Descartes*, 仏, 1596-1650）などの二分割する西洋思想の流れに反し、万物帰一の東洋的色彩を帯びたシェリングの思想に心酔したフレーベルは、西洋的な分割の思想をもちつつ東洋的な生命体の本質を万物の永遠の法則としてとらえたうえで、人間の生きる意味への問いを始める。

　2．万物の使命及び天職は、その本質を発展させながら立派につくり出

していくこと，神を外的なものにおいて，また有限なものを通じて明らかにし，表すことである。(『人間』p.10 ℓ3)

　植物は植物の本質を発展・成長させ，その姿を通して外界に表し，鉱物は鉱物の本質をその姿を通して表す。人間も人間の本質を自覚し，思索し，自由と自己決定によって発展させて，その生きる姿を通して表すことが使命であり天職としている。財のためでもなく他者のためでもなく，生まれる前からもつ善という本質を発展させて現世に表していくという基底に，有限な本質，つまり一人の人間は有限な存在で，それ自体が全体であるとともに森羅万象の全体の中の部分であり，部分であるとともに一つの全体であるという東洋的な心身合一の自然観，人間観が流れている。それぞれの使命と天職を全うすることが，神から"生"を得た万物の最高善であるとする考えは，アリストテレス（Aristotelēs，ギリシャ，前384-前322）のエウダイモンな人生，「最も生きるに値する人生を生きる人間の所有するもの」[17]にも通じるところである。

　今日に至るまで，たとえ幼くても生命の危機に遭遇した人々は，万物の有限存在に気づき天命を悟る。仕事に忙殺された大人たちが忘れている生命体の本質，本質を実現する天命は，7歳までにすでにその輪郭を形づくっているといっても過言ではないのである。コメニウスやフレーベルが幼いころ母の死に遭遇し，万物の有限存在に気づく環境を生きたように，統一者としての自分を感得するかどうかということが，人間形成に大きな意味をもたらすといえよう。

　フレーベルが幼年期に感得した万物の中の永遠の法則は"人間とは何か""人間は何のために生きるか"の二つの問いを生みだしている。それはやがて，林務官見習い，イエナ大学入学，農夫，森林局書記，農場書記，模範学校教師，家庭教師，ゲッチンゲン大学入学，ベルリン大学転学，出征，鉱物博物館助手，一般ドイツ学園開設，といった人生遍歴を歩む過程でも流れ続けた彼自身への問いであり，自己を自ら教育する内なる衝動である。教育

が，"自らに問いを発し，その問いへの答えを探す実践の過程"という論理は，哲学的基礎を個々人の中に打ち立てることによって可能になる原理につながる視点といえよう。

(3) 教育とは何か
フレーベルは，次に「人間の教育とは何か」の問いを発し，それに対する答えを次のようにまとめている。

2. 内面的な法則，則ち神的なものを自覚と自己の決断をもって純粋完全に造出することに向かって自覚的，思考的，知覚的存在としての人間を刺激し取り扱うこと，及びそのための道と手段とを提供することが人間の教育である。(『人間』p.10 *l* 8)

　人間の教育に対する定義は，神的なものを自ら発展させつくり出すために"本質に内在している自覚的，思考的，知覚的存在としての人間を刺激し取り扱う道と手段の提供"だとする。他者ではなく自己の自覚と決断をもって完全純粋に造出するための教育という"道と手段"は，常に「人間とは何か」「人は何のために生きるか」という問いとともにある。その問いが見失われると，教育のための手段が先行し，教育が行き詰まるのは歴史が証明しているとおりである。今日に至るまで，誰もみな「人間とは何か」「人は何のために生きるか」「人間の教育とは何か」という問いへの答えを求めてさまよっており，その彷徨の過程で感得する経験が，それぞれの人の思考の枠組みを生みだすといえよう。つまり，教育の原動力として，人間自身がある一定の方向に変化する可能性をもつ存在であるという自分への信頼である。

　さて，青年期にフレーベルが学んだ学問の範囲は広い。林務官見習いで植物学を独学し，深く芝居に興じ，イエナ大学では応用数学に始まり代数学，幾何学，鉱物学，植物学，物理学，化学，財政学，森林栽培，芸術建築，一般建築，土地測量職業を習得している。

　後にイエナ大学での成果は，証明書の紛失により彼の人生を教育の道へと

近づけるが，そうした偶然も「神慮がこの出来事を通じて退却用の橋を破壊してくれた」[18]として受け入れる感覚がすでに培われている。それはまた「男の運命は目標に達するまでの戦いである。弟よ，男らしく行動せよ。しっかりと断固として。お前を邪魔する障害とは戦え。そして元気を出せ。そうすればお前は目標を達成するだろう」[19]と，信じ支えてくれた兄の存在があってのことである。さらに，経済的困窮から拘留された経験が，彼の精神的強さを培う機会となったのも，自己形成に果たす自己との対話の賜であろう。受ける苦は，思索を深め人間を大きくする。大学法廷での苦境は，彼の本質と内的発展への考察が「自分の生の表現に潜む自分自身を全く知らなかった」[20]と彼自身に言わせるほどで，多感な青年をさらに突き動かし，彼は自活への決心を固めると，ラテン語の学習とヴィンケルマン（*Johann Joachim Winckelmann*, 独，1717-1768,『ギリシャ美術模倣論』で知られる美術家，シラーに大きな影響を与えたといわれる）の芸術に関する書簡の研究を始め，またゼンダベェスタ（宗教教典）の入門書から異なる宗教思想の中に似通った人生の真理を発見したのである。

彼の学びの遍歴をみると，哲学的基礎における「教育」という言葉の概念が，今日の教育とは大きく異なることに気づくだろう。彼が言う「教育」は，社会からの教育と自己教育，自己活動の相互作用である。梅根悟（1903-1980）・勝田守一（1908-1969）編の『岩波小辞典』[21]は，教育について「社会は自らを維持し，発展させるために今までの経験の蓄積，すなわち知識，技術，規範，信条，慣習などをその成員に伝達し，その社会に適応するように働きかける。逆に個人は，そのような社会の制度，慣習，規範，法律，知識，技術などの文化的諸条件のもとに，自己を形成し，自己の基本的欲求をその人間関係の中で実現するように成長する。このような全体的な人間形成の社会的な過程を広い意味で教育と呼ぶ」として，教育の二視点をあげている。今日の辞典では教育的作用は社会的働きかけの一方向だが，勝田は自己形成の視点も落としてはいない。しかし，たとえ教育がその二視点の相互作用であっても，伝達する側に重点を置くのか自己形成に重点を置くの

か，あるいは篠原のようにこれらの統一を目指すのかで，教育の原理も異なってくるのである。

　多感な学生時代の経済的，精神的受苦はフレーベルに知への飢えをかき立て，拘禁から解かれて父の家に帰った彼は，シラー（*Johann Christoph Friedrich von Schiller*, 独, 1759-1805, 詩人），ゲーテ（*Johann Wolfgang von Goethe*, 独, 1749-1832, 詩人），ヴィーラント（*Christoph Martin Wieland*, 独, 1733-1813, 作家）などのドイツ文学に近寄っている。また多くの書物や雑誌から「百科便覧」のような切り抜きを作る目的で始めた学問的日誌を，目的にかなった分類に従って整理している。書物の思想や内容との出会いは，潜在していた自分の経験知（暗黙知や個人的知識）を浮かび上がらせ，無意識界に光を当てて意味をもちはじめる。この知識を分類・整理する学問的日誌の経験が，経験知と学問知を融合する楽しみをもたらし，混沌とした知を統合して，彼の自己形成への可能性を広げたことは想像に難くない。

　こうして開きはじめたもう一つの知の世界は，すべての経験を統合する主体の意識を明確にしたといえよう。そして山林局長官の図書室という環境が，さらに新旧様々な思想家の人生観に彼を出会わせていく。家庭教師や測量技師の友人を得，父との死別や経済的な安定を得て「わたしの心は急激に成長した」と彼が感じるのも，精神の軸が安定し，暗黙知による直観的思考を言葉によって哲学する方向へと導いたためではなかろうか。

　この時期，多くの書物を読んだであろうが，彼は糧となった4冊の本をあげている。シェリングの『ブルーノ・あるいは世界精神について』では心身合一の思想に共感し，プレーシュケ（*Proschke*）の『人類学断章』によって自分の人生が一つの全体として，外的世界と向かい合っていることをみ，『ノヴァーリス著作集』（*Friedrich Leopold Novalis*, 独, 1772-1801, 詩人）が"精神の最深部に隠れた動きと感覚と直観"とを生き生きと知らせてくれ，アルント（*Ernst Moritz Arndt*, 独, 1769-1860）の『ゲルマニアとヨーロッパ』が"歴史的関係の中での人間"を教えてくれたとする。

　シェリングはイエナ大学でフィヒテの講義を聴講し，やがてゲーテの斡旋

でイエナ大学の助教授として自然科学を研究した人であり，ノヴァーリスもイエナ大学で哲学を学んだ詩人で，詩において心身合一を果たそうとしたロマン主義者である。このほかにもフレーベルに影響を与えた人々は多い。哲学の重心を人間存在そのものにおいたドイツロマン派哲学の始祖カントがいる。そのカントの主観と客観，形式と内容，価値と実在という二元論から"自我は自我である"として自我の統一的原理を明らかにしたのがフィヒテである。フィヒテは，イエナ大学，ベルリン大学で教鞭をとっており，フレーベルはフィヒテの哲学にも心酔している。当時のイエナ大学，ベルリン大学に自然哲学の潮流が生まれていたことは自然と精神を一体とみるフレーベルにとって幸いだったといえよう。幼い頃から直感で自得した感覚が，他者との出会いや書物との出会いによって意識の中に明確に置かれたのである。"哲学の世紀"といわれる18世紀後半から20世紀初頭を生きるからこそ，また大きな葛藤を抱えながら内省的に生きようとするからこそ獲得できる自然理念と宗教的理念，芸術とを融合させた精神合一の悟りであり，哲学的思索といえよう。

　人のもつ自伝には苦難を乗り越えた暗黙知の総体が物語として結集していて，その人らしさを生みだしている。暗黙知や直観知は，問題場面に遭遇して意識化され，問題解決の過程が言語化・表記化されることによって顕在化する。ただそれが，言葉や文字，絵画や様々な表現として顕在しないかぎり，その暗黙知は他者と交流することはない。

　フレーベルの人間観は，幼年期初期の感覚的刺激に始まり，絶え間ない自己観察と自己省察，飽くなき自己活動が生涯を貫いていることをうかがわせる。彼が「自分自身の教育に務める人間の欲望や活力を刺激し，活気づけ，目覚めさせ，強めることもまた私の教育的活動の根本主張となって」[22]以後，変わっていないと述懐するほどに，青年期には自分の人生が一つの全体としてあるということを感得していたのである。彼の教育の原理は，まさに内から自分を突き動かす"問い"という衝動に従って遍歴する自己発見の道程にあったといえよう。その道には思索の手段となった諸学問や彼の心をと

らえた哲学，芸術，宗教などの愛読書があったのである。

(4) 教育の内容と方法の原理

　人間教育の原理は，教育の内容と方法をもって初めて実践につながる。逆に内容と方法を哲学する過程で理念が確かめられる。当時の哲学者が実践に重きを置いたのも，"有限なものを通して表すこと"が思想の具現化であり，その表れた中に人間の発展した本質をみるからである。思想のない実践はなく，また実践のない思想もありえない。仮に思想のない実践があったとしたら活動を反復しているだけで，そこに発展した人間の本質を見いだすことはできず，また実践のない思想があったとしたら，それは"生"の現実と切り離された空想でしかありえないといえよう。ここに人間教育の原理を実現するための方法の原理の必要性が生まれてくる。

　フレーベルの教育における次の問いは「人間教育の内容や方法の原理とは何か」である。彼は内容と方法に至る関係を次のように論旨立てている。

3. 永遠の法則の認識と自覚，その法則の基礎，もろもろの生き生きとした働き全体及びそれら働きの関連の洞察，生命全体に関する知識，生命全体の知識，これが科学であり生命科学である。

　　　この生命科学が，自覚的，知覚的な存在たる人間によって，人間自身を通じて人間自身に神的なものを造出し，完成することに関係づけられる時，これは教育科学となる。

　　　法則の認識と法則の洞察から出てくる天職の自覚と使命の達成に導く思考的知覚的存在たる人間のための処方箋が，教育理論である。

　　　その使命の達成に向って，この理論及び洞察，知識を自由自在に応用することが教育技術である。

　　　この認識と応用，意識と実践とが，生活の中に統一される時，それは生活の知恵となり，まことの知識となる。(『人間』p.10 *l*10)

　生命科学と教育科学の関係，諸科学と教育理論の関係，教育理論と教育技

術の関係，実践と知恵や知識の関係への概念規定は，フレーベルが教育の基礎論を構成する基本的な思考の枠組みである。

　天職に忠実な，純粋な，神聖な生活を通して，自らを至福の生活，安定した生活へと導く道を歩むとする教育の目的と，教育を通じて"人は自由に，自覚的に"生活すること，"自己の自由な表現にまで"高めること，とする教育の目標がここにみられる。その目的，目標実現のために，「教育，殊に教授は，人間を取りまいている自然に内在し，自然の本質を決定し，そしていつも変わらず自然の中に現れている神的なもの，精神的なもの，永遠的なものを人間に直観させ，認識せしめなければならない」[23]とするのである。彼のこの確信は，教育・教授・教訓は，「根本特徴において必然的に受動的，追随的でなければならず，決して命令的・規定的・干渉的であってはならない」[24]という教育方法の原理につながっている。人間の根本特徴に基づいた教育方法の原理は，受動的なのである。換言すれば，人間は外からの力ではなく生得的に備わっている内からの力で自己を教育していく存在だからこそ，外側からの教育・教授・教訓の方法は受動的にならざるをえないといえよう。"自然の法則に従う"それが「生命の革新」にあるように自己発達の原理に従うということである。つまり，人間の精神は最初の動きの中に予感的，直観的に生じており，賢くなることへの努力，つまり自主的行為を発展させるために，一人の人間が他者を教育することと他者から教育されることとの"知恵の二重行為"を行っている。教師は教えることを仕事としているが子どもに学ぶ。子どもは学ぶ存在でありつつ教師に子どもの存在を教える，あるいは一人の人間が教えるとともに学ぶというように，教え教えられる知恵の二重行為が賢くなる努力を発展させる。教授が能動的であれば子どもの自主的行為は減退し，教授・教訓・教育されることが増して知恵の二重行為は生まれないということである。

　今日では教育と教授は，同義語のような観念をもって使われることが多い。しかし，フレーベルは必ず教育と教授とを併記することにより，人間の教育することと教育されることの二重行為をとらえていたと思われる。『箴

言』[25]の中でも「すべての教育，教え，教授とそれらの対象とは，お互いに決して分けられるものでなく，表現の統一性へ結びつけられなければならないように，教育，教え，教授，学校と，生活もまた分けられてはならない」と表現していることや「教育や授業」と使い分けしていることからも，一人の人間の教え学ぶ知恵の二重行為と"人間の教育"における自己教育と，教育作用としての教授とを併記するこだわりがうかがえる。つまり教育・教授・訓練の受動性とは，主体の学びの能動性であり自己発展の積極性である。しかし，教育が文化伝達の伝統的な社会的営為として発展するものであるととらえる側からみると，教授・訓練をさらに発展させることが教育の目的となる。当然，そうした立場の人々からはフレーベルの受動的な教育の方法原理は批判の対象になり，教授・訓練の能動性を増すことが強調される。

その結果，20世紀後半になると学校化された社会の中で，子どもは教授されすぎることによって自主的行為，自己発展の積極性を失っている。イリイチ（*Ivan illich*，オーストリア，1926-2002）が『脱学校の社会』[26]で提起した問題もそこにある。手をかければかけるほどよい結果が得られる，教育すればするほどよい結果が得られるという学校化（schooled）は，生徒に"教授されることと学習すること"を混同させる危険性をもち，教育の能動性を強め，自己の主体的な教育性を奪ってしまうのである。今日の日本の子どもたちの何割かが，学びへの自主的行為，賢くなることへの努力を自ら放棄したかにみえるのも，幼い頃から教授がまさった状況に置かれ，"生活の中で統一され，まことの知恵となる"教育・教授の知恵の二重行為を失ってしまったからではなかろうか。そこには本来の人間教育の哲学的基礎を見失ってしまった状況がうかがえる。それでも子どもたちは異なる分野で自己発展の可能性を模索し，反社会的，非社会的行為といわれようともなお，はけ口を求める衝動はもっている。自ら歩む確かな自己形成の過程に再び衝動を向けたら，復活する活力があるのも人間の特性であろう。

§2 臨床を哲学する

1. フレーベル以前の幼児教育実践者

　津守真（1926-）は「我が国の保育学の研究の中では，保育の歴史的研究がもっとも貧困である」として，久保いと（1927-），本田和子（1931-）とともに，研究書としての「幼稚園の歴史」[27]を著し，フレーベル前から幼児教育に光りを当てた人々の思想やフレーベル思想のアメリカや日本での展開を伝えている。第1部の歴史を執筆した久保は，忠実な史実に基づいた幼児学校の思想的変遷を，おおむね次のように伝えている。

　エラスムス（*Desiderius Erasmus*，オランダ，1466-1536）は，上流階級の幼児の早期教育の必要性や可能性について，自然・学問・練習の三つを一体となすには，「まだ柔軟なうちに成長させよ，壺が新しいうちに高価な飲物で満たせよ，羊毛がさらしたばかりで雪のようにまっ白いうちに染めよ」[28]とするもので，幼児を一人の青年教師に託して精神的文化財を獲得させる教授法を説く。

　これに対してコメニウスは，全民衆の子弟を対象に考え，子ども存在に主の子孫として敬意を払うことを説く。そして幼児教育の目標を，① 宗教心，② 道徳的高潔，③ 言語および学芸的知識の三層構造として，この教育は母親学校の教師である両親の義務としている。教育内容は，①の宗教心については宗教的初歩が，②の道徳的高潔については節制・清潔・礼節・長上への尊敬・従順・正直・正義・勤勉・忍耐・奉仕などが，③の言語および学芸的知識については，知的教科は自然物，工学，天文学，地理学，年代学，歴史，家政学，政治学の初歩であり，行動に関しては弁証法，算術，幾何学，音楽，身体活動，労働の初歩，言語学習は文法，修辞学，詩の初歩が掲げられ，これらの各論も展開されている。コメニウスの『幼児の学校』理論に

は，楽しい作業や遊びの必要性がとらえられており，久保はこれが労作教育思想へと発展する萌芽であるとする。また彼の教育理論は，幼児が活動する環境と，対話と絵本が中心になっている点においても，全教育体系の初めに幼児教育が位置づけられている点においても，幼児教育を近代の学校制度に組み入れた意義は大きいといえよう。

　さらにルソーについて久保は，『エミール』において展開した幼児教育論は，「人間観，幼児観，教育目標，内容，方法の各方面において，また，全体としての文明批判の立場において，封建制を徹底的に排撃し，新しい市民階級の教育を論じて画期的な業績をあげ，近代幼児教育史の流れに一つの新しい転換期を与えた」[29]とする。それは「コメニウス的な言語主義，主知主義を排斥し，一貫した経験主義，生活主義，活動主義，消極主義を主張」[30]した現代に通じる就学前教育の流れへの転換である。ルソーがとらえた発達段階は，Ⅰ期―誕生から言語によって意思疎通できるようになる時期（乳児期），Ⅱ期―主として感覚的欲望に支配され身体諸器官の成長する児童期（12歳まで），Ⅲ期―力が欲望を越え理性がめざめ感覚的対象に好奇心をもつ少年期（15歳まで），Ⅳ期―自己愛から情欲が発生し道徳的生活に入る青年期（20歳まで），Ⅴ期―婚約者を得て2年後に結婚するまでの家族・社会・国家について理解を深める青年期である。乳児期や児童期は，四肢の自由な運動と感覚器官の発生，鍛錬を通じての基礎的知育と感情教育が中心で，少年期には知的好奇心を利用して自然界についての知識と技術を学習する。また青年期には，憐憫の感情を養い，社会関係・人間関係の知識や自然宗教への理解を深め，諸国の政治・経済・社会制度・風習などを研究し，独立への最後の仕上げをするとしたものである。これが後のペスタロッチやフレーベルの思想に大きな影響を及ぼすことになる。ただし，エラスムスやコメニウス，ルソーも幼児教育を実践していない。その実践機会が訪れるのは，フランス革命の動乱期を生きたペスタロッチにおいてである。

　フレーベルが師として直接指導を受けたペスタロッチは，スイスの下層社会の貧困児童を，教育によって救済しようとして，孤児院や戦災孤児院で幼

児教育を実践している。教育の究極目的を"生活に対する適応と自立的行為に対する準備"として，初期の段階から始める人道主義的な社会改革者の立場からのアプローチである。「子どもは人間性の全能力を賦与された存在である」[31]として精神・心情・技能の調和的発達を，人間性の内部から確立しようとする。それについてはフレーベルと関連づけながら後述する。

　一方，フランスではオーベルラン（*Jean Frédéric Oberlin*，独，1740-1826）が牧師として村の社会改革に乗り出し，農業改良を行うとともに，① もっとも幼い子どもの学校，② 中間学校，③ おとなの学校の3部構造の編もの学校の最初の段階に，幼児学校を作っている。「子どもというものは，ゆりかごのころから正と邪をみわけ，服従と勤勉の習慣に訓練しうる」[32]という確信のもとに，編んだり紡いだり縫ったりすること，博物や聖書をみて暗唱すること，歌や賛美歌を歌うことなどを教えたという。

　また，イギリスではオーエン（*Robert Owen*，英，1771-1858）がニュー・ラナーク工場村の性格形成学院の一部として1816年に満1歳から6歳までの幼児を対象に幼児学校を作っている。「一貫して合理的に考えかつ行動するような身体的・知的に完成された男女」[33]の育成を目指して，親切・友愛・社会的奉仕の精神を教えることを目標とする。教育内容は「好奇心が刺激され質問するようになったとき，うちとけた会話によって子どものまわりにある事物の使い方や本性や特性を教えられる」[34]という考えのもとに会話が教育方法論の中心になっている。自然観察，実物模型，絵などを使って対話により学び，4歳以上からは地理，ダンス，唱歌，軍事訓練が対話によってなされるというもので，体操と情操教育を重んじ，子どもの自発的な経験的知育を遊びながら満足させていくという方法がとられている。オーエンの実践を範としてイギリスに幼児学校を広めたのは，ウィルダースピン（*Samuel Wilderspin*，英，1792-1866）である。1824年には幼児学校協会が設立され，拡大，消滅，発展の歩みをみせている。彼の目標は，"貧児を守り教育せよ，治療より予防が良く，かつ容易である"を原則に，幼児によい環境を与え，善意・愛・親切を体得させることを目標としている。読み書き，算術，幾何

学，地理，博物，植物学，天文学，文法，会話，図画，音楽，体操，身近な事物の直観教授，道徳的宗教的訓練の日課が組まれ，愉快に教授するという方法がとられている。階段教室で2歳から7歳の200人ほどを対象に教授するために，レッスン・ポスト（教材掛け）やアリスメティコン（算術練習用教具）が開発されている。やがて，この教授法は批判されメーヨー（*Charles Mayo*, 英, 1792-1846) らによってペスタロッチの教授法が導入されることになる。メーヨーらは，「本国及び植民地幼児学校協会」を設立し，上流階級の子どもに適用されていたペスタロッチの原理を貧民教育に取り入れるとともに，教師養成学校を作って教授法の実地訓練を行い広めている。イギリスの幼児教育が，早い時期から実践されているのは1770年ころから始まった産業革命による家庭生活の崩壊や教育機能の喪失である。久保は，イギリスの幼児学校の変遷過程を，① オーエンの性格形成学院のころの明るい性格教育，② ウイルダースピンの教科の暗記中心のころ，③ ペスタロッチ主義の導入による基礎固めのころ，④ フレーベル主義の浸透により，幼稚園が別に設けられたころ，⑤ 再び保育学校へと内容を変えて，さらに公立学校制度の一部に導入されて現在に至っているとする。

　幼児教育が実践段階に入ったのは，イギリス，フランス，ドイツ，スイスだけではない。ハンガリーの幼稚園博物館には，1828年から近隣の貧民教育を始めたテレーズ（*Brunszvik Teréz*, ハンガリー, 1775-1861）の保育の様子が今も残されている。ペスタロッチの貧民教育に刺激され，フレーベルの『人間の教育』にもその思想をおいて，貧民だけでなく貴族幼稚園も設立された経過，および社会主義国家当時の保育状況から再び民主国家として歩み始めた幼児教育の歴史である。

　また日本でも1773年当時の保育施設の記録[35]が残っており，フレーベル以前に幼児教育の実践を始めた人を訪ねれば，多くの国々にそのさきがけがある。いずれの国々も，幼児教育への挑戦を始めたのは，戦争による疲弊や階級制度が生んだ貧富格差の拡大，人々の平等への願いと革命，都市に流入した貧窮民の子どもの放置など，封建制の歪みがもたらした新たな課題に直

面したからである。

2. 実験による実証

　さて，フレーベルが教育実践の機会を得るのは，1805年のことである。ここに前述の「人間教育の内容や方法の原理とは何か」への実験的模索が始まっている。勤務した模範学校の校長であるグルーナー（Gruner，ペスタロッチの生徒だった）との出会いは運命的であり，フレーベルが少年のころ耳にした"独力で読み書き計算を学び自己形成をしたペスタロッチ"の話が想起されて希望を与えてきたことなど，彼を教育に向けた天命の意味が教師になってみてつながったと『自伝』で述べている。

　少年の頃，憧れの対象をもつのは今日の子どもたちも同じである。そして彼を慰めた，「非常に強力な活動をしている男たちの人間形成が比較的遅い時期になされる」[36]という話は，大器晩成として今日の日本でも多くの英雄伝で語り継がれ，いつ果てるともない自己形成に邁進する人々に希望をもたらしている。それほどに自己教育の道は生涯つづくもので，それが生きることそのものといえよう。

（1）実践による原理の実験

　教師の道を選択するまでに23年，若き多感な青年フレーベルは，教師になるやいなやペスタロッチの学校を訪ねている。2週間の滞在期間にペスタロッチのもとで教えてみた経験をフレーベルは「わたしはまだ学科そのものにも，教えることにもたいへん未熟で，ただわたし自身の学校時代の追憶にふけるだけで，個々のものや全体におけるその関連を詳細に検討する能力などあろうはずがありませんでした。―中略―これ以上長くペスタロッチのもとに留まっていたら私のような気性の持ち主では，心臓も心情も精神も亡んでしまう」[37]と教師として立った不安な思いを述懐している。

　ペスタロッチは，当時の教授の機械的形式を感覚的自然の普遍の法則に従

わせるべきとして、自らの思想を実践によって確かめる。彼の教育理論と実践報告書であるメトーデによると、自然界に雑然と散在している対象を系統性を考慮して子どもの感覚の近くにもってくること、教育の技術力は物理的な自然自体の本質的作用と一致するかどうかにすぎず、感性的な人間の自然本性のメカニズムは、物理的自然の法則に従うことだとする。

　教授はこの法則、つまり認識領域の本質的なものを人間の精神の本質に深く根付かせた後、副次的なものを取り扱い、関連を保つようにするわけで、教授法の5原則が次のようにあげられている[38]。
① 直観を整理し、まずは単純なものの認識を仕上げる。
② 本質的に関係しあうすべての事物は、自然の秩序が現実にもっている関係とまったく同じ関係で精神の内にあるようにする。
③ 重要な事物は術によって子どもに近づけ感官を通して作用させ、印象づけ、明瞭にする。
④ 物理的自然の作用は必然なものとみなす。教授作用を物理的必然にまで高める。
⑤ 物理的必然の成果として自由と自律の印象を帯びさせるようにする。

　そして、「人間の自然本性の展開を支配するこれらの法則は、すべて、それがどこまで広がろうとも一つの中心点をめぐる」[39]としてその中心点をカントに近い「われわれ自身」とした。そこにフレーベルが違和感をもったことは否めない。中心は"われ"ではなく万物の法則を支配する神の存在であり、人間はそこから自然法則を感得し心身合一に至ると考えるフレーベルとの違いである。ペスタロッチの自然法則は三重の源泉を有し、人間の中にあるとする。
　　ア．精神を直観から概念へと飛躍させる自然自体
　　イ．直観能力と全般的にかかわっている人間の自然本性の感覚性
　　ウ．外的環境と人間の認識能力との関係

　コメニウスは、汎知学的（百科全書的知識体系としての）直観教授論を展開し、ルソーは消極的・教育的直観教授論であるが、ペスタロッチは自らの

教授法を"直観教授法"と命名してそれが基礎陶冶としての位置づけにあることを強調する。「自然そのものの直観が人間教授の真実の基礎である。なぜかといえば、その直観は人間の唯一の認識の基礎だからだ」「わたしたちは名前の知識を通して事物の知識へ子供を導くか、それとも事物の知識を通して名前の知識へ子供を導くのか、そのいずれかである。―中略―わたしはいたるところで直観を言葉に先立たせ、確かな知識を判断に先立たせる。」[40]とする。自己発展、自己活動は、直観教授の前提と考えるのである。石井正司（1930-）は、「認識に際して人間は事物を感知するやまず事物の本質と非本質をわけるのである。―中略―人間はまずこの本質を把握し、ついで漸次非本質なものを付加、構成して認識を完成する」[41]と説明する。教育における基礎陶冶としての直観である。

ペスタロッチの学校でフレーベルが得たものは、教授法の5原則にあるように、教育機関での教授が明確に秩序づけられた授業計画に基づいている利点、読本やドイツ語教科書等を使った一つの方法論といった具体的な手だての有効性である。また『母の書』に書かれた両親による乳幼児期の子どもの教育への知見である。

（2）こだわりをもつ自分の発見

フレーベルが心情も精神も亡んでしまうほどに悩んだことは二つあり、一つは人間を多方面に調和的に発展させるための本質的な教科が、あまりにも不完全で一面的なことへの疑問である。すべての教科・教授について彼の不安な目が、自分の描く教育との違いを浮き彫りにし、輪郭がぼんやりしていた彼の教育、教授、教育内容を認識させることになる。他者に出会ってずれを感じ、そのずれを研究し極める内的感覚、それが生命科学と教育科学、諸科学と教育理論、教育理論と教育技術、実践と知恵・知識の関係を論理づける契機を与えたのではないかと思われる。

それは、自己教育や家庭教師としての共同生活を通した主観的な教育しか知らなかった彼が、学校という組織において体系的な言語概念によって教育

を行う客観的な立場に立ったとき，ペスタロッチの教育方法を取り入れるのだが，満足できない自分に気づいたことである。フレーベルは，このずれの感覚，葛藤から，大きな学校のもつ限界を悟って，再び自由に自分を発展できる教育探求の道を選択している。彼の臨床知が問いを発し，教育実践を吟味させたといえよう。

　教育実験は大きすぎては見えない。実験が生みだす現象を見るために彼は"自ら共に生活することが真の教育であるという感情"に基づいて，再び「基礎教育とは何か」「ペスタロッチの教授法の意味とは」という問いをもって思索するのである。ずれをずれとして認識した実践過程が，彼の幼年期からの思索と相まって基礎論の言葉が成熟する背景にあったと思われる。

　二つは，教授の対象は何かへの思索である。ペスタロッチはすべての認識は数，形，語（名称）から出発するとする。どんな事物も数，形，語をもたないものはなく，それは人間の認識の基礎点だと考えたのである。しかし，フレーベルは多様な対象物の世界に住んでいる人間は，対象物と相互に影響しあっているが，対象物をその本質に従って認識しなければならないと考え，「外界」という言葉に自然だけを思い浮かべていた。その彼が，ペスタロッチに習い，すべての認識の基礎点をふまえ「外界」に人工の世界も入れたこと，成長段階に応じて人間の自己と外界の関係を明らかにしようとしたことで新たな展開が開かれた。このことについて「わたしの心に浮かんだ最高原理は，一切は統一である，ということでした。一切は統一の中にあり，統一から出発し，統一に向かって努力し，そこに至り，そして統一にかえる」そのために「教育と授業を通して様々な関係を尊重し，それを認識し，統御概括できるように教育されてはじめて，人間は教育され，教授されるもの」[42]と悟ったのである。そして彼は，アルントの『人間教育についての断章』によって無意識だった暗黙知の総体を意識化し，実践による直観をもとに言語概念によって『人間の教育』の全体を仮構築しようとしつつあったと思われる。

　役割や立場，環境を変えることによって，見えないものが見えてくるのが

人間である。思想は概念をいかに論理的に構築するかであり，「外界」の概念が広がったことで，見える世界が変わったといえよう。日常はある安定した視点から思索する慣行が生まれる。しかし，自分の役割や立場，場所などの環境の変化は不安定をもたらすため，環境に情報を探索し，問題解決を図ろうとして自分と対話し，新たな認識を獲得するのである。

(3) 経験知と学問知融合の必要性

模範学校を去ったフレーベルは，なお満足できない教授へのこだわりをもって再び，家庭教師をする3人の子どもと一緒にペスタロッチのもとを訪ね，そこで教師であり生徒として過ごす。「ペスタロッチに関する報告」を読むと，フレーベルがこだわったのは教材の有機的関連である。幼児期，青年期が豊かな感性，直観の知に満ちながらそれを知らず，富を失って初めて知ることを嘆き「ああ，なぜ人間は初めから所有する財宝をこんなにも知ること少なく尊重することが少ないものか」[43]と人間が生得的にもつ本質（財宝）を発展させない当時の一般教育を嘆く。もともと教育（この場合は特に教授）という社会的な営為は，分析的，論理的な科学の知に視点をおくため生得的にもつ豊かに満ちた知の可能性を分断し，総合的で直観的，共通感覚的な臨床知から遠ざかっていきやすいものなのである。

ペスタロッチは，現象としての人間の存在から出発し，肉体的心情的精神的本質としての人間の素質の全体性を生かして調和的に育成し，形成するために，人間に働きかけることから全一体としての人間が生まれると考える。フレーベルも，その思想に共感している。人間を現象に応じ，現象の中で自然法則にもとづき，感覚に基礎づけられた法則にもとづいて取り扱う点は共通である。しかし，それでもなお，フレーベルは教材の有機的関連にこだわる。そのこだわりは，後に『人間の教育』に結集された教科課程の構造や恩物の論理，母の歌と愛撫の歌などに結集されている。また，この模索の段階で「精神と情操と身体を発達させ，強化する大きな力にみなぎった戸外での子どもの遊び」[44]に道徳的な精神力や肉体力の根本があることをみている。

フレーベルの『ペスタロッチに関する報告』は最後にこう結んでいる。「全学問と技術とが人間から出て、再び人間という一点に出会うまで、貫徹されなければならない。かかる出会いの成果は哲学である。哲学を認識することが、生徒を識者にする」[45]のだと。

　暗黙知を顕在化するものが哲学への認識だとすると、個々人が身体にすり込む教育の原理は、哲学によって暗黙知を顕在化し、わが身を生きることを獲得する。教育実践で蓄えた暗黙知は、哲学することとの出会いを求めているのである。

　これは、実践の場に身を置いた筆者も痛切に感じることである。十数年と教育実践にかかわり身体の動きは洗練されても、哲学することや日常性への主体的な判断停止＊が伴わない実践は、本質から遠く離れたところで這い回るだけということになる。もっと若い時期にこれに気づいていれば、学びの広がりや深まりは変わったかもしれないと思うのである。しかし、筆者だけでなく戦後の経済的にも身分的にも安定した時代は、人々に哲学することを忘れさせた。教育の質より量が優先され、自己教育による自己発展ではなく、量的に発展し続けることが教育が発展することといった錯覚をもたらし、教育が原理を実験することを怠ったからである。おそらく、今日の教育の疲弊や閉塞性も、教育が人間を哲学することを忘れて、ひたすら現在という外的状況に向きあっているからではなかろうか。

　話を戻して、ペスタロッチの学校ですべての授業を生徒として受けたフレーベルは、ペスタロッチの教授法に愛や温かさ、善意、活気があり、それが明哲さ、深み、慎重さ、広がり、忍耐や確実さを補っていると感じたが、その教授法はより大きな分析と個別化へと導くだけで、人間の内的統一へは導かないということを感得する。そこで、ペスタロッチの元で学んだ様々なこと、感じたずれを学問的に整理するために再びゲッチンゲン大学に入り、言語学、言語研究を始めている。このとき29歳、翌年ベルリン大学に移籍し、

───────────────

＊　判断停止　　エポケーのこと。詳しくは、p.240参照

人間の発達や形成，人間教育の法則と道程を明らかにし，かつ確実にする自然探求をもとに，人間の多様性を人間の存在と本性の統一の中で確かめ，教育についてさらに研究するのである。

　彼が幼いころから自然の中に見たものを，人間の生活と活動の中に，精神の中にみたいという衝動は，さらに天文学，物理学，応用化学，歴史学，政治学，国民経済学等にも研究対象を広げることになる。そしてついに「人間の最高の富は，その精神，つまり人間の教育された精神の中に，そしてそれ自身の中に条件づけられた精神の適切な応用の中にある」[46)]という理(ことわり)に行きつくのである。つまり，最高の富が教育の二重行為により発展した精神の中にあり，実践の中にあるという理である。

　臨床の知が，学問の知として開きはじめるとはこういうことであろう。"富は生産だけでなく消費の節約からも生じること，最高の精神的理念ないし最高に重要な思想を表現する生産物は，それ自体最高の価値を有すること，政治とは自然や人生の必然性を精神や意志の自由へと高めること"を知り，自ら学ぶ者として知の在所を再確認するのである。人間の生活，活動，そして感覚や表現の多様性を，人間が存在すること，本性を統一することの中で確かめ意識したとき，自らの教育原理がみえたということであろう。

　私たちは日常，人間の本質から教育の本質をみることを忘れやすい。現象としての人間の存在につなげて総体をみるより，教科書や活動に具現化された部分に注目して翻弄され，それが人間の"生"とどのような有機的関連があるのかを展望できない。それは，教育の原理を求める衝動の弱さであり，暗黙知を累積する問いの乏しさであろう。また一度，仕事に就くと教える側の視点が強化され，学ぶ側へと立場を変える知恵の二重行為を失うからでもあろうか。臨床の知と学問知が融合するのは容易でないことを実感する。

　さて，ナポレオン（*Napoléon Bonaparte*，仏，1769-1821）に対するドイツ解放戦争で祖国防衛のため出征したフレーベルにもたらされたものは，ランゲタール（*Heinrich Langethal*，独，1792-1879　後のイエナ大教授）とミッテンドルフ（*Wilhelm Middendorff*，独，1793-1853　フレーベルと実践を共にし死後もそ

の精神を支えた人）という生涯を共にした二人の友であり，国民意識であり，軍事訓練による規則性と厳格さと確実な実行という限定された中での自由であり，広い歴史認識であり，極限に達する行軍等の精神と肉体の相互関係，戦争時の人間は自己にではなくただ全体にのみ属するという認識である。戦争によって国をみ，人間をみたということであろう。

　また，フレーベルが象徴に目覚めるのは，帰国後，鉱物博物館助手となって赴く途上の庭園で，ユリの花に平和と生命の調和と魂の清澄を求めている自己を発見したことによるとする。そして再び，鉱床からもぎとられた石や石塊の中にも発展と形成の変化する法則を見いだし，「神的なものは最大のものばかりでなくまた最小のものであってもまったき充溢と力をもつ」もので「人間は自然物に関する知識によって，つまり非常に大きな内的相違ゆえに，自己を知り生活を知るための，また自己を表現し生活を表現するための，一つの基本，一つの手引きを得る」[47]ことを悟るのである。その象徴への目覚めは『人間の教育』基礎論の言葉に凝縮されるとともに，玩具に，場所に，精神に現れ，彼をして人間教育に献身したいと思わせる契機となっている。そして，彼は近代哲学史批判や自然の力学的，化学的，数学的分野を自分自身の中で再統一していくのである。

　戦争は，日常として見る世界を変え，非日常の中に日常をつくる。31歳になった彼の象徴に関する悟りと人間教育の確信をさらに深めたのは，この非日常から日常への回帰で見えた不易である。不易は，日常ではなかなか核心とはならない。日常から非日常へ，非日常から日常へ，あるいは大きな抵抗や困難に遭遇し限界を脱出する過程で，なお問い続ける自分を認識し，確かな信念として熟成するに違いない。

(4) 社会に対する実践報告

　新しい教育の試みに対して，社会は報告を求める。フレーベルが一般ドイツ学園設立から5年，社会の多くの人々の関心に応えて出した報告書が『カイルハウにおける一般ドイツ学園の原理，目的及び内的生命』である。新し

い試みを実践している者に，筆をとる余裕は本当にないだろう。今の課題を乗り越えていくだけでも時間が足りないのが実情であり，思索より実践に価値を置くからである。その実践によって得る豊富な経験知は身体にすり込まれていくが，それを論文や報告書，記録などに残さないかぎりその知は社会に確認されない。それが分かっていても実践を言語化することが難しいのは今日も同じである。フレーベルは，それを報告書として社会に発信はしているが，青年の時代に思索した原理がそこに繰り返し書かれているだけで，それ以上の原理についての新しさはみられない。

　荒削りであっても，思想は衝動の強い時期に形成される。それを世に出し普及する段階に入ると，思想の証明と実践の守りに傾きやすい傾向をもつ。そして，いずれの時代においても，新たな理念を生みだす創業者は若い衝動をもつ。後述する日本の幼児教育の創設者も，多くは衝動の強い30～40代前半に原理の構築とその実験に入っている。そう考えると，経験知と学問知を融合する幼児期から青年期までの自己形成が重要な意味をもつといえよう。実践現場に長く身を置けば置くほど，信念は増すが理念は摩耗していく現象がこれを物語っている。個々人が教育の理念，原理を仮構築し，教育実験によって感得する過程を自ら作り出せるかどうかが，臨床知と学問知をつなぐ境界線かもしれない。1816年から1826年まで，つまりフレーベルが学校を設立して『人間の教育』を刊行するまでの10年間がほんとうの意味での彼の実験・研究期間であろう。教育の理念はすでにでき上がっている。実践によって言語論述の確かめをしながら，子どもの姿に，教育の姿に，教授の姿に理念を表す作業があるのみだったといえよう。

　フレーベルの"教育の仕事，教授の仕事，陶冶の仕事や教える仕事"は，実現や行為が認識や知識に先んじ，自分からまた自分を通じて生き生きと形成し発展していく知識であり能力であると考える。したがって教授の形式は，「単純なものから複雑なものへ，近くから遠くへ，既知のものから未知のものへ，目に見えるものから目に見えないものへ，直観から概念へ，感覚的なものから超感覚的なものへと導く」[48]として教科内容を配列し，教育の

方法原理を構築する。これは、デューイ（*John Dewey*, 米, 1859-1952）[49]によって再び実験され、今日の教育・学問構造の基本的な概念となっているものである。子どもに学んで得た理論は、教育学や心理学の枠を越え、統一に始まり、統一に終わる人間の全体を映し出したのではないかと思われる。

フレーベルは、最後をこう結んでいる。「われわれの教育活動の本来の精神を叙述で再現することは不可能なことである。また言葉で表現することよりも実際に事柄を実現することの方が、はるかに重要である」[50]と。ここに暗黙知の重要性が認識されている。精神の本質は言葉で表現できず、それより子どもの姿に、事柄に実現すること、表すことが、叙述を超えるという教育実践者なら誰もがもつ実感であり、身体にすり込まれた知である。フレーベルがあらゆる認識は直観から出発し、あらゆる行為は実例から出発する教育を実験・研究した場所は、農場と20軒の家に7歳から18歳までの16人の児童と使用人を除いた25人の成人が暮らす住民数百人という小さな村である。

カイルハウの実践は、多くの人々から再三、その報告を求められ、前述の目的、原理だけでなく、1820年『わがドイツ民族に寄せる』を契機に毎年、1冊の小冊子を出版している。こうして、彼の思想が集大成されたものが『人間の教育』につながるのである。時々の実践報告が、集大成されたとき、全体の構造が見えてくる。『人間の教育』の10年の実験は、臨床知と学問知を融合し、研究によって実証するだけの内容をもっていたといえよう。

3. 幼児期の人間教育の原理

カイルハウの実践から1840年に幼稚園が設立されるまでの14年間は、学園拡大の時期で、1852年に没するまで、フレーベルは自ら構築し、10年間の教育実践によって成熟させた彼の教育原理の普及拡大に奔走する。

ある一つの原理は、小さな実験学校で研究されるが、それが肥大化し大衆化したときには、人間の暗黙知が働く余地はなくなり、一般化した方法論が

勝っていくのが世の常といえようか。新しい実験に対する世間の批判，小さいがゆえの経営危機は否めないが，カイルハウ学園創設にかかわって夫人，兄，友人も含めて彼のまわりに集まった人々は，実践共同体の中の家族として苦楽を共にし，フレーベルの教育思想の実現に向けて学園を支えている。斬新な思想や芸術は個人では実現できない。非難や経済的困苦に共に立ち向かう協賛者の支えがあって初めて成熟する。家族として参加する人々，家族として受け入れた子どもたちは幅広い関係をつくりだし，そこに幼児がいたことは幸いである。フレーベルが幼稚園を構想するのも，毎年のクリスマス祭の中に学園の変遷があり，幼い子どもたちから"生"の原点や回帰点を想起させられたからであろう。クリスマス祝祭の中の『補遺と結論』は幼児教育の言葉で埋まっている。「すべての人間は子どもとして現われ，子どもとして生まれ，かつては子どもだった」[51]とする。そして全人類の共通性をあげ，「幼児界，幼児期のうちには具象的に語るに足る比類なき関係点，結合点，統一点，出発点があり，継続的発展や継続的陶冶の，さらに全人類の—中略—個々の人間に至るまでの発芽点および中心点がある」[52]として，自己の未来の発展と形成を幼児期においている。クリスマス祝祭が，"生の事実において"幼児生活の理想を直感させたのである。彼の論理でいけば"生"の混乱を解くのは，幼児期に人間的な現象における純粋に理想的なものを与えることなのである。

　『人間の教育』の少年期から青年期の教育が一通り実験され，残るのは幼児教育の実験だけである。カイルハウ学園が破綻の危機に陥り，彼が不振のどん底にあった1827年当時，「マイニンゲン領ヘルパに計画された国民学校」構想と"3歳から6歳までの孤児の養育と発展の告示"にフレーベルの幼児教育への萌芽がみられるが，この告示は実現にいたらなかった。そのため，彼は国家的学校構想から再び自己の信念である教育を実現する道を模索し，ヴァイゼンハウゼ学園計画を構想する。また，ヴァイゼンハウゼ学園計画では，第1部は4歳から6歳まで，第2部は6歳から8歳まで，第3部は8歳から10歳まで，第4部は12歳までと，『人間の教育』にみられる発達区

分と教育の活動方向への内容が計画されている。先行する前の段階における人間の十分な発達のみが次の段階の十分な発達を実現するという，発達への信念であり，これは今日の発達理論の基本的な概念になっている。

(1) 両親の役割

人間教育の原理と教育方法の原理の具体化が構築されて以後，フレーベルは学園の経営危機や学校拡大に伴う苦難にみまわれ，思索する時間的，精神的余裕が失われている。また，国民学校やヴァイゼンハウゼ学園計画も挫折したが，幼児教育への炎はまだ燃え続けていたといえよう。特に生誕告知の時から教育が始まると考えるフレーベルは，両親教育に注目していた。両親の本質は，父と母との本質を調和一致させて表現することにあるように，家族の一員としての子どもが「自己自身を最も独自的・個性的に発達させ表現する時，両親の本質，家族の本質を最も明白，完全に実現する」[53]として幼児に対する両親の自覚の重要性を強調している。

15. 人間はそれぞれ，幼児の時から既に，人間の必然的本質的一員として認識され承認され，かつ保育されるべきである。かくて両親は保育者として，神に，子どもに，人間に責任を感じ，その責任を認識すべきである。(『人間』p.22 ℓ11)
19. 地上への彼の出生と同時に，彼の本質に従って理解され，正しく取り扱われ，彼の力を自由に，全面的に使用する状態におかれるべきであるし，またおかれなければならない。(『人間』p.26 ℓ10)

乳児が四肢の重心を自身の中に見いだし，重心に落ち着くこと，自由に運動すること，物を捕捉し，自分の足で立ち歩くこと，自分の目で熟視し，四肢を動かして学習することの重要性を述べている。乳児は紐でくくられたり柱に縛られたり，ゆりかごで動きを制限されたり，おむつをかけられたりされるべきでもなければ，引き紐で歩行を教えられるべきでもないとするのはエミールと同じである。そして自らの力を自由に使って，あらゆる技術のう

ちで"最高の最も困難な技術"を学習する存在として乳児を位置づけている。こうして運動の発達が最初の自覚の始まりとして乳児期からの発達に即した教育が展開される。

> 23. 内面的な要求は外面的な要求を含んでいる。この要求は生まれたばかりの人間，生まれてきてやっと生長しはじめている人間は，早くから外的な製作品のための，生産物のための活動にまで発展させられるべきだという，極めて重要な永遠の要求である。
>
> 　乳児の感官および四肢の活動は，最初のこの芽生えであり，最初の身体の活動であり，つぼみであり，最初の形成衝動である。遊戯，積み木の組立・造形は，最初のかよわい青少年の花である。
>
> 　労働による，労働への関係における学習，即ち生活による生活からの学習がすべてに関するより徹底した，より包括的な学習であるし，それ自体，またそうした学習を行った者の中で生き生きと発展しつづける学習である。(『人間』p.39 15)

さらに，毎日少なくとも1時間ないし2時間，生産のための献身的な活動を奨励する。「現在の家庭教育及び学校教育は，子どもたちを身体の怠惰と仕事無精へと導いている。その場合，筆舌を絶したすばらしい人間の力は未発達のままに留まる」[54]と労働のない家庭や教育所を戒め，宗教のための早期教育と真の生産活動，勤労のための早期教育の重要性を述べている。肉体を保持し衣食住を得るために労働し，活動し，創造しているという考えではなく，誠実に汗して励む労働，精進感が己を知り己を高めるからである。これらも，彼が幼い頃から父の花壇の手伝いをして感得した精進感の一つであり，永遠の法則を知る機会であり，人間力を開発する方法の原理であろう。

(2) 人間教育の始まり

今日の世界の乳幼児教育は，0歳から3歳未満を保育の対象とし，3歳以上就学前までを幼児教育の対象としている国が多い。日本も法的には幼稚園

の就園年齢は満3歳以上と決められているが，1926年の「幼稚園令」では特別の事情として貧困児や3歳未満児の受け入れも是としている。しかし当時，内務省管轄の貧児の保育が振興されたにもかかわらず，幼稚園に在籍する貧児の経営補助がなされなかったため，結果として幼保の二元行政が始まり，教育の始まりをあいまいにしている。世界が，満3歳を保育から教育への移行期とする根拠は，各国の育児文化・子ども研究にもとづきつつ，フレーベルの『人間の教育』の論拠に依っているといえよう。保育と教育の違いを彼は次のように述べている。

28. 子どもが内面的なものを自発的に外的に表現しはじめる感覚器官の活動，身体の活動，及び四肢の活動の発達をもって乳児の段階は終わりをつげ，幼児の段階が始まる。この段階までは人間の内的なものは，未分化な多様性のない一者である。

　幼児期のこの段階をもって，すなわち外的なものにおいて，外的なものを通じて内的なものを見えるようにし，―中略―，両者を結びつける統一をもとめ，その達成に努力するこの段階をもって，身体の保育，精神の保育，保護による本来の人間の教育が始まる。(『人間』p.47 13)

自己概念が未分化な一者の時代は保育の時代であり，外界と自己の統一をもとめて努力が始まる時代は道徳・養育の時代とする。少年の時代は内面的な統一を導き出すための教授が強調される時代，生徒の時代は意識と自由と自己の決断をもって知的考察に進み，人間の使命，天職の達成へと導く時代という，子どもの発達過程を見通した上での乳児期，幼児期である。

ルソーが，人生の第2期としたのもこの時期である。ものを言い始め，自力でいろいろなことができるようになる時期，自分の存在の同一性という感情を拡げる時期である。この時期の教育は，万物の秩序の上にその地位をおいている人間の条件にふさわしい，子どもを子どもとして考え，人間の構造に従って秩序づけることであるとするルソーの考えに，フレーベルも教育の始まりをおいている。

徳育・養育の時代，つまり幼児教育の原理は，基礎論の3にみた「内面的な法則を自覚と自己の決断をもって純粋完全に造出することに向かって自覚的，思考的，知覚的存在としての人間を刺激し取り扱う」[55] 始まりである。彼が幼い頃の自然法則への直感で得た感覚によって，外的なものを通じて内的なものをみ，両者を自力で統一に向けた時代の始まりが，人間の教育の始まりなのである。

(3) 幼児教育の方法原理

身体の保育，精神の保育，保護による人間の教育の始まりの原理は，基礎論と同様である。その外界と自己の統一を求め達成に努力する教育の方法の原理として，次に遊戯をあげている。

30. 遊戯は，幼児の発達の最高段階である。遊戯は内面的なものの自主的な表現，内面的なものそのものの表現にほかならないからである。
　　遊戯は，全人間生命の，人間及び事物の中の内面的な，自然生命の原像であり模像である。(『人間』p.50 19)

遊戯を幼児の発達の最高段階に置くほどに，幼児期の子どもの内面の表れを尊重する。あらゆる善の源泉は遊戯にあり，また遊戯から表れてくるとする彼の遊戯への注目は，ペスタロッチの学校で学んだ「幼児期の人間」「学齢期の人間」の中にも，また一般ドイツ学園に自由な遊びの時間が用意されていることからも推察される。この時期の遊戯が単なる遊びや戯れではなく，子どもが自主的に選んだ遊戯には将来の内面的な生活が組み込まれているのを見ることができることに注目し，それを教育方法の原理に据えたのである。「この時期の遊戯は，将来の全生活の若芽のなかにつつまれた嫩(おさな)い子葉である。というのは，遊戯において人間の全体が発達し，全人間のもっとも清純な素質，内面的な心があらわれてくる」[56] として，自分自身の生活と同胞との生活，自然と神とが未分化な一体のものとしてある時期から分化していく過程に遊びが介在し，自己活動によって自己を表し，自己を形成する

力を培うという役割を果たしているということである。

　幼児期の遊戯については，古代スパルタの時代から流れる子どもの自然の表れであり，教育方法の原理である。プラトンは，アテネの客人の言葉として次のように言う。「養育者は，子どもの快楽や欲望をそういう遊戯を通じ，彼らが大きくなればかかわりをもたねばならぬものへ，さしむけるようにつとめねばならない。教育とは―中略―正しい養育なのです。その養育とは子どもの遊びを通じてその魂をみちびき，彼が大人になった時に―中略―仕事に卓越することに対し，特に強い愛着をもつようにさせるものなのです」[57)]と。つまり，遊びによって大人社会を模倣し学んで自己形成し，やがて天命としての自分の仕事に愛着をもつ人間にするということである。

　フレーベルが，それを幼児期の最高の段階と位置づけているのは，こうした2千年以上も人々がつないできた幼児期の遊びの意味である。幼児教育の方法的原理に遊戯を位置づけることは，今日でもなかなか社会的な認識が得られにくい。「学校」という言葉がリテラシー（読み書き計算）を学ぶ場として成り立っているからである。ルソーにしてもフレーベルにしても，本来，遊戯は生活，つまり自発的労働（活動）と対をなしてこそ生得的な善を陶冶する意味をもつとしており，名前や数や言葉の概念も，生活の中で学習され，秩序立てられていくとする。また，幼児の言語能力を拡大し，数の概念を形成するのは，「自然の中で，現実そのものの中で」数えることとしたペスタロッチのように，フレーベルも，「人間の知性において制約的にはたらいている思考法則に従い，生命にこれへの要求があらわれるにつれて，幼児のなかに発達させることをもとめる」[58)]として，その方法を述べている。"リンゴ，リンゴ"と同種のものを加える段階から"みんなリンゴ"という概念へ，"一つのリンゴ，もう一つのリンゴ，また一つのリンゴ"と同種のものの規則正しい付加から，"一つのリンゴ，二つのリンゴ"と数を増し，やがて幼児が"一つ，二つ"と口にするように導いて，幼児期に数操作できる10までの数整列と集合の概念を獲得させるとする。現実そのものの中で，幼児自身が知性を開いていく環境となるのが大人の役割なのである。

(4) 労働の教育

　フレーベルが基礎論で労働による労働への関係における学習，即ち生活による生活からの学習が子ども自身の中で生き生きと発展し続ける学習であるとして，家庭や学校教育が子どもの身体を怠惰に仕事無精にしないように，宗教とともに勤労のための早期教育の必要性をあげているのも環境となる大人の役割にある。とくに少年期に近づいた幼児には，父親の働く近くにいてその仕事を見，模倣してやってみようとし，手伝えることを喜びとする生活を重要とする。父親が除草する傍らで毒ゼリと食用ゼリとの見分け方を知る，森林伐採に同行させ樹木の違った性質を教える，狩猟の仕方，鉄の打ち方，秤の水平の保ち方，織り方や染め物，指物師や大工の仕事など，様々な働く父親の姿を見せる。子どもは誠実な父親を見，父親は精神活動，身体活動を求めている子どもを見て，自然から技術へ，技術から自然へと言葉ではなく活動を通して導くことを説いている。ここでは少年に近くなった幼児の保育と指導は父親の手に委ねられており，両親が子どものために生きることから得られる喜びや楽しみほど，人生でそれに勝るものはないとする。

　両親と生活すること，生きる時間と場所を共にする中で作業を通して相手を知り，自分を知ることが学習の場として成立する。労働，つまり生きる営みに周辺から参加する過程に，自然と技術を融合する真正の学びや自己への喜びや誇りが培われるということである。

　フレーベルの労働の教育に関する思想に影響を受けた人々は多い。デューイは幼児期から小学校の教育では，"生活への統一"を掲げる。デューイの作業は，調理，木工，裁縫の3活動で，衣食住にかかわる"人類の基本的な諸活動"であり，社会的な力と洞察力を発達させる目的である。彼の作業論は実践的行為における学習の心理学的位置づけや，手作業に対する高い価値づけ，将来の職業と学校教育の関連，教育における共同作業能力の活発化を特徴とする。学校が家庭や社会と地平をなす学びの場として，作業が教育の構造そのものに高く位置づけられている。

　一方，ケルシェンシュタイナー（*Georg Michael Kerschensteiner*，独，1854-

1932)の『作業学校の理論』は，子どもを生活と学習の主体としてとらえ，自己活動，生活体験を重視する自己活動学校であり，子どもの科学的思考，論理的思考を重視する公民教育としての主張である。つまり，自発性の原理，全体性の原理，自己活動の自由の原理，成長意識の原理，自己検証可能性の原理（ディートリッヒの把握）を作業学校においたのである。ケルシェンシュタイナーが教師になったのは，フレーベル没後7年後，29歳のことである。数学のほか，理科を教えるのに教室の外に連れ出して生きている動植物の観察や昆虫の採集，調査などを行って「自ら探求し，自ら発見し，自ら体験すること」が自然認識への欲求を一段と高めることを体験したからである。ある年齢の子どもにとって精神と身体の発達が促される中心は遊びで「遊びはその純粋な形態においては子どもだけに現れる」[59]とするが，不活発な表象しかもっていない子どもや病んだ子どもは，一人遊びに喜びを見いだすことは少なく，外からの働きかけをいつも必要とするので，各年齢段階に応じた仕事を見つけだしてやることが初期の教育において重要とする。精神的に遊ぶ者の教育だけでなく精神的に作業する者の教育の必要性は，生産的作業が表象と直に結びつく真に新しい経験をつくるからである。当時の調教的メカニズムをもつ書物学校は，"幼児期の遊び中心の学校から連続する作業学校にならなくてはならない"として，読み，書き，計算の作業でなく，子どもが情念や意志として備えている強い精神作用を及ぼす園芸作業をあげる。

　ルソーの思想を流れを組むフェリエール（*Adolphe Ferriere*, スイス，1879-1960）は，20歳で教育の道を目指し，当時「労働学校」が矮小化してとらえられたことから『活動学校』[60]を著して1900年初頭の世界の新教育運動を担った若き実践者である。フェリエールは，ルソー研究所の仕事にかかわり，そこを発祥の源とした労働の概念規定を行っている。「外部から課せられた機械的な活動は，労働に値しない」と考えており「本当の労働とは，内部から外部に向かって行使される自発的かつ知的な活動である」とする。そして「私たちの洞察力を，私たちの努力を，私たちの熱意をその仕事に投げ

入れる，その程度に応じてのみその名に値する」[61]とし，モンテーニュ（*Michel Eyquem de Montaigne*, 仏, 1533-1592），ロック（*John Locke*, 英, 1632-1704），ルソーが理想としたと同様，自発的で個人的で生産的な活動が学校の理想で，"行為の最高形式が思惟の労働である"とするのである。

　日本に広がった新教育運動は，遊びと労働を対の概念として，子どもの手仕事や労作などを通した全人教育の実践につながったが，もう一方で，フェリエールが否定するような手工労働に基礎を置く教育システムや知的教授による個人的作業・活動として理解された面もある。そして，自然が破壊され，家族が労働を共にする時間が失われた今日では，作業が知識の暗記や紙工作等の手仕事に置き換えられ，子どもの経験を現実から遠いものにしている。遊びと対の概念でもなく，自然と向き合う労作でもなく，現実と切り離し取り出された課業への転換である。

　労働と遊びと祈りのある生活の調和があっての遊びである。その遊戯に自然生命の原像であり模像が現れるとするフレーベルの確信は，彼が子どもと遊び，子どもから学んだ臨床知そのものであり，ギリシャの昔から先達が説いてきたところに系譜するものである。

　さて，フレーベルが家庭に向けて書いた論文『人間の本質および使命について，またそれを人生に表現しうる可能性について』には「幼児の微笑や活動衝動や生命衝動の中に，その質問や行動の中に，少年の喜びや歓喜の中に，その形成衝動や創造衝動の中に，青年の憧れや希望，努力や形成や建設の中に，大人の思索や行為の中に，老人の明晰さや知識や教説の中に」[62]つまりいたるところに一つの精神，一つの心，一つの生命が表れるとして，上下，貧富，貴賤を問わず，どんな家庭でも，性別，年齢，教養・知識の段階の子どもでも，人間の本質の認識にまで高まる可能性を説く。生活の中に生活を通して神的なものを表現しようとつとめることが，自己および他人を教育すること，とする信念は，『人間の教育』の言葉をさらに磨いて語られている。

(5) 幼児教育の原理の実証

『人間の教育』刊行の段階でフレーベルの心は，すでに家庭の教育および幼児の教育に照準を合わせていたことがうかがえる。諸論文で具体的に語られるエピソードは，子ども讃歌そのものである。幼児が本質を表現する可能性に注目し，幼児が生活の中に生活を通して表現する，あるいは遊びを通して表現するからこそ，幼児教育の方法の原理は，生活や遊びを通すとする確信なのである。

これを実証するために，フレーベルは1840年，幼稚園を創設する。その幼稚園が「何よりも幼児を愛する女性のための直観や教訓の場所であり，初期の幼児の保育や作業に関する直観もしくは教訓の場所であった」[63]と荘司雅子（1909-1998）がいうように，世の女性を真の母性に教育する目的で，「一般ドイツ幼稚園」としたものであり，全ドイツのすべての町に必要と考えたのである。今日の幼稚園等の目的とは大いに異なり，保育する者が幼児を正しく扱い賢く世話をするための学びの場であって，子どもを預け教育する家庭の補完の場所ではない。

"幼児期の人間"には，先行するものが常に重要である。乳児の寝床は羽毛ではなく乾草や麦藁でやわらかくないようにし，着物も薄く軽くし，きれいな空気で感覚器官の活動に栄養を与えるとする。また幼児には食料・食品も将来を決める重要なものなので香辛料等のない単純で適度で汚染されていない自然性のもの，衣服は精神を締めつけたり縛りつけることのない簡素なものとし，全感覚を刺激し覚醒し四肢および器官のすべてに力をつけるとする。その方法として，身体に働きかけ自分を感じ自覚するところに高め，事物の本質と特性をとらえ，事物の時間的空間的関係と事物相互の関係を，正確に完全に言い表すことを要求するので，子どもを取り巻くものを正確に完全に提示することとする。さらに，言葉と事物とを，身体と精神，肉体と魂のように分離できない段階であるからこそ，遊戯をしながら話すことが子どもの生活の構成要素となるようにするとしている。

正しく指導され保育された子どもは，言葉を使うこと，図画をかき表現す

ること，知識を獲得すること，計算することなども日常の生活の中で自然に発達すれば，少年への過渡期（幼児後期）には，すべての教科―言語と自然，数・形・大きさ等の性質，空間の知識，力の本質，素材の作用等―が幼児の前に開かれているとする。そして「われわれの言葉には内面的生命の直観が欠けており，内容が欠けている」[64]ので，大人たちは子どもからもう一度われわれの生命の中に移し，子どもに学ぶことを提唱する。子どもと大人のずれ，それは魂が死んでいる大人と自己発展している子どもの違いだということである。

　そして彼は，両親や町の人々とともに教育遊具を製作する。それがシュピール・ガーベ（日本では恩物と訳された）とよばれる遊具である。自己の内面にもつ本性を創造的な行為によって表すことができる遊具は，森羅万象の世界を表す象徴的なものとしてある。それが第1遊具から第20遊具である。単純で基本的な形の遊具ほど理想的だとする彼は，6色の毛糸に包まれた球形の木球を第1遊具とする。この世に，大は月，太陽から，小は液体，気体に至るまで球状をなしていないものはなく，球の表面は点の集合だが，点，線，面を内包している象徴である。子どもは象徴を通して宇宙の姿を感得するとするのである。球形から出てきた形は立方体である。立方体は面，点，線が明確にされたものであり，円柱は面と線によって成立し，面と面で静止し，面と円で回転する。これらは幾何学的形態によっており，万物の形がここに象徴されていると考えるのである。

　さらに，この1個の立方体を分割すると立方体は四つ，八つの立方体になる。1が2になり，4になり，8になる，あるいは8が4になり1になるというように，一と多，部分と全体，雑多と統一の諸原理，諸法則が含まれ，統一をなしている。これが，子どもの手によって遊ばれると，数量に対応する「知的形式」と，椅子や机，階段などに見立てる「生活形式」，および星形や花などのデザインをする「美的形式」を陶冶する。子どもはひたすら遊んでいるだけだが，この3形式の象徴が子どもの内に映った自然界を描きだすと考えたのである。

積み木や素材にこうした意味をおいて，象徴される世界と内的統一とを語るところに，彼の教材観がみられる。ペスタロッチの学校でこだわった教材への疑問や，すべては統一に始まり統一に終わるという信念を，幼児の遊具として具体化したのである。

また，「母の歌と愛撫の歌」[65]

> 「味のうた」（1番のみ抜粋）津川圭一訳
> おくち を あいて ごらんなさい な
> ぶどう が ひとつ はいりました よ
> どんな あじ ですたべて みましょう
> とても あまくて おいしい でしょう
> こんどはりんご これも たべましょう
> けれど ぼうやの おくちが つぼんだ
> すっぱい すっぱい とても すっぱい
> もっと あまいのが ぼうやは すきよ
> ももをたべると いくらか にがい
> けれど ぼうやは それをたべます―略

は，フレーベルが幼児を抱いた一夫人の雛を呼ぶ動作と言葉にマザープレイを発想し，神と労働と遊びを音楽にのせたとするものである。これは，幼な子の魂を豊かに育み，子どもの精神を人間らしいものにする陶冶材料として彼と周辺の人々が精魂こめて生みだし，森羅万象の世界に幼児を導くものとされている。たとえば「味のうた」には，魂がひらかれる根元が歌われる。つまり，自然が幼児の味覚を通して語りかける。だから母親が感覚を通して自然を知らせると，感覚から子どもの心の門が開く。開いた心に光を当てるのは精神であり，感覚から幼子の魂が開けるようにと，歌いながら遊ぶのである。味覚だけではなく，諸感覚を発達させることが精神を育て，事物の本質を理解させるとする。「お菓子揉」では，母子が向き合い両手を取って粉を丸めてパンを作る仕草で遊びながら，粉は粉屋に，粉屋は百姓から麦を買い，麦は百姓が作り，百姓が麦を作る大地は神がつくることを歌いながら遊ぶ。こうした母子のやりとり，手遊びのなかに，芸術と宗教，科学，倫理を会得する内容が込められているのである。

永遠なものは，心で感じとらなければ得られない。詩や歌，絵や遊びは，感覚を鍛えるとともにそこに精神があらわれる。その精神を育てることが彼の幼児教育の原理の向かうところであり，生命合一の思想なのである。

フレーベルは，人間が真に自己を認識しようと思うならば「彼は自己自身

の外に自己を表現しなければならない。いわば自己を自己自身に対置させなければならない」[66] そのために幼児期は，事物の本質を正しく認識し自己自身に正しく透徹すべきで，事物と言葉とを分離し，両者の結合関係を認識する段階，つまり「事物から言葉を分離すること及び言葉から事物を分離することをもって，語る人間から言語を分離すること及び―中略―記号や文字による言語の外面化及び具体化をもって」[67] 幼児の段階から少年の段階へ進むと考える。少年期の人間は，教授が行われる時代で，幼児期に培われた意志や志向性，物の本質や特性を感得する力が子どもを研究に向かわせ，内面的な統一を確かにしていく時期が到来すると考えるのである。

　幼児の段階は，家族の活動，行動，労働を見て自らも表現しようと活動を試みたものが，少年においては仕事のための活動となり，幼児期の活動衝動は形成衝動，造形衝動として発展する。

　『人間の教育』では幼児期と少年期の境が6歳と7歳にあることは確かである。「7歳から10歳の少年」の教室風景には，積み木や砂，鉄屑などの建築用材や，栽培のための畑，動植物の世話や遊戯（競争ごっこ，拳闘ごっこ，相撲ごっこ，鬼ごっこ，戦争ごっこ，狩猟ごっこなど）があげられており，「仲間の中で自己を見，仲間の中で自己を感じ，仲間と自己とを比べて自己の力を釈量し，仲間を通して自己を認識し，そして仲間を通して自己を発見することを求める」[68] 子どもの遊戯の"国民的道徳的徳"の目覚めが書かれている。つまり今日の小学校低学年までを少年期として，労働と遊びと機械的な製作，そして自然の観察と祈りによって，自己自身を発見させていくという統一体としての自己形成があるのである。

　フレーベルを範としたデューイが4歳から低学年までを教育の初めの段階においたように，あるいは日本の学制が6歳就学を掲げながらも低学年に生活科など動的活動を用意するように，少年期（小学校低学年）の教育は，幼児教育の連続性の上に仲間の中で自己を発見していくという，自己活動を中心とした環境が用意されることを求めるといえよう。

　このように，乳児期から幼児期，少年期，学校期までの教育の一貫性なく

して幼児期の人間教育の原理を理解することはできない。善も人間の手に渡ってしまうと悪になるとルソーが言うように，幼児期までに培えなかった道徳性が少年期の人間を攪乱することこそ悪である。フレーベルも利己心，不親切，粗野などが幼児や少年を支配するとすれば，それは幼い時から両親と子どもとの共同感情が覚醒されず，幼児のときに精神が否定され乱されたことに起因するとする。そうなった場合，真の子どもらしさ，信頼心，愛情をもった敬虔な心や穏和な精神，仲間に対するいたわりや尊敬の念などは，わずかでも残っている共同感情に着目して養い直すことだとする。

　しかし，再び人間の嫩い子葉を養い直すことは時間がかかることを思うと，「永遠の法則」に従い，善を発展させることつまり生得的にもつ善性を自ら発展させていく意志や志向性を培うことこそ幼児期の教育を担う教師や両親の使命として自覚する必要があることは，今日も全く同じであろう。

第2章

日本の幼児教育思想の系譜

§1　国産の幼児教育原理への道程

1. フレーベルの恩物による教育

　就学前教育が日本に導入される過程に触れる前に，江戸時代の幼児教育の思想について，一つの教育論を整理して置くことが必要だろう。江戸は，ロンドン，パリより人口の多い世界一の都市だったといわれる[1]。徳川265年続いた泰平の世の仕組みは，様々な教育システムをつくりだしている。支配階級，藩士の子どもには藩校や私塾があり，庶民の子どものためには寺子屋や習い事の場所があり，7歳までの子どもの教育については家庭がその機能を果たしていた。外国人の目にも，まさに世界のトップレベルの教育があった日本[2]として認識されている。

　江戸の家庭での子育ての書として代表的な貝原益軒（1630-1714）が著した『養生訓』『和俗童子訓』には，養護原理・小児保健と教育原理・教育方法に匹敵するような内容がちりばめられている。

(1) 日本の幼児教育指針

　教育書としての『和俗童子訓』は，5巻からなり，巻之一　総論上，巻之二　総論下，巻之三　読書法，巻之四　手習法，巻之五　教女子法の構成である。総論では性善説のもとに人間を生まれつき仁・義・礼・智・信の五性をもつ万物の霊と位置づける。そして，愛情と知性にもとづいて幼児を育てる道すじと方法として，もの食い，もの言い始めるころから教育を始めることとし，「いとけなき時より早くよき人にちかづけ，よき道ををしゆべき事にこそあれ」[3]というように周囲の環境をよくすることを重要とする。四民が小児のときより礼儀と読書，芸能を教えることを是としている。よき乳母，よき親，よき師の重要性については，随所に書かれているが，それは，学校制度としてではなく，家庭教師としての師，個人教授としての学びの時代の特徴である。学問をする法としての「師の教えを受け，学問する法は，善を好み，行ふを以て常に志とすべし。学問するは，善を行わんがため也」[4]とする考えは，国の東西を問わず，プラトン，アリストテレスの時代にまで遡る普遍として，人間の本質である善を自ら発展させるために学問することに通じるものである。また幼時より老人の物語を聞くことを薦め，10歳にして父母の家に置かずに学問所におらしむべしとする，教育の基本が述べられている。

　巻之三から巻之五は各論である。巻之三　読書法には6歳から始める文字教育，7歳からの男女席を同じくして並び座せず，和字のかなの読み書き，8歳からの礼儀と孝経，小学，四書，10歳からの聖賢の書，文武の芸術，善行，15歳からの大学，20歳の元服といった発達段階に応じた学習内容が構成されている。読書法には，聖人の書である「経」と賢人の書である「伝」があげられ，読み書きの具体的な方法原理があげられている。巻之四　手習法についても同様，かなや漢字，いろは歌などの手本，筆の持ち方，墨のすり方に至るまで，具体的に書かれている。女子の教育法が巻之五として一巻をなしているのも，封建時代の男女の生活態様に応じた教育の指針といった意味合いのあらわれである。7歳にして文字を習わしめ，父に従い，夫に従

い，子どもに従う三従の教えや，女徳を養うことの大切さなど，嫁して後の生き方まで事細かに述べられている，1710年益軒80歳の著述である。

彼の学問的知識と実践経験から，一般教法と教科内容に別れたこの書が1710年代にあったことは，日本の幼児教育を民間レベルで維持する上で貴重な意味があったと思われる。朱子学の精神が強烈に表れているため，今日の人々からみると古い思想に思われるが，四民を対象として子どもの発達過程と養護，訓育，教授の全般にわたって構築していること，子どもの個性や興味に即する必要性を随所にあげている点などは，益軒が独自に当時の教育のありのままをとらえて思想立てしたと思われる。

益軒が没年に著した『大疑禄』の思想性ほどではないと言われる本著ではあるが，幼児の発達に基づいた随年教法にしたがっている点にはみるべき内容が多い。益軒の『和俗童子訓』は，日本にフレーベルの思想が輸入されるより167年も前のことであり，明治に幼稚園教育が輸入されて今日に至るまで130年しかたっていないことを思うと，国家に依存しない，家庭の教育力の安定していた時代の人々の思想があったこと，それがやがて外来文化と融合する時代まで忘れ去られていたことをうかがい知ることができる。

(2) 輸入した幼児教育の方法

1876年，日本に幼稚園が設立された当時，制度は諸外国を参考にし，内容についてはフレーベルの翻訳本から教育の方法が取り出されたのはいうまでもない。方法を真似て，そこから思想を生みだすのが世の常であり，それは何も教育だけのことではない。多くの模倣は，具体的な実践を通して後に，思惟がついてくるという演繹の中にある。単なる模倣で終わるのか，模倣を通して自覚的，思考的，知覚的存在としての人間が演繹され，文化が融合して新たな原理の視点が生まれるのかが，模倣の観念を越えられるかどうかである。

日本が輸入した幼稚園教育の理論の流れを知る文献として『明治保育文献集 全9巻』*がある。フレーベルの『幼児教育学』『母の歌と愛撫の歌』は桑

第2章　日本の幼児教育思想の系譜　53

田親吾訳による英国のロンゲの『英国幼稚園の実際的指導（1854年版）』に頼ったこともあり，第1恩物から第20恩物までの玩器と，音楽として『手引き草』31曲についてのものである。フレーベルのキンダーガルテンの紹介については，すでに近藤真琴（1831-1886）が「博覧会見聞録別記子育ての巻」童子園として紹介しているが，「いとけなきより学術を務め，心を練らし，躰をはたらかすにあり」[5]としており，また桑田親吾訳の幼稚園第一総論も，「5歳以下の幼稚き時，其の能力を導く方法に於いてはいまだ備わらず―中略―知を開く方法をここに示さんとす」[6]と述べられているように，日本に紹介された時には，すでに知が学術の習得と身体鍛錬を目的としていることが分かる。

　また，関信三（1843-1880）訳の『幼稚園記』（ダウェイ著『幼稚園・フレーベルの初等教育の体系を公立学校に導入するための手引き書，あわせて母親および家庭教師の使用にも役立てる手引き書』）の付録には，幼児教育における母親の在り方の重要性と，遊びの重要性が述べられているだけで，当時にしては斬新ではあってもそれは形式的，技術的側面の紹介に終わったといえよう。その後の関の『幼稚園法20遊嬉』は，学齢以上の幼児の無形にして有形な教育と違って，就学前の教育は「無形中ノ無形ナリ」と述べて，恩物の解説とともに，その教育の意味を伝えようとしている。しかし，林吾一の『幼稚保育編』寺井与三郎の『幼稚園保育術』も，文部省音楽取調係，伊沢修二（1851-1917）編纂の『小学唱歌集』『幼稚園唱歌集』なども教育の方法の紹介が中心になっているが，これらが文明開化を推進する最新の幼児教

＊『明治保育文献集　全9巻』　岡田正章監修　日本らいぶらり1977　第1巻　近藤真琴『博覧会見聞録別巻』ロンゲ夫妻・桑田親五訳『幼稚園』，第2巻　ダウェイ・関信三訳『幼稚園記』『幼稚園創立法』『幼稚園記20遊戯』，第3巻　林吾一『幼稚保育編』寺井与三郎『幼稚園保育術』伊沢修二『小学唱歌集』，第4巻　渡辺嘉重『子守教育法』飯島半十郎『幼稚園初歩』『幼稚園知恵のみちびき』，第5巻　A.L.ハウ『保育学初歩』，第6巻　フレーベル・A.L.ハウ訳『母の遊戯及び育児歌』榎本常『幼稚保育の手引き』，第7巻　一橋虎之助『幼稚園通覧』東基吉『幼稚園保育法』，第8巻　中村五六『幼稚園摘要』『保育法』第9巻　A.L.ハウ『保育法講義録』中村五六・和田實『幼児教育法』

育書として，この道の開拓者たちに提供されている。開拓者たちは，海外の見聞や留学，語学の獲得をなした先鋭たちでもある。

一方，フレーベルの『保育学初歩』や『母の遊戯及び育児歌』が，ハウによって訳されたり，日本初の保母に豊田芙雄（1845-1941）のほか，フレーベルの保育を学んだ松野クララ（独，1853-1941）がいたことからも推察できるように，外国の宣教師が日本に就学前教育と福祉の概念をもたらし，封建主義から汎愛主義へと思想を転換させる役割を果たした意義も大きい。1886年にはミス・ポートル（*F.E.Porter*, 米，1859-1939）が金沢に英和幼稚園を，1889年にミス・ハウ（*Annie Lyon Howe*, 米，1852-1943）が神戸に頌栄幼稚園を，同年，ミス・ゲーンズ（*N.B.Gaines*, 米，1860-1932）が広島に広島英和女学校付属幼稚園を開設し，キリスト教精神に基づいた児童中心主義の教育を実践している。これらは実践をもって理念を具体化したものであり，今日までその思想を脈々と伝えている。国としての施策が広がりをもつより早く，新しい思想，文化をもった宣教師たちが，日本の新しい国づくりに参画しているのである。

2．幼児教育学の見解

幼稚園教育の日本化への動向は，明治18年の中村敬宇（正直 1832-1891）の『幼稚園初歩』に見られる。「遊戯に就きて保育をなし，保育に就きて遊戯をなしむるこそ，幼児教育の要領なり」[7]とする大意は，フレーベルに依っているが，おはじきや双六，日本の一口話など保育材料は当時の子どもたちの生活においている。そして明治も半ばになると，遠藤貞範，枝益六ら，幼稚園保育場を開設した人々や豊田芙雄，榎本常ら保母による『保育の手引』が書かれているが，これらも指導方法の紹介書であり，日本の幼児教育の原理が模索されたわけではない。

(1) フレーベルの恩物批判への序章

1892年に出された『幼稚園通覧』は，フレーベル研究者として一橋虎之助がフレーベルの『伝記』から本来の理念を伝えようとしたもので，そこでは当時の形式的な本質を見失った恩物主義保育を批判している。批判は新たな思想を生む土壌を耕す重要な力となる。続く東基吉（1872-1958）の『幼稚園保育法』[8] にいたって初めて日本人による幼児教育論への基礎が成立したといえよう。東は，1900年岩手師範学校から女子高等師範学校（1876 東京女子師範学校 1890〜女子高等師範学校 1908〜東京女子高等師範学校と名称変更，現お茶の水女子大学）教授，同附属幼稚園批評掛として招聘されたときに，なぜ，門外漢の自分が幼児教育を行うかといった不本意な気持ちを抱いたが，日本中に幼稚園のことを知った者はいないということから一念発起し，米国出版の書物や雑誌を読破し，現場で子どもを観察して研究に邁進する。輸入された恩物がフレーベルの思想を正しく伝えていないことにふれ「そもそも恩物はフレーベルが雨の日のつれづれに子どもを室内で遊ばせる折の（晴天の時は外で遊ばせた）玩具として与えたもの」[9] で机上の手わざであるとして，独自に遊戯を主体とした保育法を構築するのである。

『幼稚園保育法』の構造は，第1編 教育学の原理，第2編 幼稚園の必要性，教育の方法（身体養護，徳育，知育）で構成されている。幼稚園教育の性格を家庭教育として欠けるものを補助し充実させる任務とともに，同年齢の仲間と事を共にし「家庭にありては到底訓練せんと欲して能はざる独立，規律，忍耐，遜譲（そんじょう），社交等に関する道徳の萌芽を培養」[10] する教育を行うとしている。そして遊戯については「幼児は元来自我の念頗（すこぶ）る強大にして他を顧みる念慮は極めて薄弱なるものなれども，遊戯は専ら他人との共同によりて成るを以ていよいよ自己一身の願望を捨てて」[11] と，遊戯に高い意味をおき，子どもの自己活動を重んじている。

また東は，当時の雅楽調・口語の歌いにくい歌を幼児の生活に即した歌える唱歌にしようと妻クメ（1877-1969）や滝廉太郎（1879-1903）などと協同する。「はとぽっぽ」，「お正月」など今日に歌い継がれている歌がそれで

ある。さらに修身話から談話（庶物の話と人事の話）等の改革も試みるのである。そして彼が，20恩物を使った手技が「児童の活動力を抑圧し，其の意志を機械的ならしむ」ことなく「幼児の自己活動力を満足せしむる」[12]ものにするよう鳴らした警鐘は，次の時代に引き継がれる。

　遊びが子どもらに平和と安寧をもたらすとしたフレーベルの思想から離れた課業としての遊びでは，ブルジョア階級が輸入した思想であると批判されるのもやむを得ないだろう。一般の庶民は幼稚園など関係なく，ひたすら貧窮と闘う親の姿を見，労働を手伝ってそこから自己の存在を自覚し，自己教育・自己陶冶していたといえよう。その貧窮の生活には，生きるための学習の原理が働いており，人々は生活に即して人間の基本的な"生の原理"を体にしみ込ませていたのである。ここに四民皆学の"教育の原理"と生きるための"学びの原理"が区分される時代の到来をみることができる。人間教育の原理は，やがて幼稚園の普及とともに，人間の生きるための学びから取り出された，教育という狭義の方法原理となっていったのも，輸入した思想の限界であり宿命であったといえよう。

　一方で，中村五六が『幼稚園摘葉』[13]で，フレーベルの思想中の発達に関する心理学や生理学を中心に，幼稚園教育の基本的原理や原則について解説しているが，教育と教授を同一義に解釈している点では原理に迫りきれないものがある。しかし，本著の中には小西伝八の『普列伯氏略伝』（フレーベル）が付録として挿入されているので，ここでは視座を変えているだけかもしれない。こうしたいく人かのアプローチを経て，中村五六の『保育法』，和田實の『幼児教育法』にいたって，学問としての構想がみられるようになっている。

　時を同じくして学制を敷いて輸入した小学校教育も，国産の思想を生みだす時期を迎えており，大正デモクラシーにつながる子ども讃歌の時代の到来であったことは幸いである。ここにかかわった幼稚園教育の開拓者はみな，高等教育を担う教員であったり，小学校の教員経験者であったりするが，子どもに学ぶ姿勢をもっていた。また，就学前教育が小学校低学年と連続する一つの学校という意識も有していた。近代学校が輸入した思想や方法を模倣

し，実験した段階を経て，臨床知が言語化され，教育の本質的な作用や人間が発展することの意味が教育学として構想されていくのである。

(2)「幼児教育学」としての構想

東の後，5年後に女子高等師範学校附属幼稚園に就任した和田實（1876-1954）は，就学前教育が教育学の範疇にあると考え「幼児の教育法とて矢張一般の教育中に含まる可き筈であるからには其の根本に横たはれる原理原則と云ふものは両者の間に何等の差異の有ろう筈がない」「一個の教育事業（筆者注解：初等教育の意）が二つの異なれる学理を有するとは如何にしても許されがたき次第」[14]として幼児教育学構築に当たって，コメニウス，ルソー，ペスタロッチ，フレーベルをあげて自然主義を原理原則に置いている。「教育は被教育者の生活状態を支配することに因りて其の目的を達す」[15]として幼児の生活を"習慣と遊嬉"とし，当時の保育事項（遊嬉，談話，唱歌，手技）が小学校の教科のようになる危険性をプラトンまで引用して述べている。囲いの中で幼児の生活状態を支配することで教育目的を達成するからこそ，生活と遊びを柱にしたといえる。そして自らの『幼児教育法』が一年たっても批評されないことを遺憾とし，「互いに意見を闘はし思想を交換してこそ学問の進歩と云うものは見出される」はずなのに，幼児教育界の人々が「なぜ思ひ切ったる批評をしないのであらうか―中略―お互いに研究的態度を以て同一の事業に従事する以上は意見を開陳し思想を交換することは当然の義務」[16]と嘆いている。唯一反論したある記者の「遊戯の実質は，自発的な力にして其の形式は模倣なり。これだけにて幼稚園教育は十分に組織することを得べし」という批評に対して和田は「遊嬉に関して比較的精通なる研究をしたと云ふものは，従来このような浅薄な考えをもって居った人があったから」[17]として，記者のいうように遊戯は模倣というだけで幼稚園教育の方法原理として満足するなら研究する必要などないとする。研究交流しない幼児教育界の"遠慮"という傲慢さを和田は忘れがたかったのであろう。保育法を根本から立て直すために，普通教育の全般にわたり幼児教育をも包含

する教育学として組織し直そうとする講演の折,お茶の水時代を振り返って「倉橋惣三先生に批評を求めたらば先生は『余りにオリジナルな部分が多くて批評し悪い』と言われた」[18]だけだったと振り返る。

結局,若き和田の構築した理論は難しすぎたということである。森上も難解で独善的としているが,若さと独善の故に構築できた大胆な理論展開ということができる。ピアジェ(*Jean Piaget*,スイス,1896-1980)の『児童の世界観』が出たのが1926年,ホイジンガ(*Johan Huizinga*,オランダ,1872-1945)の『ホモ・ルーデンス』が1938年で,遊び研究が邦訳されていたわけではない。『吾妻余波』や柳田国男(1875-1962)の『遠野物語』などに庶民の遊びがまとめられている程度である。その後,ピアジェ,エリクソン(*Erik H.Erikson*,独,1902-1994),カイヨワ(*Roger Caillois*,仏,1913-1978)など世界の研究者が幼児の遊びを研究するに至って,和田の研究に光が当たっていたならば幼稚園界はまた違う性質を有したかもしれない。

和田は東の保育の日本化の流れに沿いつつ東の保育四項目に規定された保育法を越えて独自の幼児教育学を開いた先駆者である。彼自身,専門的な高等教育を受けていない当時の保母を対象としたのではなく,同一事業に関係する人々の共同研究のために書いたとして,知を構築する人々を求めていたのである。

彼は遊戯に重きを置き,「幼児の心力が漸次発達して直感の残影即ち事物の観念が其の心裏に蓄積せらるるに従って遊嬉は更に進んで表象上に過去の直感を復元せしめ」[19]て遊戯がさらに発展するとする。この発展は,遊戯の発展として表れる自己発展,心力,直観の発展であろう。

彼は学習や勤労も"遊嬉を遊ぶ間に自然に得る所"とする。そして随意遊嬉と共同遊嬉とされた枠を超えて,自発的な遊戯活動の基礎となる衝動を発生的に「経験好奇の衝動」「暗示模倣の衝動」「対抗好争の衝動」に応じて経験的遊戯,模倣的遊戯,練習的遊戯が生まれるとしたのである。好奇心や模倣性,好争性などは,フレーベルが,活動衝動,表現衝動,創造衝動とした内的欲求の発露,あるいはデューイが社会的衝動としてのコミュニケーショ

ン，構成的衝動，探求の衝動，表現的衝動（芸術的衝動）とした子どもの四種類の衝動に比類する衝動，興味の方向である。和田がそれほどに遊びを強調するのも，課業としての恩物への批判であり，子どもを中心とした新しい教育への挑戦であったと思われる。

和田のいう経験的遊戯とは，玩具・絵画・動物・植物・自然現象・作業・交際等の活動の観察を直接直感的遊戯と，童話や教訓などを語り聞かせる間接直感的遊戯である。模倣的遊戯には，純粋に観察した所を単に模倣する場合と物語などを想像して表す演劇的なものとしてのごっこがある。練習的遊戯は，筋肉的生理的運動を為す身体的・体力的遊戯と心力を使用する精神的遊戯と心身の協同的活動による技術的遊戯（①唱歌など言語に関する技能，②独楽回しなど運動的技能，③手工的製作や作業的遊戯）に区分される。ピアジェの象徴的遊び，練習的遊び，ルールのある遊びの分類以上に，生活的，実際的な遊びの構造論である。

彼の理論によると恩物は，遊戯の発生的見地から手工の一つとして位置づけられている。小学校の授業のような教育とは異なり，教育方法は幼児の自然活動に基礎をおき，"幼児現在の興味を基礎として嬉嬉遊楽せしむる間に之を感化誘導する"任務を有するとしたのである。そして誘導には，3類9種の方法原理があるとする。

① 幼児の活動の状態からみた場合，
　ア．幼児の模倣性を生かして厳密に誘導者の為す所に一致させる
　イ．半ば誘導者に模倣させつつ，半ば幼児の自由に活動させる
　ウ．幼児の自由活動に任せて遊ばせ必要な場合適宜，指揮と補助を行う
という方法があり
② 幼児と誘導者と遊戯上の共同からみた場合，
　ア．誘導者が幼児の仲間入りして共に遊楽する
　イ．半ば幼児遊戯の同伴者，対手として遊楽し半ば傍観者のような位置にある
　ウ．全く傍観者の位置に立って幼児の自由な活動を監視する

という方法があり
　③ 談話の様子からすると,
　　ア．幼児が聞き手になる, イ．幼児と教育者が対話する, ウ．主として幼児が話す,
という方法があげられている。

　和田が『幼児教育法』の第1章にあえて「幼児教育学」を設けたのは, 論理的な幼児教育学を構想して"幼児教育の全部に亘りて適用し得る原則を組織"するためには, 幼児の生活全体を構造化するとともに, 幼児の発達に重点を置いて遊戯論を展望しようとしていたからではなかろうか。

　彼が幼児教育法を書いたのは幼稚園主事を経験して3年後の1918年, 32歳の時である。そして1929年に, 東京女子高等師範学校助教授の職を辞して経済的困難に立ち向かいつつ目白幼稚園, 目白幼稚園保母養成所（現在のめじろ幼稚園, 東京教育専門学校）を設立している。幼児教育に我を献身させたもの, それは難解といわれた「幼児教育学」批評への実験的確かめと, 「童心即是神」という儒教的精神と, 幼児への讃歌, そして幼児と共に歩く人生への喜びではなかったかと思われる。これは, 現在に至るまで, 幼児から原理を帰納しようとする人間がもつ共通の感覚のように思われる。幼児によって内的な衝動が人間を動かし自己教育がなされていることを実感させられた者たちは, 形式的な世俗の価値に溺れず純粋さを保てるからであろう。

§2　大正・昭和期にみる就学前教育の原理

1. 大正期の就学前教育原理

　第1章で述べたように教育の原理は, 教育とは何か, 人間の教育の対象とは誰か, 教育の場とは人間にとっていかなる意味をもつかといった本質への

問いより，いかに教育するかという方法の原理を伝承しやすい。教員養成自体が，教育を哲学することより教育の方法を教えることを責務としているからである。今日，ますます方法論が盛んになっているが，自らの中に原理を打ち立て，実践によって実験し確かめ，世に報告する思想や原理を生みださないかぎり，教育は方法の手だてにすり替わってしまうのであろう。和田によって新しい幼児教育の視点が提供された頃から，時代が大きく動くことになる。

(1) 自由教育の潮流

明治末，樋口勘次郎（1871-1917，統合教育の提唱者，修身童話として日本昔話を副読本として刊行）の活動主義の主張，谷本富（1867-1946）の自学輔導論に始まった第一次世界大戦後の大正デモクラシーの時代は，欧米の新教育運動に触発されて，日本でも自由教育運動が展開された。幼稚園教育の歴史に登場することは少ないが，原理の思想構築を学ぶに値する人物に篠原助市がいることは第1章で述べた。「思考することを学ばしめ」「哲学でなしに哲学すること」[20] を教育の基本原理において，日本に初めてケルシェンシュタイナーの労作教育思想を紹介し，1911年『勤労学校の主張』の論文を著したりしている。明石女子師範学校の及川平治（1875-1939）の『分団式動的教育法』が出されたのは，その翌1912年である。及川はこの書の冒頭の3大主張の中で教育の理念を明確に掲げている。それは，「1 静的教育を改めて動的（機能的）教育と為すべきことの主張，2 教育の児童に存する事実を重んずべきことの主張，3 真理そのものを與ふるよりも真理の探求法を授くべきことの主張」[21] である。

当時の労作主義の学校，児童の創作的生産的・生活の学校等の台頭を踏まえ，及川は動的見地の教育について「1 教育の目的を生活中におき，人は現生活に満足せず進んで価値あるものを獲取せんがために努力すること，2 題材を以て働きの仕方となし学校教育は"生活"に必要なる働きの仕方を発展せしむべきこと，3 児童をして常に目的ある学習をなさしめ児童の活動をす

べての仕事と為すこと」[22]とし，二つ目の主張については，「いかなる教育的企画も此の二字に帰する」とする。そして三つ目の主張では，研究とは知識の同化の過程，経験を改造する過程であるとして，「我々の研究問題は従来の所謂教授法の問題ではなくて，研究法の教育法の問題である」[23]とする。

　ここにこの原理に通じる及川の思想がみられる。研究法を学ばない教育の欠陥は，他人の研究した書籍に頼り，他人に模倣し，機械的に記憶する悪弊を生み，学問の独立は不能となる，とする点に注目したい。論理的研究，自学自習，個性発展の主張は，教育の方法の原理とともに，人間教育の原理に近いものがあり，第二の本論の中の「統御」「自為力」の説明にそれがみられる。統御について「要するに心身の精力統御の機能を完うする所以である。直接統御は動作である。観念思考は動作に意味をつけ未来の動作を規定するものである。動作に訴えずして観念思考の発達を企つるは新教育の嫌うところ」[24]とし，自為力は「学ぶ力，為す力」として精神物理的有機体の本能としているからである。その原理を具現化する方法として，児童の能力，個性に応じた分団式動的教育法があり，活動・統御・価値を個人に関係づける「経験の改造」があるのである。

　しかし，及川の動的教育の原理が戦後民主主義国家を目指す中で埋没した理由は，明治末，大正初頭という時代を反映して，皇国主義，個性・能力主義が色濃くその方法原理の中に現れているからではなかろうか。結局，戦後の民主主義は，平等の概念をあいまいにしたまま個性を掲げて低迷することになり，今日再び動的教育による個性・能力の開発が課題として浮上し，生活科や総合的な学習の時間等で模索されているといえよう。

　和田によって国産化の道を歩み始めた就学前教育の理論は，大正時代に入って及川ら小学校の新教育運動とも関連しながら，自由教育の構造をもつようになっている。それは，思想は欧米に習って国産化しつつも，方法は幼児の発達や実践現場の保育を斟酌するというものとなっていく。

　ルソー研究所が，国際新教育連盟で世界の新しい教育思想の潮流を生みだ

したように，1921年の「教育学術界」主宰の八大教育主張講演会には，及川の分団式動的教育法や手塚岸衛（1880-1936）の自治・自学の自由教育，小原国芳（1887-1977）の『全人教育論』[25] などが展開されている。

　時を前後して，1912年，西山哲治（1883-1939）が興した帝国小学校・幼稚園[26] は，校長室も職員室もない，弁当を一緒に食べ，一緒に学び，遊ぶ学校である。西山は廊下に机一つを置いて，受付を兼ね，校庭の児童の観察兼子どもたちとの談話をする校長として生活する。彼は臨海，林間学校等も試み，学校経営の実践から教育研究を帰納している。また，文部省普通学務局長，東北帝大初代総長を歴任して『実際的教育学』[27] を著した沢柳政太郎（1865-1927）が自らの理念を実現すべく1917年に設立した成城小学校，成城幼稚園（幼稚園は1925年）がある。沢柳は教育学が空漠で実際と没交渉であることを様々な視点から論証し，教育学が科学的な学問としてその位置づけを得，実践と遊離しないためには"実際その教授の事実を根拠として実験を重ね，学校の現象から学問を帰納する"こととする。成城では「個性尊重の教育」「自然と親しむ教育」「心情の教育」「科学的研究を基礎とする教育」を掲げ，パーカースト（*Helen Parkhurst*, 米，1887-1959）のドルトンプランを試みている。そして「本当の教育学」は実際上の指導を与えるべきもので，教育現場や教育行政に対して指針を与えるような学問であるとして，実践を通して世に問題提起し続けている。彼は学者の一家言より教育の事実を考究していく態度に重きをおいた理論的実践家である。

　日本初の女性新聞記者だった羽仁もと子（1873-1957）[28] が芸術色の強い幼稚園から大学までの一貫した教育を目指す自由学園を興したのが1921年，師範学校改革から小学校設立，小学校の学齢延長を目指した野口援太郎（1868-1941）が志垣寛（1889-1965）らの支援を受けて池袋児童の村小学校を興したのが1924年と，次々に新しい教育の時代を告げる子どものための学校が誕生する。羽仁は，教育の目的を"真の自由人をつくりだすこと"として，子どもの心の動く範囲をできるだけ広くし，心の動きを十分確かなものとする教育法を実践する。それが自覚的教育環境をつくること，すなわち

生活即教育だとする。一方野口らは，教科の自由，教室を選択する自由，教師を選択するの権利を挙げて「教師対生徒という観念に囚はるる処なく，教科目や教授時間，はては教授法に縛らるること」[29]のない自由を謳歌したと今井は述べる。そして，野口の多彩な新基軸をまとめて，①自修自治・体験労作，②子弟同行・率先垂範，③家族主義とし，彼が宗教，自由などについて深い精神性を求めつづけたとする。当時の自由は，自然主義的教育観に基づいた自由であり，「我」の自覚や自立という人格主義に基づいた自由であり，国家権力からの自由という意味を有していたとする。それはやがてブルジョア・リベラリズムとして批判の的になり，国民学校令につながり，児童本位主義が崩壊していく運命にあったというのは皮肉である。

しかし，教育潮流が生まれる土壌が教育実践にあり，人々が本当の教育学を求めて自ら学校をつくり，実験によって論理を構築した時代の活力がうかがえる。こうした自由人でなければ，教育も自由には構築できないのは今日も同じである。

(2) 自由人として描く教育

1922年，橋詰良一（1871-1934）が「家なき幼稚園」を構想したきっかけは，家庭での3か月の療養生活で，大人の要求希望と子どもの要求希望とは異なることを痛感し，「幼児は幼児同志の世界に行かなければ，互いに真の理解ある生活，真の同情ある生活，真の要求を共にする生活を営むことはできない」[30]と思いついたことである。彼は教育学者でもなく哲学者でもなく，希有な実践者として歴史上に輝く。当人が「私は百の空論よりも一つの実行を尊ぶ」[31]として，自ら実践した教育を『家なき幼稚園の主張と実際』に著している。森川正雄が序を書くだけの内容があり，橋詰の序はわずか数ページだが，意外にもそこには日本的な彼の哲学を垣間見ることができる。

子どもは子ども同志の世界で互いに，「真の理解ある生活」「真の同情ある生活」「真の要求を共にする生活」を営む存在として，子ども自身に自覚，自省，自衛，互助，互楽する世界をつくること，その場所は，大自然の中で

自由な遊びをすることとする。彼は教育という立場でもなく社会施設という立場でもなく，人間道として家なき幼稚園を実践するのである。ある特別な知識をもった者や特別な人によってつくられる一般教育界の幼稚園のような子どもの園ではなく，素人を主体とし，大自然をその場とし，子どもの生活を自然に営むようにするもので，家というような大人が工夫した建物から子どもを解放することが，同時に大人の強要から子どもを解放するとする。

素人と自称しながらもその発想力には，玄人が真似できない人間が育つ場所と，関係への深い洞察がある。塀囲いの中に閉じこめられ管理された生活からの脱却は，幼児教育の本質だったはずである。日本の幼稚園開設から半世紀，いつしか保守に傾いた子どもの世界を根本から問い直す視点であったといえよう。

さて，成城の沢柳に招かれた二人の人物がいる。一人は小原国芳，もう一人が小林宗作（1893-1963）[32]である。沢柳のもとを去った小原は1929年，42歳で玉川学園を興し，個性尊重の教育，自学自律，自然の尊重，子弟間の温情，労作教育など12ヵ条を掲げて全人教育を実現する。成城での10年が理念形成の実験的段階で，そこで感じた矛盾を自ら問題解決するための創設である。また小林は，成城に招かれた後，1937年に巴学園を創設し，自然主義の教育を実践する。彼のもとで育ったのが「窓際のトットちゃん」の黒柳徹子である。そこに生活による教育を打ち立てたのも時代が重なってくる。小林はトットちゃんの中で，4時間もじっとおしゃべりを聞いてくれた校長先生，トイレに落としたサイフを探すトットちゃんに「終わったら戻しておけよ」と言っただけの先生である。「ハダシで上着をぬいでクワかついで，歩かれる姿や，落ち葉をかき集めたり，野生の芝草を採集してきては芝生を苦心したり兎や鶏の世話したり孜々としてやつて居られる所，古の行者を思い出すので，恐らく未知の人は付近の日雇い人としか見まい。これが，日本唯一のリトミック*の先生なぞと誰が思はう！　ほんとにフレーベルに

---

*　リトミック　　エミール・ジャック＝ダルクローズ（*Emile Jagues Dalcroze*, スイス, 1865-

見せたい！」[33]と小原は記している。巴学園は，朝の作業から始まり，作業が終わるとおやつ，その後，自学自習の国語や算数，散歩，リトミック，美術，感覚教育，談話，観察などの課業がある。散歩は小林が推奨し頻繁に行われるもので，彼自身，「散歩は最も自然な生活の中に健康を増進し兼ねて自然に対する観察の機会を与ふ」[34]とし，子ども時代を原始遊牧の時代と見て，散歩と園芸と動物飼育等を生活の中心としたのである。そして年齢が長じるに従い現代文化と接触する機会を増やしていくという考えは，まさに小原がフレーベルに見せたいという人間教育の原理の具現化であり，自由人として自らも生きた人々の描く学校の姿形である。

　明治時代に幼児教育理論を構築してきたのは，主として官立の教授たちである。国家が教育を普及する構図は，前も後も続くわけだが，大正時代から昭和の初期にかけては，民間にも注目すべき試みがなされ，大きな渦となって教育界に新風を巻き起こしている。

　思想は伝播する。ルソーからペスタロッチ，フレーベルへ，フレーベルからフェリエール，フレネへと，互いにその原理を先人に学んで実践によって確かめあったように，公私立を問わず大正デモクラシーという時代の思想が，新しい学校の人間教育の原理を生みだし，一つの現象を巻き起こしている。その現象の渦は，百年をサイクルに繰り返しながら，人間の教育とは何かを問い続ける気の長いものである。

2．昭和初期の幼児教育原理

　大正時代は短く絢爛である。幼児教育界にも，デモクラシーの思想潮流が生まれ，音楽や美術，童話や紙芝居，演劇など，保育芸術が豊かに花開き，その香りが昭和初期にも流れている。それは幼稚園の設立数にも現れてい

1950）が音楽教育・人間教育の基礎として開発したユーリズミックスを学び，日本の学校教育にリトミックとして導入。時間と空間を伴う身体的な動きのリズム。

る。1887年67園，大正元年（1911）500園だったものが大正末（1925）には1000園を突破し，1937年には2001施設に達している。この数は北海道38，青森11，沖縄6というように全国に広がっており，それぞれの地域でよきリーダーが高い理念を掲げた実践が今も残っているに違いない。しかし，数の増加は多様性をもたらし，「幼稚園の質の差異というものは著しいもので，その為に幼稚園有害論さえ現れた状態」[35]があげられ，幼児を預かり保護し遊ばせるだけの園，知的教育を授け小学校への準備的な教育を行う園，困窮家庭の子どもと上流家庭の子どものみ収容する二極化した園，布教の一環として幼児に宗教を与える園など，調査結果の考察からは幼児教育の原理などまったく関係のない状態であることがうかがえる。

（1）四半世紀にわたる実践研究

こうした中，明治の末に自ら『幼児教育法』の原理を確立した和田が，幼稚園，保母養成所の実践から，『実験保育学』をまとめたのは1932年である。フレーベルが『人間の教育』刊行の後，幼稚園を開設して，諸々の著書でその本質や教育原理を補強したのに20年を要したと同様，自らの論理を実践によって研究した作業報告といえよう。それは彼が『幼児教育法』を出して野に下り，四半世紀がたってからのことである。

彼は対象の項目欄でフレーベルの恩物批判をしている。ルソー，スペンサー（*Herbert Spencer*, 英, 1820-1903），ペスタッチ，フレーベルに至る子どもの自己活動の重要性は認めながらも「ややもすれば偉人の志を誤り単にその具体的事実をのみ見て，その真意を悟らず……戒めなければならぬ」[36]として，輸入したフレーベル教育の不理解が，被教育者の全生活を管理することによって，その自由な発達を指導計画に誘導しているとしたのである。遊戯や作業だけが自己活動ではなく，全生活が根本的に幼児自身の自己活動になることを要求している。そして6歳ころになって学習的能力や作業的興味が相当発達してくるときをもって就学時期とすべきで，就学への移行は漸行的で急変的ではないとする。

森上は，これを『幼児教育法』と殆ど変わらず新しさを見いだせないと批判[37]するが，それは実践によって確認した幼児教育原理の普遍のためであろう。『実験保育学』の冒頭で，和田は世間の保育学と教育学の混同をあげ，幼児教育は真正なる科学的教育学の理法より演繹せらるるところの方法によってなされるべきで，従来のしきたりに満足し，法文の解釈ですべて事足れりとするではなく，研究が必要なことを強調する。そして錯誤と欠陥を補正しないかぎり，日本の幼児教育は永久に不完全なものになるとして，幼児教育の目的，対象，教育の方法を述べている。それが四半世紀変わらないとしたら，幼稚園教育の研究的な進歩がそれほどなかったということである。

教育方法の原理を誘導と教授におき，誘導的方法では，① 興味の追求性の利用，② 暗示模倣性の利用，③ 感情の伝染性の利用，④ 習慣性の利用，⑤ 対抗好争性の利用，⑥ 養育的気分，の六つをあげる。そして，誘導的方法の教材は，ア 日常生活，イ 遊戯，ウ 文学，エ 音楽，オ 美術，カ 文芸だが，文学以外は遊戯の形式に表れるとする。そしてア〜カを純粋に独立させてしまうと幼児教育の範囲を越えるとして，指導の総合性を強調する。文学以外は"遊戯の形式に表れる"という原理の実践が今日まで継続研究されていたら，遊ばされる遊びや教科的に取り出された音楽や造形，文芸などの課業は否となっていたに違いない。

教育方法の原理二つ目の教授的方法では，① 実物提示，示範式教授，叙述的説明，② 問答，応答をあげる。具体的問答・応答によって，つまり対話を効果的に使うことによって読み書き文字をもたない時代の認識形成を図ろうとするものである。教授的方法の③に，受賞，課罰がある。信賞必罰を明確にすることで，自己省察，自己評価機能を高め，内的秩序を自らつくり出す力としようとするのであろう。さらに幼児教育は，主観的形式的，誘導的感化的，娯楽的遊戯的，個別的な特色をもつとする。

訓育の方法について，まずは最初に必ず成功させ，次に反復練習させ，努力を継続するために激励するといった意欲，動機，自己活動をあげている。こうした論述とともに，実践によって確かめた保育細目，授業案，一日の生

活，日誌等の記録簿もあげられている。

　野に下って実験し蓄えた暗黙知と，学問として学生に教授する学問知の融合がここにみられる。一般に倉橋の『幼稚園真諦』が幼児教育論の本道のごとくとらえられているが，東の『幼稚園保育法』，和田の『幼児教育法』がそれに先んじており，また和田が自ら幼稚園を設立し25年の実践によって確かめた『実験保育学』にみる普遍に，32歳という青年時代に構築した幼児教育原理の軸がずれてはいなかったことを思うのである。

(2) 幼児教育普及期を生きた倉橋惣三

　幼児教育者なら，知らない者がいないという，フレーベルを訪ねてその真髄に触れてきた倉橋惣三（1882-1955）が登場するのは，これからである。東京女子高等師範学校教授で附属幼稚園主事として倉橋がなした幼児教育の原理，方法の原理，社会的活動等については，多くの文献が残されているのでそこに依ることができよう。

　1929年に出した『児童保護の教育原理』[38]は，「教育のための教育を知って児童のための教育を知らない」教育者を痛烈に批判しながら，児童の保護と教育の分断を嘆き，児童教育の原理に，
① 児童を一人の尊厳としてみること
② 個性は生くべき特色であり精神的生長の傾向であること
③ 幼児の自己発達にもとづいてのみ真の教育ができること
④ 各時期の独自の発達を辿ること

という要義のもとに，"自然感情の健全なる発達を図る"とする。フレーベルは，外界との調和を求め努力する段階をもって身体の保育，精神の保育，保護による本来の人間の教育が始まるとした。フレーベルも倉橋も，幼児期の人間教育を語るのに，自己発達，自己発展が真の教育であるとして，養護と教育の微妙な違いを区別している。それをフレーベルは乳呑子が初めて自覚をもつ姿を安心と不安，喜びと悲しみ，微笑と泣きの中に見いだし，これらが「初めて表れてくる時には，そこには何等の我意もわがままも働いては

いない」が,「自分に不安と苦しみとを与えもたらしているものに自分は恣意をもって,あるいは不注意から,あるいは怠惰から委ねられたままであるという感情が起こってくると,間もなくこの我がままが芽生えてくる」[39]として,大人がわがままを見極め対応することの必要性を教育の始まりとする。子どもが必要とするものを十分与えているという確固たる確信がある場合は,ほったらかして,安心して子どもが我にかえるまで時間を与えるべきだというのである。乳呑子の養護においても,まわりの人々の弱点への敏感性をもつ子どもが「他人の弱点につけこんで他人を思うままにするというより安易な仕方で立ち現れる」[40]点に注意して後にはっきりとした自覚にまで高められるようにすることが養護である。しかし,養護と教育性の一体化は,教育をあいまいにしていく。

　カント[41]が,保育は自然的教育で,実践的ないし道徳的教育とは人間を陶冶する教育,つまり野生の抑制である訓練・教化・教示・教授だとして,保育は教育に含めないとする見解とは基本的に異なる。教育における教授と訓育と養護の3視点は,当時の新教育運動においても,教育とは何か,学校とは何かの議論の中で繰り返し述べられた問題である。農民のための新らしい教育を目指したトルストイ(*Lev Nikolajevich Tolstoj*,露,1828-1910)も,論文『養育と教育』で,ドイツのある一部の人々の養育と教育の定義,「養育とは一定の時代によってつくり出された人間完成の理想と一致した最善の人々の教育である」[42]という概念を取り上げ,これを批判している。それは養育という概念の中に教授という概念を含んでいるからである。被教育者は養育者が好都合とみなす範囲内において行動し,教育者は自分の学問的,養育的ふるいにかけて自分に有益なものを取り入れるとする。そして,養育が〈養育者の道徳的,強制的感化〉〈訓練と教授〉〈被教育者への実生活の影響の指導〉として養育者が他の人間に与える"養育の偏狭性"に注目する。トルストイは,教授,教育,養育の混同は,教育学が教育でなしに養育を自己の対象としていること,実生活の影響の予測を決定することは不可能だという認識がないためだとする。「養育は,教育学の対象ではないが,教育学が

注意を向けざるを得ない現象の一つ」[43]であり、「養育はある人間が他の人間を彼自身と同じようにつくり上げようとする志向」[44]であるため、養育の権利などというものは存在しないとする厳しい見解である。教育が養育を掲げれば掲げるほど、依存度の高いわがままな子ども、大人の鋳型にはめられた子どもができるという危惧である。保護、養育という名のもとに、子どものわがままや教師が子どもを支配する範疇を教育に含まないとする視点を、倉橋も認識していたに違いない。しかし、倉橋が積み木を箱から篭に出したという話が子どもの自由を保障する象徴として語られること自体、養護と教育の混同である。積み木の秩序を保持する箱に教育性はあるが、篭に入れた積み木には養護性しかみられない。このように今日に至るまで、養護と教育の混同の問題は続き、保育制度の問題にすり替わって積み残されているといえよう。

　倉橋の児童中心主義は、1931年に出された彼の著『幼児の心理と教育』においても再三述べられ、「教育という広い意味の言葉を勝手にある狭い型に入れて」[45]幼児教育を尚早いとする人々に、「植物の萌芽を培わないで完全な生長は望めない」として教育が「自ら発達していく精神の生長を助けること」[46]と定義している。そして、「根の教育」を第1義とし、「外形より内質の教育」を第2義とする。その本義の教育方法が「生活を、生活で、生活へ」という方法の第1原則である。教育の方法が「生活」である以上、生活の中にある機会を見逃さないようにし「物と友だち」によって幼児の興味を誘い出すとともに、大人が一生懸命に生活する環境そのものに、二つ目の原則を置いている。これが間接教育の原則と、生活による誘導の原則といわれるものである。もう一つの原則は、幼児の悪い方ではなく、いい方を受けて育てる、後に彼が共鳴の原則とした内容である。そして、幼稚園生活はほんの部分で幼児教育の中心は家庭にあることを条理として説いている。1931年に刊行した『就学前教育』[47]は東、和田に始まった日本の就学前教育の理論を集大成した位置づけにあり、① 生活本位、② 遊戯の尊重、③ 社会的、④ 環境的、⑤ 機会の捕捉、⑥ 欲求の充足、⑦ 生活による教育、⑧ 心も

ち，という構造をもっている。そして最終章で幼児教育の本拠は家庭教育にあることを説いている。

彼もまた，子どもの世界に身を置いて，子どもから学びつつ教育の原理に迫ろうとした学者であり実践者である。1934年には『幼稚園保育法真諦』が，翌年には『玩具教育論』『系統的保育案の実際』が出され，また随所で講演などを通して幼児教育理論の普及を行っている。しかし，これらも先行する東や和田の幼児教育論理の再構築であり，和田や水野常吉（1880-1964）の玩具研究の再構成に留まったことは否めない。和田らと異なるのは，官立の教員だったこと，戦後保育学会を立ち上げ長い期間幼児教育にかかわったこと，『婦人と子ども（後に『幼児教育』）』雑誌の編集を通して全国に情報を提供，普及する強力な手段をもっていたこと，文学的表現に卓越していたことなどが普及期を生きた証としていえよう。講演集を整理して出した『幼稚園保育法真諦』[48]で彼が強調したことは，教育の目的と対象である。その序で，思想の根拠の最深は人生観の相違であるが，保育法の真諦は，目的を本体として教育に臨むか，対象を重んじて教育を行うかの相違とする。従来の教育が目的に熱心であったことを批判し，"対象に忠実であるということが教育の大切な要諦"とする。それはまさに新教育の基軸として多くの先達が語り実践してきたことである。

大正デモクラシーが掲げた子ども讃歌は，教育の目的と対象に対する明確な認識を確立している。日清，日露戦争後の経済活動の活発さも影響して，人間の「自由」を謳歌する精神が幼児教育界にも及び，その時代を生きた倉橋惣三が掲げた不易としての「自発」と「具体」は，フレーベルのキリスト教にもとづいた神性の理論にもとづきながらも，東や和田らによって幼児の自発を重んじ，具体である遊びや生活を通して豊かな経験を為すという日本人にわかりやすい論理に置き換えられている。しかし，この目標は，幼児の行動の自発性であり体験の直接性といった方法論と重なりやすい。自発や具体によって人間の精神の何を陶冶するのか，あるいは，生活や遊戯がなぜ大切なのか，養護と教育がなぜ，一体なのか，そこに迫る不易が見えにくいの

である。

　それは戦後に引き継がれ，幼児教育は"自発性が大切である"，"遊びを通して行うことを基本とする"といった法の文脈での啓蒙が先だって，"なぜ"自発であり，遊びであるかといった根本の問いを覆い隠してしまうことになる。

　フレーベルがそうであったように，倉橋も普及段階になると荒削りな思想性は消え，現場の保母たちにわかりやすい事例で方法を語るようになっている。それだけ幼稚園教育が普及しはじめて，彼はその方法が求められる時代を生きざるをえなかったともいえよう。1934年に刊行した『幼稚園保育法真諦』を19年後の1953年，加除し『幼稚園真諦』として刊行した復刊の序に，久しく幼稚園に身をおいて疑惑と攻究と踟躕を経てやっとここに落ち着いた1934年から，この枠の中を往来していると述懐している。そして，フレーベルの精神から離れていく幼稚園を「方法のみを伝統化した幼稚園を疑う。定型と機械化によって幼児のいきいきしさを奪う幼稚園を嘆く。幼児を無理に自分の方へ捕らえて幼児の方へ赴き即そうとするこまやかさのない幼稚園を忌む。つまりは幼児を教育すると称して幼児をまず生活させることをしない幼稚園に反対する」[49]と厳しい言葉を投げかけている。つまり晩年になってもなお，彼が生涯をかけて願ったフレーベルの精神，『人間の教育』の真髄が，『育ての心』にみるように彼の芸術的な心うつ表現をもってしても実践現場につたわらなかったもどかしさを感じていたのであろうか。つまり昭和初期の社会状況とは大きく変わった戦後において，世間が学校教育に養育と教育の一体化を求めれば求めるほど，家庭は学習塾や習い事へと教授を強化し，幼稚園等も一方はリテラシーや英才能力開発の教授・訓練に傾き，一方は原理や陶冶する内容が見えない恣意的な遊びに傾く状況が発生し，就学前教育は混乱を呈しているのである。ここにトルストイが投げかけた養育と教育の混同の問題が横たわっていることを誰が思うであろうか。

　『幼稚園保育法真諦』は，全体系を扱ったものでなく幼稚園教育の方法を語ったものであること，考えつつ行い，行いつつ考え進めた彼の研究は，現

場の保育者の詳細な記録によっていたことからも，啓蒙が啓蒙に終わってしまったことがうかがえる。つまり記録をとる人と，それを解釈する人との関係を生み，自らの原理に基づいて実践し，記録を意味づけるという教師自身の統一に向かう道のりを二分したことも遠因となったと推察される。日本的には養護と教育の混同の方が情緒的な現場に理解されやすく，倉橋が日本のフレーベルとして広く支持された所以であるが，一方で教師の自らへの"問い"を見えなくして，彼自身を悩ませた保育界の流されやすい風潮につながったともいえよう。

　一方で，奈良女子高等師範学校教授で附属幼稚園主事であった森川正雄（1873-1946）が『幼稚園の理論と実際』[50]を刊行したのは1938年である。彼は，プラトン，アリストテレスの上古から始まり，近世のコメニウス，ルソー，ペスタロッチから20世紀初頭のデューイ，モンテッソーリ（*Maria Montessori*, 伊，1870-1952），キムパトリック（*William Heard Kilpatrick*, 米，1871-1965）などに至るまでの，幅広い人々の思想を取り上げ，幼児教育法の本論に入っている。本論は，ア　幼児の生活の特徴（発達の特徴），イ　幼稚園教育の目的及び任務，ウ　幼稚園の教育事項（教育内容），エ　教育の方法，という構造である。ここに今日の「幼稚園教育要領」の構造や，教育原理，教育方法テキストの構造につながる一連の構造の基底がある。イの幼稚園教育の目的及び任務として，①　幼児期特有の生活の充実，②　家庭教育の補助と完成，③　四肢躯幹並びに覚官の保護練習，④　自然界における生活，⑤　独自性の助長，⑥　言語起居動作上の良習慣の形成，⑦　初歩的文化活動の保護助長，⑧　快活なる心情の涵養，⑨　小学校との連携の9項目に，諸氏の思想を取り入れた目的に対する意味が述べられている。たとえば①に「蚕がその幼虫の時期に，完全充実した生活を遂げたる時，始めて自ら健全なる蛹の時期が来り，蛹の時期が完全に経過せられたる時，始めて次の健全なる成虫の生活が始め得られる」[51]とする発達段階が述べられたり，④に「幼児は此時期に於て極めて豊富な本能生活を営むものである。さうして自然界は幼児の諸種の本能活動の場所として最も大切な場所である。―中略―自然科

学的法則を知る様になるのである」[52]と述べられたり，あるいは⑦で「幼児に取って父母教師は即ち文化の所有者，恩賜者，或は紹介者である。幼児は記憶と模倣とによって之を習得し，」[53]解釈し，社会を見聞し，観察し，文化の価値と社会的意味を知る，といった発達の意味と思想とを含めた論述になっている。

　明石の及川，東京の和田，倉橋，奈良の森川と東西に舞台を移していることにも，幼児教育普及期の大きな意味があるといえよう。戦後，「保育要領」「幼稚園教育要領」が保育・教育課程基準として出され，実践は多様化していくが，そこに"なぜ"という問いを発する声はあがってこない。これから，幼児教育の原理に迫れる実践が生き生きと浮かび上がるかどうかは，もう少し時間が立たないと見えないのかもしれない。

第3章

精神の源流へのアプローチ

§1 教育史を学ぶということ

1. 様々な源流へのアプローチ

　明治以降，多くの研究者，実践者が，幼児教育の原理を求めて，先達の思想に触れるために旅をしている。フレーベル巡礼は，これからも果てしなく続くことであろう。ただ，戦後の教育思想・精神へのアプローチが，教育実践に果たした役割はみえにくい。世界の教育思想に学んで自らの教育実践の中でそれを実験し，自分の原理・論理を打ち立てた創造的な実践がなかなかみえないからである。先達が臨床知と学問知とを融合して生みだした原理は，少なくとも10年の実験の歳月を必要とし，さらに時代を超えて他者の実践の姿にその片鱗をのぞかせて生きるには，時間と掲げた論理の明証性が必要だからである。

　本節では，幼児教育界の人々が訪れる世界の巡礼先に視点を当てて，精神へのアプローチが今も生きている実際をとらえてみよう。

(1) フレーベル研究者の軌跡

　日本のフレーベル研究者として初めにあげられるのは，小川正行（1873-1956）であろう。彼の著『フレーベルの生涯及教育思想』[1]は，緻密なフィールド調査に基づいて彼の教育事業や教育思想に触れている。その後，幼児教育を研究する多くの者は，フレーベル研究を出発点にしている。荘司雅子は「大学入学を許可されたその時から，私は研究テーマとしてフレーベルを選びました。指導教官である長田博士から『―中略―相当の覚悟で取り組まなくては無理だろう』ときびしく言われました」[2]と語る。そして，荘司を生涯フレーベル研究に駆り立てたものは，一つにフレーベルの世界観・人生観にみるロマン的な教育観が，創造的な自己活動を要求し，労作を人間教育の根本原理として位置づけていること，二つに遊びの意味と価値を高く評価した遊戯論をもって世界初の幼児教育を創始したこと，三つに労働によって自己の天命を全うするという価値観，四つに一つの全体であり全体の中の部分であるという心身合一の思想だとする。わが国の教育思想史の研究者として知られる長田 新（あらた）（1887-1961）の指導の下で自己活動し，自得した教育哲学・教育原理である。

　荘司の「フレーベル教育学への旅」とその記録映画[3]は，まさに150年後の精神の源流へのアプローチである。フレーベルが生まれ育ったチューリンゲンの森の片田舎，父親の教会，学校を設立したカイルハウ，彼が愛したシュタットイルムの町，思索したイエナ大学，シラー，フィフテ，シェリング，ヘーゲルなどの教授陣の足跡，ペスタロッチが開校した古城の学園，授業風景から彼の直筆の「球体法則」やもろもろの論文，日記，手紙，ベルリン大学のワイズ教授の授業の講義ノート，教育計画書，関係する人々の肖像画など，発祥の地を訪ねて実際に見聞きし，遺稿を手にして，その場所空間に流れる理念や哲学，人々の暮らしにみられる文化の深層を身体で知ることが，翻訳する一語一語の意味を確かなものとしていくのであろう。先達の文献や思想に学ぶとは，まさに場所に身を置いて時代を超越し，人々が歴史的時間をいかに生きたか，その場所の論理（トポス）をわが身で感得する作業である。荘

司は，それを生涯の仕事として記録映画，全集など多くのフレーベル研究に残している。ある研究対象を据えて意味を生みだした場所に深くアプローチし，自分の身体，魂が分かるようになるまでには生涯の時間をかけてもなお足りないほどに，場所を自分の身体にしみ込ませるアプローチには，奥深いものがあるといえよう。

　本著が引用した『人間の教育』の訳者，岩崎次男（1930-）もフレーベル教育学研究に一生を捧げた研究者である。荘司が哲学的アプローチであれば，岩崎は昭和30年代初頭の日本の教育状況に対する問題意識からフレーベルの実践や運動と結びついた教育思想を解明しようとする。岩崎の師は梅根悟である。多くのフレーベル研究が，教育と政治の結びつきを抜きに語られるのに反して，岩崎は彼の建白書のもたらした波紋，カイルハウ教育舎に加えられた政治的圧迫，『生の革新』にみられる政治批判，フレーベル主義幼稚園の設立禁止指令などに光を当てる。また，フレーベルの国民教育制度構想に，幼稚園と小学校教育をつなぐ"媒介学校または予備学校"が位置づけられ，全体が【子ども部屋―幼稚園―媒介学校―完制学校―職業学校―統合と解明と洞察の学校―自覚をもって行う練習と実行の学校（生活学校）】という労働と学習が結合する統一的な梯子制度は，労働生活と学校との結合を図ろうとした注目すべき構想としている。岩崎は，次の世代にさらに研究課題を提供している。一つは，「フレーベルの生活思想にかかわって，節制のための教育理論はどう構築されたか」，二つに「フレーベルの幼児教育への転身の決定的理由は何か」，三つに「フレーベルの幼稚園は本来は教育原理を表すものではなかったか，それとも今日のごとき特定の教育制度を意味するものであったか」[4)]とし，いずれも今日はこの回復からますます遠のいていることを示唆するのである。一生かかって研究するからこそ生まれる問いであり課題であろう。

（2）見聞の啓蒙

　副島ハマ（1905-1998）[5)]は1960年の欧米13ヵ国を始めに，生涯にわたっ

て世界60か国の幼児教育・保育事情の視察に赴いている。場所空間の広さを求めて彼女を見聞に駆り立てた衝動は，行政の立場を経験した彼女ならではの，日本の幼児教育を発展させたいという熱い思いであろう。

　長崎県島原のキリスト教伝道者の家に生まれた副島は，保育科を卒業後，京都，鹿児島で19歳から37歳まで，幼稚園教員として現場を生きている。40歳で厚生省に入省し，児童局を中心に8年間，母子保育行政に携わったのち，戦後保母養成や保育学会の創立に携わり，大学教授となって学問の世界に飛び込んだ実践者である。1947年の「保育要領」の執筆もおこなうなど行政の仕事によって諸外国の保育事情調査の必要を感じたと思われる。保育者養成に関わってからの精力的な場所へのアプローチは前述のとおりで，その経験をもとに学会に論文を寄稿したり著書を出版したりしている。

　しかし，社会が彼女に求めたもの，あるいは彼女が献身したものは，世界の幼児教育の紹介や感想であった。副島がフレーベル生誕200年にドイツから招待されたのを機にまとめた「フレーベルとその遺跡」の"フレーベルの生涯から学ぶもの"という節には啓蒙的感想が書かれている。これ以外に彼女が出版，執筆した書籍も指導法に関するものが多い。実践で蓄えた暗黙知をもとに見聞や指導法を語り紹介はしても，それを学問知とつなげて論究する視点が求められる時代ではなかったのである。また，場所へのアプローチから自らの保育の理念や方法原理を生みだし，実践・実験によって確かめるには，すでに時間がたちすぎていたと思われる。

　現場で保育経験を積んで，暗黙知を蓄えた多くの人々が，やがて大学等の学問の世界に住んで経験知と学問知を融合しても，実践・実験できる場所がない。和田實に始まり橋詰，小原，小林など，幼稚園等の場所が不足していた時代は，実践知と学問知を融合した理念，原理を構築した者は，自ら幼稚園等を創設し実験しつつ確かな理論に組み立てていったものである。しかし，余るほどに施設が行き渡り，教育理念や方法原理の実現のためではなく，世襲によって組織が維持されたり，組織体制が確立して雇われ者として存在する時代は理念の不毛を生む。こうした場所へのアプローチも，生かす

途がなければ歴史の整理や紹介が主流とならざるをえないのである。副島に限らず，高杉自子（1924-2003）[6]ら保育界に多くの貢献をなした実践者たちが国や社会から求められたものも，行政施策の推進と思想の紹介，啓蒙であり，自らが生みだした理論と実践の統一につながる場所の論理ではない。

このように，新たな教育実験の場所の制約や学問知と実践知の遊離が，戦後の幼児教育の思想を閉塞的なものにしている。次代の若者たちに場所(トポス)の見聞を学問知とつなげたり，学問知と融合した理念や方法原理を実証する機会を提供したりする文化土壌づくりは，今後の大きな課題といえよう。

しかし，たとえ見聞や調査が数日であっても，若い時に調査項目や調査見聞の視点をもって場所空間を旅し，原理の源泉をみようとすればみえるものがある。欧州を訪れ，朝のミサや中世の建造物に住む人々に直接触れたとき，精神を形として表し，形の中に何百年も精神が生き続けることを感得する。あるいは幼稚園を訪れ教師が子どもにおもねず自己活動を待つ姿勢に，日本の教師の保護の行きすぎを振り返る。そして場所に歴史的時間と，その時間がつくりだした意味と精神のあらわれがあることを実感し，自らの理念や方法原理の確立に生かすことが可能になる。文献や口承で得た知見を，自らの身体知として生き返らせるかどうかが，見聞というアプローチのもつ臨床性ではなかろうか。

2. 共同する教育実践

思想への旅は，相互に影響を及ぼしながら共同することによって時代を生き抜く力をもっている。国内で花開かないフレーベルの教育思想が海外に広がりをもち根を張って再びドイツの教育に根付くように，トルストイの学校も帝政ロシアからソ連へ，そして再びロシアへと社会体制が変わる中を生き抜く過程で日本と深い関係を結んでいる。

(1) トルストイの学校

ロシアのヤースヤナ・ポリャーナにトルストイ幼稚園がある。文豪トルストイが農民の子弟のために開いた学校は，帝政ロシアの弾圧もあり，数回の挫折を繰り返しながらも，ルソーの「自然に帰れ」に源流をもつ自由主義，開発主義を原理として，今日まで命をつないできた。トルストイは「人間の真の活力というものは，人間の天性の不覇奔放からでてくるものである」[7]「子どもはわれわれよりも，またすべての教師よりも真・善・美に近い。子どもを教えるということはむしろ僭越である。われわれこそ，子どもより学ぶべき多くのものをもっている。」[8] として個性の尊厳，自由の尊重を掲げた場所をつくる。それは学校精神が生みだされる場所(トポス)として，広大な領地の中につくられており，今はトルストイ博物館になっているが，湖や川，果樹園，畑，森林，馬屋，農作業小屋などがある。トルストイ幼稚園は，こうした博物館の学芸員や芸術家の支援をバックにその近くに立てられ，芝地の庭には屋外舞台や遊具が配置され，畑では野菜が，花壇には花が栽培されている。こじんまりした建物は，3歳から5歳の保育室と音楽室，寝室，給食室と教員の研究室からなっている。周辺に豊かな自然があり博物館という広大な施設もあって，これらも子どもの生活とかかわりのある場所となっているため，園内は瀟洒な文化的な構成である。個性の尊厳，自由の尊重を掲げた場所に，トルストイの学校精神は生きている。

ソ連邦の崩壊前後から，このトルストイの教育にアプローチしたのが人見楠郎（1916-2000）[9] である。学園建学の精神の基礎をトルストイとタゴールにおいた父の理念を再び問い直す過程で，逆に新生ロシアが，風化していたトルストイの教育理念を，人見の学校に生きている思想と資料から再発見し，場所(トポス)を再現していくという共同作業の中で復活を果たしたものである。帝政ロシアからソ連邦へ，ソ連邦から新生ロシアへと百年後に国家体制が大変革したとき，日本に生きていたトルストイの教育の理念と方法原理を逆輸入したのも，彼の原理に人間教育の不易をみたからではなかろうか。ロシアは世界で唯一，0歳児から就学前までの統一したカリキュラムをもち，夏期

3か月は大半の国民が農作業をして食料を備蓄する。大地に根を張った精神的な強さは，土に触ったこともない幼児や青少年を育てている日本のもろさと比較にならない。長期間，雪や氷に閉ざされた冬季の生活と豊かな自然の生活との大きな節目をつくって，子どもによりよい教育の場所(トポス)を提供し，国民を育成するという思想の具現化を図ろうとしているのである。

(2) タゴールの学校

　幼児教育でタゴール（*Rabindranāth Tagore*，インド，1861-1941）の思想を取り上げることはめったにないが，人見と関連してここで簡単に触れておこう。詩人タゴールは40歳近くになって学校をつくり実践した『私の学校』の報告の中で，子どもは「土を愛する者であり，彼らの体や心は花と同様日光と空気を渇望している。彼らは，直接の対話をうち立てようと宇宙から彼らの五官に絶え間なく寄せられる招待を決して拒むことはない」[10]として，子どもは直接対話を求める存在であり，社会的，職業的因習へと専門化する教育から解き放つ「成長の自由」を教育のモットーに掲げている。自由のためには活動中心の教育において直接経験を得させることとし，家事（住居の整頓，料理，洗濯，修繕，衛生，来客の接待，安全，消防訓練）と，手仕事（紐の製作，織り，束ね，染め，毛糸刺繍，型紙作り，大工仕事，仕立て，時計や自転車修理）と自然学習（家畜の世話，園芸，排水，灌漑，薪とり，水運び，木の伐採，茂みの下刈り，害虫駆除）と遠足や社会施設見学などが用意されている。その生活から自然賛歌，音楽，舞踊等が成熟し，そこには，体，知，心の全面的調和的発達をもって全人類の統一へ向かうという壮大な思想が流れている。

　このタゴールの万物帰一の教育思想と実践は，ガンディー（*Mōhandās Karamchand Gāndhī*，インド，1869-1948）との相補性によって，アジアが目覚めることを願い，国民教育制度として発展していくのである。ガンディーは，民族運動の指導者として認識している人々が多いだろうが，教育の分野への貢献も大きく，セツルメント＊やトルストイ農園で直接子どもの教育に

教育の第一段階（「ガンディーの教育観」1932）
1　8歳までは男女共学とする。
2　彼らの教育は教育者の監督の下に主に手の訓練よりなる。
3　子供の行う仕事の種類を決めるに当たっては各人の適性を考慮する。
4　すべての過程の理由の説明はその進行中に与えること。
5　一般的知識は子供が各々，事物を理解し始めるのに呼応し与える。読み書きの学習はその後に実施する。
6　子供にはまず簡単な幾何の見取り図の画き方を教え，それが容易に出来るようになった時，アルファベットの書き方を教える。このようにすれば子供は最初から字がうまく書けるだろう。
7　書くより先に読ませる。文字は認識すべき絵として扱い，後で写すべき絵として扱う。
8　このように教えられた子供は8歳までに自分の能力次第でかなりの知識を獲得するであろう。
9　子供を強制的に教えてはならない。
10　子供に学習内容のすべてに興味をもたせる。
11　子供には教育を遊びのごとく思わせる。遊びは教育の本質的部分である。
12　教育はすべて母国語を通して行われる。
13　子供には文字の学習の前に国語としてのヒンディー語が教えられる。
14　宗教教育は不可欠である。子供はそれを教師の振舞いを見，教師の話を聞いて得る。
15　9歳から12歳までが子供の教育の第二段階である。
（ガンディー・タゴール／弘中和彦著訳『世界新教育運動選書30―万物帰一の教育―』明治図書出版，1990，p.171）

第二段階からは，自給自足の生活等12項目にわたって男女共学，母語，手仕事，一般知識を中心とした教育観を説いている。[11]

携わったり，農民のための学校を設けて"子どもの中にある最上のものを身体，知性，精神において全面的に引き出す"全人の形成を目指す。そして母国語による母国の文化と心と手の文化を重視したインドの近代教育思想を実践に具体化している。

3. 参加観察による場所(トポス)の調査研究

フィールドに身を置き，生活に参加しながら観察して，場所とその場所での営為の意味を分析・解釈する研究方法は，共同体の文化の総体に視点を当てる。

(1) 生活することによって学ぶ思想

原ひろ子（1934-）[12]は，ヘアー・インディアンの村落に住み込んで，そこで生活を共にしながら子どもが生きる場所(トポス)に光を当てる。4歳4か月の子どもが斧を振り上げて薪を割る，7歳の子が切り出しナイフでカヌーを削るという北限の極地の場所(トポス)は，いつ食物にありつけるか，いつ凍死するか分からない厳しい極地の生活で，たとえ子どもといえども個人の責任において判断し行動するという。3歳の子どもでも泣いたら凍傷で耳や鼻がとれてしまうことを知っているからである。死を知っている人々のトポスは，命を育てることも遊びであり，子どもは大人を楽しませてやる存在として場所(トポス)に位置づくという。これは日本に住む今の自分を基点に「子どもが可哀想」「死と向き合う日々は大変」といったなま易しい感覚ではない，極限の場に身を置くからこそ自らの身体が納得する子どもの存在根拠であり，行動文化の理解

＊　セツルメント　　生活困窮者の多い地区に入りその改善をはかる事業団，社会運動。1867年，ジェームス・スチュアートが学生と参加した大学拡張運動が始まり。日本では片山潜が1897年幼稚園設立，労働者教育等を始めて，関東大震災では学生セツルメントが立ち上がる。"教授・学生は知識の独占者にならず象牙の塔から出て実社会の中で学問すること"を趣旨とする。

であり,場所の象徴や議論の考察内容である。かつては日本の子どもも,かぞえ6歳になると切り出しナイフでヨーヨーをつくり上げる時代があった。吉野せい（1899-1977）[13]の作品は,貧しい農村で大人をなぐさめ,勇気づけながら自ら生の荒根を耕す子どもの存在を浮き彫りにしている。子どもも親も,保護という名のもとに束縛されている今日,原のいうように日本に子どもの無限の可能性を拓く場所(トポス)がどれほどあるかを考えさせてくれる,本質的な問いを見いだす場所(トポス)へのアプローチである。

　小安美知子（1933-）はドイツ留学で,わが子をシュタイナー学校に通わせて人智学＊の何たるかを身体にしみ込ませた人である。娘との体験をもとに書いた『ミュンヘンの小学生』などの日本での反響に,建前の教育論を感じて再びシュタイナー学校に出かけ,四半世紀の間その思想を感得することを実践する。「教育は学問であってはならない,芸術だ」とするシュタイナー（*Rudolpf Steiner*, 独, 1861-1925）理論の具体化を,自分の身体が分かるまで追求していくのである。日本の学校がシュタイナー教育を真似て取り入れても,どんなに工夫された授業があっても根本が違うこと,それは「一つ一つ自分の身に即して吟味して,ほんとうに手ごたえあるリアルなものとして自分で納得できるかどうか」[14]を十分,意識して自分に問わなければ教育は語れないというところからくる。確かにシュタイナー教育は,始めに全体に出会い,具体から抽象にいく算数,0歳から7歳の間に「意」を育て「情」,「知」と進む生命体を育てる実践など世界の新教育潮流の中にあり,今日の日本と全く逆な教育の過程である。また,子どもの姿を通して親の教育の姿勢そのものが問われる厳しい世界である。小安が日本のように学校に依存した甘い親では務まらないという文化ギャップを身をもって味わったからこそ,語れる教育論であろう。

＊　**人智学**　　人間の叡知,つまり人智（アントロポゾフィー）を通して構築した霊的・精神的な世界観。教育において人間を全体として理解し,肉体・魂・精神（霊）に深い洞察力をもつことを強調。ギルバート・チャイルズ／渡辺穣司訳『Steiner Education』イザラ書房,1997に彼の多くの論文や講演の解説が掲載されている。

(2) フレネ学校へのアプローチ

　南フランスの地中海沿岸のバンス近郊にあるフレネ学校は，オリーヴの繁る小高い丘の上にある。若狭蔵之助（1929-）[15]によって研究紹介され，多くの若者たちを引きつけて，今でもフィールド研究の対象となっている。フレネ（*Celestin Freinet*，仏，1896-1966）が描いた教育の原理を実現する場所は，3歳から13歳まで60名ほどを3グループに分けた部屋と，アトリエ，飼育小屋，畑，池，食堂とテラス，そして屋外の木立や崖や洞窟，石組みのギャラリーと遊び場の中央にあるシンボルツリーとしてのパパフレネの木がそびえている場所である。

　公立小学校の教員だったフレネが，フェリエールの『活動学校』を読んだのは1922年のことだという。それは，自分のクラスの子どもたちの荒廃ぶりに悩んでいた彼を勇気づけ，「これまで途方に暮れていた小教師（フレネのこと）は，自分の直感が生き生きとしてくるのを覚えた。自分の努力を容易にさせる未開拓の実践が彼に見えてきたのである」[16]。そして，新教育国際連盟大会に参加し，新教育に情熱的関心を寄せ，「子どもは自分が役立ち，自分に役立ってくれる理性的共同体の内部で自己の人格を最大限に発展させる」[17]子どもに中心を置いた学校の実践を試みるのである。フレネの問題意識は，「自由の教育的基礎と自由社会」にある。新教育の新しい学校がプロレタリアを準備するのではなく，ブルジョア教育＊を完成させるという側面をもっていることを批判的にみている。このことからフレネの教育原理は，伝統的教育法の荒廃から始まった問いであるが，新教育の流れと合流し，プロレタリアの子どもたちの"興味の複合"に基礎をおいた教育実践に向かうのである。プロレタリアの子どもによりよい教育をという時代の流れは，日々，子どもと格闘し教育実践に苦闘している当時の教師たちを勇気づけて

＊　プロレタリアとブルジョア　　無産・賃労働者階級のプロレタリアートと労働者の搾取によって資本蓄積した近代資本家階級のブルジョワジーのことで，マクス・エンゲルスの共産党宣言（1848）は冒頭に「あらゆる社会の歴史は階級闘争の歴史である」と述べられている。ここから二つの階級を表現するのに使われる。

おり，世界がフレネの実践を支えたともいえる。

　こうして見いだしたフレネの教育理念が具体化された部屋には，今日にいたるまで，学習内容を自分で立案し，評価し自己活動することを助ける図書や教材，教師が用意され，子どもが教科書をつくる印刷機がある。子どもたちの学習興味を学校内で満たせない場合は，必要な所に出かけて場所を拡大していく。子どもたちはイニシアチブ（自発的な奉仕活動）に精を出し，自ら労働することをいとわない。この物理的な〈自然的な場所〉は，子どもたちの自己形成の根拠となる場所であり，子どもたちは自己活動することによって学びの内容をつくりだしていく。そして，学校の経営から図書の刊行，生活のルール作り，イベントの企画といった具体的な考察と議論の場としての生活共同組合が組織され，場所(トポス)が有機的に機能している。このフレネ学校の教育の原理を象徴するものが，パパフレネの木とよばれる樫の木である。パパフレネの木は，自由の象徴であり，フレネ学校の象徴である。丘の上の1本の木が，百数十年も芽吹きを繰り返して，フレネの精神を象徴する。それはまた，フランスの新教育を象徴するものとして国の教育が行き詰まったときに必ず原点へと立ち返る力をもっているのである。変化する時代を超えて場所(トポス)の1本の木が教育の原理を象徴的に伝えているからである。

　ペスタロッチ，フレーベルに始まりトルストイ，フレネなど，時代を超えて生きる教育の不易は，わが身を削って子どもに献身し，描く理念を実験によって具現化して悟った人間の本質にある。当然，精神へのアプローチも自分の生きる時間を使って五感を働かせ，感得した経験が自分の理念や方法原理の構築に働き，さらには自分の生き方，実践によって確かめられていかないかぎりは生きてこないといえよう。

　これらは，なにも外国の見聞や実践の共同，参加観察だけに限らない。国内の様々な場所に身をおいて，身体で知る精神の意味が自己形成に作用したとき，先達への旅という研究的アプローチによって原理を学ぶことができるといえよう。ペスタロッチやフレーベルを読み，ルソー研究所からフェリエールに至る，というようにスイス，ドイツ，フランスと世界を広げるのであ

る。それが野口援太郎に行きつくとは想像もしない偶然が広がってくる。野口が自宅を校舎として開いた池袋児童の村小学校の教育実践もたいへん興味深い。その野口がフェリエールの『活動学校』の日本で最初の翻訳者であったことを知る。また，神谷美恵子（1914-1979）の文献を読み進むと，神谷が1923年から，ルソー研究所の実験学校ルソー学院に入学していること，そこの校長がピアジェであったことなど，様々なことがつながってくる面白さがある。神谷は「一つの教室に1年生から6年生までの子どもたちがいて，ひとりひとりべつべつな勉強をしていた。……寺子屋方式だったこと，生徒各自がいわば独学していたこと」[18]と，今日のフレネ学校の授業を彷彿させる経験を語っている。

　教育の原理は，場所での精神のあらわれを見聞し，文献と対話し，人々と交流することによって動いている歴史の中で不変なものを感得するもので，教室だけでは学ぶことができないものなのである。場所の姿形，人々の振る舞いに自分を映して，はじめて自分の原理がみえてくるということであろう。

§2　幼児教育原理の限界

1．幼児教育原理の限界

　第1部では，教育の動力が，子どもの内的衝動を基軸にして自発的，積極的に自己発展する視点からフレーベルや新教育の思想をみてきた。しかし教育には，ますます科学や文化を発展させ社会を理想化しようと教育を施す側の視点や，システムによって環境を整備し教育しようとする技術の視点のおきどころがある。明治の学制や敗戦直後の学校改革は，学校制度というシステムの技術によって近代国家，あるいは民主国家を目指すために，教育が大

きな役割を果たしたものである。明治の近代国家システムによって始まった学校制度は，人間讃歌に基づいた子どもの自己発展を目指し，やがて軍国主義に転換し，敗戦とともに民主国家に切り替わり，6．3．3制というシステムの技術によって再建を果たしたが，一方で教育の原理が法制度に依存するという弊害がもたらされたのである。

　つまり，教育の歴史は，最初から官を中心とした国家事業の流れの中にあり，理論の確立もその普及も官があっての今日の幼児教育だという事実も否定できない。それが教育理念，原理がややもすると法の理念，原理と一体になりやすく，いつしか，教育の動力や教育学が成り立つ他の学問領域との総体を忘れ，自らの原理への問いを忘れて，日々の実践という方法に閉じこめられやすい。そして，やがて惰性という危機に陥るのである。

(1) 教育実践の危機

　一方で，優れた教育実践に裏づけられた教育原理が，公立だけでなく多くの私に事をなした学校に生みだされていることも歴史の事実である。しかし，教育の原理は，その人とその時代状況において生きられるもので，一代，よくても二代続くと必ず危機に遭遇する。トルストイ没後，トルストイ学校が低迷したように，デューイのシカゴ小学校の実践が7年で終わったように，あるいは日本でも野口の児童の村小学校が高等教育に転身し，西山の帝国小学校が，橋詰の家なき幼稚園が，小林の巴学園がその寿命を閉じたように，一代が構築した教育の原理を継続することは難しい。そこが教育は人なりといわれるゆえんであり，教育の原理はその人においてのみ生きられる運命にあるということである。いずれにしろ，学校の盛衰は，国家が強者のときもあるが民衆が強者になることもある。また自らの原理の喪失が原因のときもあり，いつか必ず限界が訪れる。

　官が強者となる場合は，政治の枠組みが変わったり，国家経済がたちゆかなくなって経済的支援が縮小されたり，あるいは，人口枠組みの変動により規模を縮小したりといった社会変動と関係する。しかし，私学の危機は行政

と民衆の双方にあることが多い。独創的な教育の原理は行政に受け入れがたく、また草創期を支えた人々が変わり成熟期に入ると市民の意識とのずれを生むからである。大正デモクラシーの時代、軍国主義の時代、新教育運動にかかわる人々は官憲からマークされ、追放されたり指弾されたのは歴史に新しい。またフレーベルやタゴール、フレネが何回か学校の危機を迎え、迫害され経済的どん底にあったように、トルストイが官憲に追われたように、あるいは、かつての成城小学校闘争が学力低下をおそれた保護者の声の拡大であったように、行政や市民意識とのずれは、たちまちに経営困難をもたらすからである。

フレネの教育原理が危機に陥ったのは、この両者による。伝統的教育法ではなく、児童が遊びながら、時には自ら疑問をもって実地に調査し、印刷機によって新聞（作文集）をつくりだす教育のメソードは、評判をよべばよぶほど、外部からの入学者を増やし、地域住民の反感を買って抗議のビラがまかれる現象[19]を生んだのである。学校新聞に自分たちの考えを書き、学校改善に取り組むために行政に意見を述べるような子どもが育つ学校は、群衆に危険分子育成と映るのは当時の伝統的教育原理からみたら当然であろう。

>「自由」　　ポール・エルワール
>学校のノートに　机や木々に
>砂や雪の上にも
>私は君の名を書く
>すでに読み終えた本のページに
>まっしろいすべてのページの上に
>石や地や紙や灰の上にも
>私は君の名を書く
>金色のイメージに
>戦士たちの武器の上に
>王様の冠の上にも
>私は君の名を書く
>たった一語の力によって
>再び人生を生きる
>私は君を知るために生まれてきた
>君に自由という名前をつけるために

フレネたちと市長や市民、子どもの登校を拒否した保護者との対立は、子どもの目前で武装した群衆の銃声が響き、警官が導入される修羅場を生んだのである。彼の教育思想を支えたのは、事件によって真に教育の原理を再確認

した保護者でありロマン・ロラン（*Romain Rolland*, 仏, 1866-1944）や外国の教育学者たちである。フランス中を巻き込み，世界にフレネを知らしめたこの事件は，フレネの「教育は子どもたちから出発しなければならない」という動かない原点と，子どもが自ら学び，自由を獲得するという原理への信念を確実なものにしたといえよう。ポール・エルワールの「自由」という詩の暗唱は現在も続けられており，それはフレネの自由への戦いのシンボルでもあり，原理が子どもたちの身体の中を生きている証である。

(2) 問題解決のための学問の必要性

「保育問題研究会」の創設者であり，実践の場における教育科学，児童問題に視点を当てて活動した城戸幡太郎（1893-1985）は，教育によって社会を改良するという社会的視点から幼児教育論を展開する。そのために実践と研究を統合することを力説し，自らも実証主義を貫く。幼児教育の学問研究の態度について，幼稚園や保育所の制度的矛盾をつきながら「保母は仕事をしているうちに解決しなければならない問題を発見せねばならぬ。―中略―（保育が）うまくいかないで行き詰まりを生じてくる。そこに問題が発見されるのである」[20]としてこのアポリア（難題）を打開する方策を考えるところに学問の必要が認められるとする。そして子どもを単なる存在として科学的方法で研究してみようとする態度では子どもの問題は理解できないと考える。実践家と理論家が問題を共有して研究がなされていない現実を嘆き，問題の発見と学問的研究の必要性を説いている。当時の保母に生計を立てるための職業的身分ではなく，教育によって社会を改良していく職能的義務を有する役割があるからこそ，豊富な知識と高い識見を求めるのである。また法律に縛られ，保育項目に関する知識しか養成されない養成機関の限界に触れ，広い教養とアポリアへの研究的態度を必要としているが，この問題解決の困難さは，今日も変わらない。

戦後，多くの人々が，幼稚園，保育所等を創設し，あるいは教師・保育士として職能的義務を果たしながら，日々問題と格闘している。そこには，臨

床知と学問知を融合した幼児教育の原理が働いているはずである。しかし，城戸が危惧した"問題を発見し解決するための学問"が生きて働く状況を生みだすことは難しく，子どもを単なる存在として研究する傾向は強くなっているといえよう。それだけでは発展がない。アポリア打開のために実践の場所(トポス)に研究が位置づき，そこに実践から鍛え上げ，社会に吟味された信念が形成され，論理が構築されることが必要ではないかと思われる。

2．教育の大転換を支える思想

　教育実践の危機的な現象は，戦後の幼児教育理論が倉橋を超えられない証でもあり，経済的に安定した時代が生んだアポリアということもできる。

　アポリアの一つは，急激な右肩上がりの経済成長や物質的豊かさを過信する社会現象に見舞われて社会思想や教育思想に対する批判精神が萎え，思想が伝播する文化的な空気，連鎖が生まれにくいことである。高等教育においてはいくつかの批判的な学園闘争はあったものの，そこから教育の原理に迫る議論が生みだされたかは定かでない。まして，就学前教育は，教育原理を戦わせることなど学者の仕事というほどに，実践現場に思想が生まれにくい状況があったということである。

　二つは，教育が実験や実践研究を基礎に置かなかったことである。教育における実験は部分ではなく教育実践という総体であり，教育の原理を実践によって子どもや教師の姿に，社会の姿に表さないかぎり証明されない。また，真に生きた原理にするには，5年，10年の実践の蓄積が必要である。今日のように，実践によって原理を実現した人々が啓蒙者になるのではなく，学問に精通する人々が啓蒙者となる思想の役割分担の時代は，教育研究が暗黙知を含んだ実践の総体ではなく学問知の部分に注目するために，抽象的な文脈に光を当てる。それは，実践と結びつくことは少なく，臨床知と学問知の統一がないままに，時間が過ぎるといえよう。個々人が自分の原理を構築して実践により確かめ，実践を世に問い，市民も交えて人間教育の真髄を議

論するような文化を形成できないままに、見える形や物質的な豊かさに流されたともいえよう。

　三つは、システムの問題である。組織をつくることと守ることが、人間教育の原理を掲げた論戦ではなく、組織のポスト争いになり下がってしまうようなシステムが生みだされたことである。働く人々に要求がなければ希望が生まれず、希望がなければ諦めが生じて、自らが創発する自律的な関係をつくりだすことは難しい。かといって他者の理念や原理をわが原理としているかぎり、真の教育実践にはつながらない。結果、教育実践が痩せていくという悪循環が生じている。

　もちろん、ある教育原理が限界をよぶ原因はもっと大きな教育課題が循環する現象にある。課題解決のための制度や思想などの大転換が発生したのちは、問題は細部へ細部へと発展する。組織の関係やシステムが成熟しすぎること自体が不調和をもたらす最大の原因だからである。戦後の就園率急上昇で、問題を発見し思索する時間もなく、見える形を追い求めて量的拡大を図ってきた幼児教育界である。今、社会全体に理念や原理が不毛にも思える混沌とした状況が到来しているが、おそらく50年、百年後に、この混沌の中から傑出した理念、原理が脚光を浴びるときがくるに違いない。それは、再び人間の本質にせまる「人間の教育」への問いから始まることを願うのである。教育史を学ぶ意義はここにある。制度的・内容的な大転換の後には、必ず人間の本質、物事の本質が問い直される。そのとき、時には私財を投じ、官憲や世間に非難され、はいずり回って臨床知に挑戦した人々が築いた歴史が、新たな実践に知恵と光明を与えてくれるに違いない。

　人間の本質、自己形成する原理、そして教育の原理は、自らの中にうち立て、実践によって子どもの姿に、自分の生きる姿に表さないと本物にならない。学問知として、他者の原理を覚えるだけでは、自らを対象に向けて突き動かす衝動はわき起こらない。研究者として子どもの存在を研究しただけでは問題は共有されない。教育を実践する者が、身体に深くしみ込ませた臨床の知を自覚化し、学問知と融合させて実践で確かめていく資質を自らの教育

の歩みとしたとき，そこにわが身において生きられる原理が生まれるといえよう。

第2部

場所・空間・時間という原理の所在

　第2部では，人間が誕生のときから生得的にもつ衝動を表し，外界からの情報を受けとって，内的システムを発展させていくという新教育の原理を支えてきた科学的な論拠を場所・空間・時間に対する研究と関連させて臨床知の科学性に迫る。

　第1章は，環境にアフォーダンスを見いだす幼児の衝動，本能を教育の動力としてきた人々の論拠に迫る。第2章は，原理として抽象的な言葉で語られるみえない精神を，場所や空間や時間の姿形に現し，みえる精神にしようとした臨床家の実践を支えてきた学問知に迫る。第3章は，場所に発生する諸現象が，時間と記憶の問題を左右し，生活の構造に依拠していること，その背景に原理が潜んでいることを，経験，つまり発達の実体と関連させて考える。

第1章

自己活動する内的衝動の発露と環境

§1　幼児の探索行動とアフォーダンス

1. 人間の衝動

　第1部でみたように，就学前教育の原理が人間の本質を発展させることとする考えは，多くの思想家，臨床家の信念である。その人間の本質に迫るためには，人間が自己活動・自己教育をなす生理的なメカニズムを知ることが必要になる。教育の動力が内的衝動と外的環境にあり，場所と時間と出来事が，人間の記憶や表象をつくりだすからである。万物の永遠の法則として生得的にもつ心のシステムがどのように開発され，自己を統一していくのかという人間の運動感覚と心の関係については，古代から多くの人々の関心の的となってきた問題である。

　動物が生得的にもつ生きるために必要な力の根元，その力とは，生命体を内から突き動かす生理的な食への衝動，排泄や休息への衝動，活動への衝動などを基本として，対自然，対生き物，対物や空間などを探索し，関係を築いて双方の生を維持しようとする力である。この内的衝動によって外界を探

索する力は，生きることそのものであるといえる。ポルトマン（*Adolf Portmann*, スイス，1897-1982）が言うように人間が"生理的早産児"であり保護が必要であるとしても，保護によって内にある衝動を抑制するのではなく逆に，保護によって内的衝動を発露させ，自ら外界を知る力，環境が保有する価値を見いだして取り入れ活用する力が必要になる。0歳から7歳にかけて直感覚をとぎすませて反応できる身体機能を洗練させること，意志の力を培うこと，活動する主体を確立することが，早産児を成熟に向かわせるための必要条件になると考えるからである。

(1) 衝動の発露

野山に棲息する野生の動物は，自分の体調にあわせて食物を探索する。森や山に自ら情報を探索し，解毒や消化作用のある草を食べて生を維持する。探索する環境に食物がなくなれば里山に下りて空腹を満たす。進化は飢餓や生命の危機への身体的反応で，生きるためには環境に適応しなければならない生物の宿命である。野生の動物だけではない。私たちもそうして生きてきた。ゲンノショウコを煎じて飲んだりドクダミの葉を焼いて火傷の湿布薬にしたり，川底のカゲロウの幼虫やたんぼのゲンゴロウ，カエルやハチ，スズメなどを食べてタンパク質やカルシウムを補給した。喉が乾けばズイキをかじり，草の葉で傷の血止めもした。終戦直後の薬屋もない山間地の生活である。自然の恵みはそれだけではない。植物から繊維や色を取り出して衣服を作る，岩塩を精製し，自然酵母を発酵させて保存食料を作る。さらに，起伏のある地形が子どもを遊びに誘う。崖滑りや崖登り，河原の石投げや素潜り，捕った魚での炊飯，アケビの蔓でのターザンごっこ，さらに冬季はそりすべりや下駄スケート，野ウサギ狩りなどが日常である。凍える日々は風呂からあがると頭髪が凍る。凍結を利用した保存食料作りなども子どもの生活の中に手仕事としてあった。

私たちの祖先も，自然を探索し，自然の恵みを見いだして生きてきた。このように，すべての生物は環境にある価値を探索して生きている。野蚕の親

は，羽化して成虫になるとクワの葉に卵を産み付け，幼虫が生存できる環境を用意する。海洋に出た鮭は生まれた川に戻って産卵し，稚魚はやがて海へと帰っていく。ありとあらゆる生物が，種の保存のためにわが子が生きられる環境を求め，その環境が提供する価値を探索する。そこには何の理屈もない，生きるという生の衝動，営みがあるだけである。

　(2) 複雑系の世界
　自然と生きる者は，必ずや，自然の限界，自らの生の限界を知っている。相手を生かして自分も生きるという循環の中に調和があるのであって，その調和が崩れると様々なひずみが生じるため"現象としての人間"の存在自体が脅かされ，生命の危機に遭遇するからである。
　それほどに，自然界は複雑系の世界で，様々な現象を巻き起こしながら自律的な調和を保っている。森や林や海が光合成の廃棄物である酸素や食料を生物に提供し，生物を生かす。生物が排出する炭酸ガスにより，植物が呼吸し生きる。陸地と海洋が対流を生じて風を発生させ，風が種子を運び新たな命を生み，空気を浄化する。植物と寄生関係の昆虫も，昆虫と野鳥の関係も，植物の生態系も，あるいは気温やオゾン層も，地球の磁力も，宇宙全体の中で調和を生みだしながら自律し作用しあっている。こうした目にみえない様々な要素が複雑に絡み合った世界を生物学的複雑系の世界という。太古の昔から，宇宙，惑星，地球，自然，人間，社会などの森羅万象，すべてが微妙な調和を保ちつつ複雑化へと進化してきたといわれている。カウフマン (*Stuart A.Kauffman*, 米, 1939-)[1] は，生物進化はダーウィン以来の「自然淘汰」と「突然変異」ではなく，秩序を創発する「自己組織化」が重要だとする。哲学，心理学，生理学，そして生物学へと関心を追求してきたカウフマンが，無償の秩序である自己組織化こそが固体発生秩序の究極の源泉であるとするのは"固体発生秩序の多くが自然発生的になされ，その後自然淘汰によって仕上げられた"ことを実証する理論的根拠を生みだしたからである。生き物の世界は，自然に生じた自己組織化のおかげで，生まれる必然があっ

たとする視点は興味深い。生命をもった系は，初期環境が大切で，そこから変化する環境の中で生き残るには安定しなければならず，かといって永久に変化しないでいるほど安定であっても，あるいは崩壊するほど不安定であってもならないのである。こうして複雑化したコスモス（宇宙）は，創発によって新しい秩序や構造を形成し続けている。

　この自己組織化の理論は，複雑系の世界を語る上で科学，産業，教育等すべての分野に応用されて今日に至っている。人間も生の衝動を理性によって精神の底辺部に沈殿させると，自律的に組織化される複雑系の世界に住みながら自律性を失っていく。人工的に統制を図れば図るほど，複雑系の法則である自己組織化による創発と無償の秩序が生みだせなくなるからである。

　知識が進歩すると誤謬，無知，頑迷が発達するとして，モラン（*Edgar Morin*，仏，1921－)[2]はその原因を，① 知が諸観念の体系に組織化される際の組織化の方法，② 科学の発展に関係する新たな無知の発生，③ 理性の堕落した使用に関する新たな盲目，④ 歯止めがきかない進歩，にあるとする。教育作用も複雑系の文化圏にあり，子どもが自律的に創発する力を支えるのではなく，教師による管理のパラダイム（思考の枠組み・論理的関係）に偏ると，個々の子どもは，自己組織化から離れて誤謬，無知，頑迷が発達することになる。

　就学前教育を担う組織体も，生物としての人間が集い，環境を探索し，それぞれが衝動をあらわにしつつも，共同生活をつくりだすための場所（トポス）としてある。私たちはその場所を構成しているパラダイムが，教育の量的拡大（園児数，就園率，施設数，教授内容，教育産業の繁栄等）によって社会が進歩しているかの錯覚に陥ってはいないだろうか。学校や塾，習い事など量が拡大することで教育が進歩しているという錯覚を生み，新たな誤謬，無知や盲目を生んでいるという自覚がないと，人間の自己発展を善とする"生の衝動"はみえなくなる。科学（数学化と形式化）は，時には事象や現象の総体を破壊し，暗黙知や臨床知を環境から孤立させるからである。幼稚園等（幼稚園，保育所，総合施設などの満3歳以上を対象する就学前教育の場所，以下幼稚

園等とする）のリテラシーの問題が，人間の生の衝動や生きることの必然と環境・文化・教育の方法とをつなぐ紐帯を分離したまま語られるのと同様，もう一方の遊びも労作や生活・文化との紐帯を分離している以上，教授か遊びかの二者択一のパラダイムには何の進化も生まれないといえよう。

　それほどに生命体は，環境を探索し自律性を生みだす驚くべき複雑な組織体であり組織化現象の主体である。またそれは，周囲に依存すると惰性，慣性に沈む存在でもある。宇宙が自己組織化した複雑系の世界であるように，人間的諸現象も，複雑系の中に自律的に秩序が生まれることを求められているのである。モランがいうように「切断／還元／一次元化」のパラダイム*から，対話論理的，超論理的「区別／結合」のパラダイムに進化するには，自己組織化によって自発，創生するパラダイム，換言すれば，心身合一の精神を含んだ一人一人の「多様なる統一」に注目することではなかろうか。

　無人島やジャングルで生きる人々を野人というなら，野人こそ生において自然の中で多様なる自己統一を図っている最も発達した人間ととらえることもできる。近代科学がもたらした発達観は，"生"に相矛盾する不自然なもので，内的衝動・本能を切り捨てる論理を構築してきた。生きるという衝動の自覚と自然界の秩序に従う従順さ，己も複雑系の世界にあって一現象に作用している存在に過ぎないことを感得する生活の上に，社会的営為としての学校教育が成り立つ視点が必要であろう。その立脚点を見誤ると，人間によって人間が病まざるをえない状況が発生する。

　北海道の遠軽の地に，心病んだ青少年が大自然に向き合いながら労作の日々を過ごしている。1914年に北海道に家庭学校を開設した留岡幸助（1864-1934）は「教育は人だ。よい教師を集めればよい教育ができるが，

＊　一次元化のパラダイムから対話論理的，超越論的パラダイムへ　　二者択一の単純なパラダイムは，結びつけられているものを分離するか，多様なものを統一（還元）するかのどちらか一つだが，複雑性を考えるには二つの補完と対立の関係を維持し循環させ（対話論理的），部分も全体も一つの運動の中にあるとする，つまり単純なパラダイムを超越して全体は部分の中にあり部分は全体の中にあると考えることで新たな知識が生産されるというメタ（次元が上の）視点をいう。

それにもまして自然だ。自然が人間に与える感化影響ははかりしれないものがある」[3]として，130万坪の森に寮舎を置いたのである。そして労作と祈りの日々の中で自らにうち勝つ精神を培う場をつくっている。切断されたパラダイムを生き，自分に負けた子どもたちに，自然が人間に与える感化影響を生かして自己組織化，多様なる統一への時間を提供しているのである。教師の指導力をはるかに越える自然とは，対話論理的，超論理的な自己統一のパラダイムで，生きるという"生"の根元に人間を戻す作用があると思われる。

2．生物学的視覚論の意味

複雑系の世界では，自己組織化が全体の秩序の源泉とすれば，生物である人間も自己組織化して環境との調和を自律的に図る存在であり，生得的に自己組織化のプログラムをもっているはずである。それが外界を知覚し，情報を伝達・処理するシステムにあることが，今日の脳科学の知見から解明されている。

脳は，モジュール構造（機能的な単位構造・脳葉と連合野）と階層性（階層的な情報処理様式）をもっており，単純な情報処理からより高次な情報処理の工程に情報が流れて認識を可能にしている。

澤口俊之（1959-）[4]は，大脳新皮質の区分とコラム＊（大脳新皮質のもっとも小さな機能単位）の構造を示し，脳の進化に迫っている。そして，誕生から2～3歳の頃，脳の神経細胞の接点であるシナプスが急激に増加し，世界を自分の脳に刻みつけるようなことをしているとして，"シナプス数は生後一回増え，3～4歳でピークになり，しばらく同じレベルを保った後，8歳くらいから下がり始め，15歳くらいまでどんどん下がる"この2～3歳のと

＊　コラム　人間の脳の構造は，前頭葉，頭頂葉，後頭葉，側頭葉があり，それぞれ違った構造と働きをもっている。その働きの言語野，運動野などの領野をつくる基本的な単位がコラムで，およそ幅0.5ミリ，高さ2ミリの竹輪状で数万個の神経細胞が縦方向にまとまっている。

きに、うまく環境を自分の中に取り込めないと、一生うまくいかないという。また、養老孟司（1937-）[5]は環境を取り込んで世界認識をもつことについて"『意識』は脳から生じ、意識があれば『観念』が生まれる。その中で一番重要なのは『自己』という観念であり、『現実』あるいは『実在』を決めるということで、動物はすべて『世間とはどういうものか』を認識した上で行動している"という。なんらかの世界認識がなければ行動できないのが動物だというのである。

シナプスの増加曲線をみると、誕生時から活動衝動が発露され、外界の情報を取り込み処理するシステムが急激に発達することが分かる。3歳ころまでに幼児は環境を探索する技能を高め、自分を取り巻く世界について自己との関係で表象される現実を認識していくのである。

（1）1．2歳児の探索行動

保育所での乳幼児の探索行動を調べた今井和子[6]の事例は幼児の自己組織化の様相を語っている。1歳10か月児がベットの下に潜り込み、マットの穴を見つけてそこから20〜30センチあるわらを緊張して一本引き抜くと床穴に落として喜ぶことを繰り返す、棒をみつけると拾う、短い棒は地面をつつき穴を掘る、長い棒は振り回し壁などを叩くという行動が表れる。誰が教えたわけでもないのに、こうした行為が多くの子どもに自然に表れるのは、この自己意識化にある。シナプス数の増加曲線のように、乳幼児は身のまわりを探索して、脳の情報処理システムが感覚器官や身体の動きとつながるように旺盛な学びを展開しているのである。

「ひっぱる、いじる、落書きする、はがす、ぬる、なすりつける、破る」などの探索は、物の探索行動として表れる場合が多い。しかし、場と関係しない物は存在しないので、落書きしたり、破ったりする対象によっては大人との軋轢を生じるが、それでもなお探索をやめず、乳幼児は自己組織化を図っているといえよう。「穴にモノをつっこむ、狭い所に入りこむ、高い所から落とす、入る、入れる、ほじくる」などは、場や人の探索対象に物が付随

して表れる。自分の活動可能な場所と物が提供する情報の探索である。乳幼児はこうして環境を探索し，そこに自分にとっての情報の価値を見いだそうとする本能的な衝動を強くもっている。この衝動は，外界の情報を脳に伝達し，現実・実在を認識して世界観をつくりだす原点といえよう。

(2) アフォーダンスとは

身のまわりの環境が保有する情報を探索する子どもの生得的な行動（これを哲学的には本質，善とし，プラトンの時代から人間に備わった法則としている）が，認知発達にとって大きな意味をもつことが提唱されるようになったのは，1940年代に入ってからである。ギブソン（*James Jerome Gibson*, 米, 1904-1979）は，動物は環境にあるアフォーダンスを知覚するとして，認知発達の理論を大きく塗り替えている。ここでいうaffordとは「供給する」「与える」といった意味である。彼は環境を媒質と物質とを分ける面および人工物等の「環境が動物にアフォードするもの」[7]をアフォーダンスという造語によってこの現象を説明したのである。"ある動物に対して陸地の平面が水平で凹凸がなく平坦で十分な広がりをもち，材質が固い場合，その表面は支えることをアフォードする"と使用する。身長100センチの幼児に対して，2メートルの壁は前進を塞ぐが，50センチの垂直に立つ壁で凹凸がなく固い材質の場合，その高さは乗り越えることをアフォードするから，子どもは塀に登り，越えていくのである。塀に登ってはいけないというのは，社会的な約束事であって，動物の行動としては自分の身体との関係で環境にアフォーダンスの価値を探索しているのである。

これは半世紀も前の理論が，今日の脳科学と結びついて新たな認知の世界を広げたというより，二百年前の発達理論に埋もれていた生態学的な認識の視点が，ゲシュタルト*の流れを組むギブソンによって研究され，今日の脳科学と結びついて思考のパラダイムを転換させたという方が適切かもしれない。

つまり，コメニウスが『母親学校の指針』を著したのが1633年，幼児の

ための絵本『世界図絵』を著したのが1658年，ルソーが『エミール』を出版したのは1761年，ペスタロッチが『母の書』を出版したのが1803年である。いずれも感覚陶冶の重要性に触れている。自然的鍛錬主義を掲げるルソーは，ギブソンのような生態学的アプローチではなく，物語をとおした教育学的アプローチで，乳幼児期の感覚の教育から話を始めている。人間の知的能力で始めに発達するものが感覚であり，感覚器官を使用するだけでなく感覚器官によって正しく判断する能力を訓練することが必要としたのである。それは，フレーベルやモンテッソーリのような体系的な教具による感覚訓練ではなく，知覚作用，推理作用なども含んだ諸感覚と感覚以外の知的作用との総合的な訓練であるとする。感覚は知識のもとになる材料で「子どもはすべてのものにふれ，すべてのものを手に取ろうとする。そういう落ち着きのなさに逆らってはならない。それは子どもにきわめて必要な学習を暗示している。そういうふうにして子どもは物体の熱さ，冷たさ，固さ，柔らかさ，重さ，軽さを感じることを学び，それらの大きさ，形，そしてあらゆる感覚的な性質を判断することを学ぶのだ」[8]と。

　その教育方法として，闇の中で自由に行動することで触覚を発達させたり，声や音の反響で空間の広さや自分の位置を知ったり，素足で歩いて足裏の感覚を敏感にしたり，外気の変化に皮膚を慣らしたりして苦痛に強い人間を養うとする。触覚や視知覚が判断の手段となっていることを踏まえ，物の目測，形の観察と描写，眼と手を使っての初等幾何学，視知覚と手足の運動などによって正しく判断する方法をあげている。また，聴覚と他の感覚の結合により必要な判断を行う経験が得られ，果実，野菜など自然食材によって味覚を鍛えることが，諸感覚と他の知的作用との総合的な働きを高めるとする。

＊　ゲシュタルト　　ドイツ語で，「形」「形態」「全体」「統合」などを意味する。部分の集合は全体であり全体は部分の集合によりそれ以上の意味になるとする考え。ゲシュタルト心理学では人間の精神は部分や要素の集合ではなく，全体性や構造こそ重要視されるべきとした。この全体性を持ったまとまりのある構造をゲシュタルト(gestalt 形態)と呼ぶ。

このエミールの感覚を陶冶する物語，"感覚器官によって正しく判断する能力"は，今日の脳科学の言葉におきかえれば"感覚器官によって感受した外界の情報を分解してシナプスを経由して脳に伝達し，先入した記憶や経験とつなげて正しく判断する力"である。『エミール』は，ペスタロッチの教育哲学にも大きな影響を与えたことはすでに述べたが，ペスタロッチは「感性的な人間の自然本性のメカニズムは，結局のところ，物理的自然が一般にその諸力を展開する場合の法則と同じ法則に従って機能するもの」[9]であるからこそ，教育は自然界にある対象を，系統を考慮してわれわれの五感の近くにもってくることだとする。自然本性のメカニズムとは，人間だけでなくすべての自然がもっている力を発展させる法則，"万物がもつ永遠の法則"である。ペスタロッチは，この自然法則の源泉についてさらに言葉を進め，
① 直観から概念へと飛躍させるものは自然それ自体であり，
② 直観能力とかかわりあっているところの人間の自然本性の感覚性であり，
③ 人間の外的境遇と認識能力との関係の中に求められるものである，
とまとめている。

　教育実践者としてのフレーベルはこの「感覚」を，自発的内面化を意味する言葉として受け止め，事物の存在はその性質の反対のものと結びつけられ，その反対のものとの統一，調和，一致が見つけられたとき認識される，としている。そして事物は固体的状態，液体的状態，気体的状態で存在し，あるいは静止した状態で，運動的な状態で，運動を伴った状態で人間の前に表れてくるのに対して，静止と運動の二つの器官が働くことで認識がなされるとしている。ギブソンが変化の中に不変をみつける知覚システムを発見したのと同じような感覚へのアプローチである。もう一つは，気体に対しては聞く器官と見る器官が，液体に対しては味わう器官と嗅ぐ器官が，固体に対する感覚器官は手探りする器官と触れる器官とに別れて情報を受け取ると考えたのである。そして対立するものによる事物認識の法則に従ってまず聴覚が，そして視覚が発達するとする。また感覚器官の発達進歩と同程度に四肢

の使用が発展するからこそ，生まれたばかりの成長する人間にとって身体の使用，感覚器官の使用，四肢の使用，および応用，練習が必要だと強調するのである。

　ルソーやペスタロッチ，フレーベルだけではない。トルストイ，ガンディーやタゴールも，デューイやフレネも教育原理の具現化のために，自然の場所(トポス)で自己活動することを方法原理としてきた根拠がここにある。教育が作業，労作という生活の場所を用意し，自己活動によって自然界に情報を探索し，多様な環境情報から複雑に自己組織化する知覚システムを開発することが，人間の本質を発展させる上でのキー概念になるのである。19世紀から20世紀初頭にかけて，幼児教育学の構築者たちは，人間の感覚器官，運動，情動，あるいは認知の分野が，切り離せないシステムとしてあったことを認識していたといえよう。それはまた古くは多くの哲学者を悩ませてきた「心」の所在の問題である。デカルトが，感覚刺激を組織化し計算する機構が心にあると考えた，その心の解明である。

　心は，脳のシステムから生まれるとする茂木健一郎（1962-）は，「多種多様な表象に満ちた私たちの体験をつくっているのは，脳の中の1000億のニューロン（神経細胞）」[10]で，シナプスという結合部位を通して他のニューロンへと信号伝達する相互作用から，主観的体験の全てが生まれると考える。そして，人間の意識はニューロンのネットワーク全体のシステム論的性質から生みだされるとする。彼の発見の一つは，自分の行為と相手の行為を結びつけるミラーニューロンの発見である。視覚の情報と運動の情報と，自分の運動の状態をモニターする体性感覚が融合されて，相手の行為と自分の行為が同じであることを判断するシステムが脳の中にあるとする。

　自己と他者という意識の問題そのものにアプローチするこのミラーニューロンは，「他者の心的状態の推定」で，人や猿などの社会的動物は群の中の他の存在が何を感じ，考え，何を求め，しようとしているのかを推定するシステムそのものだということである。乳幼児が大人の振りをまねて"いないないばあ"や"おつむてんてん"をしたり，動きを模倣したり，他児の動き

に同調したりする行動は，ミラーニューロンのなせるわざで，他者の心的状態に共鳴する重要な行為だといえる。

自己存在に対する茂木の見解は，「目覚めている限り，私たちの心の中にはクオリアが溢れている。『私』とは『私』の心の中に生まれては消えるクオリアの塊のことであると言ってもいい」[11]というクオリア（質や状態をあらわすラテン語）である。人が赤を赤と感じる，水の冷たさを冷たいと感じるとき，質感を伴っている。その質感は，「赤い色のクオリア」という感覚的クオリアと「私が赤のクオリアを感じる」という「私」の視点を前提にして成立する志向的クオリアがあり，この感覚的クオリアと志向的クオリアは対になって，内と外，過去，現在，未来という空間的・時間的な位相構造を支えているとする。感じる主体としての「私」が意識されない限り，両クオリアのマッチングの過程は生じないとすると，私たちがぼんやりしていた，はっと気づく，といった日常も，見ていて見えない，聞いていて聞こえない志向性と関係するのであろう。茂木は，ホージランド（*Johon Hougeland*）の「道徳の概念をもつ人間にしか，真正の志向性はない」[12]という言葉を引いて，見る行為は受動的な過程でなく志向性のネットワークがイメージの素材を立ち上げたり選択したりするもので，見るためには高次の志向性，つまり道徳をもたなければならないのではないかと推察している。

哲学，教育学の視点からいわれる，道徳性の涵養を目的とする幼年期の教育が，クオリアの塊としての「私」を形成する志向性のネットワークにつながるとは興味深いものがある。プラトンが徳を目指して子どもの頃からの教育を考える，その徳が志向性であることにも通じるところである。

ルソー研究所のフェリエールがスタンレー・ホール（*Granvill Stanley Hall*, 米，1844-1924）の"生物学者にあらずんば心理学者にあらず"ということばをとらえて"生物学者にあらずんば教育学者にあらず"と言った背景には，原始の時代から人は"為すことによって学ぶ"ことを実践してきた動物であり，発達の連続性を踏まえた乳幼児期からの教育学を打ち立てるには感覚・知覚の問題を避けて通ることはできなかったからではないかと思われ

る。

　こうした感覚，知覚の問題に正面から取り組んだギブソンは，知覚の説明の大部分を心の働き，形の論理に委ねてきた伝統的理論の矛盾を解明するために，当たり前の見え方からゆがんだ見え方を研究するのではなく，逆にゆがんだ見え方から当たり前の見え方についてアプローチをする。さらに，パイロットが自分の視野だけで正確に着陸したりアクロバット飛行したり敵機をみつけたりする能力にヒントを得て，知覚の面，キメ，動きの認識へと注目点を変えていく。佐々木正人（1952-）は，このギブソンの発見を次のように説明する。「情報は人間の内部にではなく，人間の周囲にあると考える。知覚は情報を直接手に入れる活動であり，脳の中で情報を間接的につくり出すことではない。私たちが認識のためにしていることは，自身を包囲している環境に情報を『探索する』ことなのである。環境は，加工されなければ意味をもたない『刺激』のあるところではなく，それ自体で意味をもつ『持続と変化』という『情報』の存在するところとして書き換えることができる」[13]と。

　私たちが見ているのは，形ではなく対象そのもの，そのリアルな現実，実在である。そしてものが見えるというとき，包囲光（発光体から光に反射し散乱した状態の光）が自分の移動や対象，環境の変化に伴って配列の構造が変化する情報を映しだし「不変」を明らかにしているということになる。そして，面の配置は固体，液体，気体の3種の状態の界面が面で，面は豊富な情報の資源となる。

　網膜に映る像，すなわち形が知覚することだと学習してきた筆者たちの世代にとっては，変化の中に埋め込まれた不変を知覚することだといわれると，面食らう。しかし，動きに注目することで，視覚は同時に自分の動きについての感覚にもなっていることが納得でき，環境の知覚が自己の知覚であるという相補性が，視覚に限らず，聴覚や触覚等，五感覚のすべてにおいていえることが感得される。人間の発達原理を忘れると，教育はルソーやペスタロッチの言う"感性的な人間の自然本性のメカニズム"を自然的に開発す

る教育より，加工された環境（教材として人為的に作られた）の意味を刺激（情報）として子どもに教授する方法に転化されやすい。人間の生きる場と生の衝動を忘れてきた教育が再び回帰する視点は，自身を包囲する環境自体の情報源に価値を見いだし自ら意味をつくる世界である。また，複雑系の世界を生きる生物は自ら創発し自己組織化する存在だという認識への転換である。

　私たちが日常，無意識に得ている情報も，佐々木の言うように聴くことは「音源に対する自分の頭の向きや，音源と自分の距離の情報」になり，「物を触ることは触っている自分の手や皮膚の状態」を知ることであり，「食物を味わうことは口唇や舌の動きの知覚」[14]であり，味を感じる自分の体調を味わうことで，日常，こうしたことが難なく行われているのはシステムが機能しているからである。ルソーの直感から正しく判断する能力，あるいはペスタロッチの直観から概念へと飛躍させるものは，自然それ自体にあり，人間の自然本性の感覚性であるとは，まさに環境にアフォーダンスを見いだす生物の相補性であるということである。またフレーベルが言う"事物が固体的状態，液体的状態，気体的状態で，あるいは静止した状態で，運動的な状態で，運動を伴って人間に表れてくる"[15]変化という次元と，それに対して働く「静止と運動」という相補的な動きによって認識されるという論理が，ギブソンによって明確化されたととらえることもできよう。

　さらにギブソンは，感覚器官が層をなしたシステムで，大地と身体の関係を知覚する（基礎的定位づけ）システム，聴くシステム，触るシステム，味わい嗅ぐシステム，視るシステムの5種類の知覚システムがあり，それは等価で生涯変化し続けるとする。それだからこそ，佐々木は環境の中にある無限の情報を知識として蓄えるのではなく，「情報の数に対応するように無限に分化しうる可能性」を身体内に開発し，「身体のふるまいをより複雑に，洗練されたものにしていくことが，発達することの意味」[16]だとするのである。

　環境の中にあるすべてのものにはアフォーダンスがあり，動物ならそれら

が提供する情報のなかに価値を見いだすとなると，幼児はまさに環境にアフォーダンスを見いだすために探索して生きている存在ということになる。あの子は好奇心旺盛で無鉄砲，なんでもやってみないと気が済まない，いくつになっても子どものように知りたがるということは，生涯変化し，発展し続けているシステムを開発していることになる。

　人は探索衝動によって，環境を知覚し，知覚との相補性を高め，自然，物，人との関係を身体の内に自得させる。情報を知識として蓄えることが教育ではなく，多様なアフォーダンスに対応する身体の振る舞いを洗練させることを発達とするからこそ，幼児期の自然的教育が原理とする自己活動，自己発展があるといえよう。自然の法則が支配する有限な自己存在を自己組織化する幼児教育の原理は，ギブソンの生態学的視覚論とも深く関係していることが確認できる。また，茂木の言うように心が感覚的クオリアだけでなく，感覚システムと深くつながった志向性のあるクオリアであるとすると，幼年期に意志，志向性を育てることを強調した先人の知恵が，再び新鮮さを増してくる。"教育がその追求する目的において哲学の孫娘であるならば，用いる手段において生物学の娘である"とし，生物学者でなければ教育学者でないといったフェリエールの言葉は，生物学の理論と活動学校の教育実践との関係を示しているものだが，それが，生物としての人間を知らなければ教育学など語れないという警鐘に聞こえるのは私だけであろうか。

§2　就学前教育とアフォーダンス

1．生活環境と陶冶内容

　赤ちゃんは誕生直後にはわずかな反応，振る舞いであったものが，月齢があがるとともに環境と繰り返し接触して，養護者，寝る場，おもちゃや食物

などの情報，つまり自分にとっての情報の価値を特定するようになる。「人間の教育」の初期に，知覚システムを鍛錬する。それも人間が与える系統的・組織的な訓練ではなく，人間の自然本性を生かして幼児自らが環境にアフォーダンスを見いだし，自分にとっての環境の性質を探索する。その重要性を自己活動，自己発展として幼児教育の原理の根元に据えたロマン主義の教育思潮は，政治的・経済的発展のための教授に重きを置く立場の人々から消極的な見解だとされてきたが，内的発展にはアフォーダンス論理が潜んでいたと考えると，逆に人間の本質をとらえた積極的な幼児教育原理であると言える。就学前教育が"環境を通して行うことを基本とする"のも，生物としての人間の知覚システムが育つ必然にあわせて環境が用意されることで，自己活動，自己発展が促進されるからである。

　教師たちは，6歳頃までに知覚システムが発達し，それ以降になると身体が洗練されるまでに時間がかかることを暗黙知としてもっている。6歳までに味や臭い感覚，音感，視覚や触覚，運動感覚など生活に必要な力の基礎が培われるからこそ，就学前教育の場所には幼児自身が自己組織化する自然本性を開く環境を用意したいのである。

　しかし，自然的教育学と実践的教育学の二潮流（第2部第2章カントの教育学参照）が一元化することは少なく，家庭や社会も含めた教育の総体が自然から遊離すると，人間の活力が萎える原因がここにある。かつて家庭に大自然に向き合う生活があった時代は，自然的鍛錬は家庭で，伝統文化の教授は幼稚園等でといった暗黙の役割分担があって自己を統一するための調和が図られたが，家庭も幼稚園等も抽象的な言葉による伝達型の教育になってきた今日では，幼児期の知覚システム，心のシステムは未発達のまま学童期に突入することになる。これは原理の位相と一体であるところの我々を，24時間アフォードする生活の位相が変わったため，子どもの心像風景を大きく変え，親や子ども，教師ともに教育の原理が働かない空間を浮遊している現象といえよう。

(1) 通園路のアフォーダンス

　アフォーダンス理論から，幼児が通園する生活環境の情報の変化に見いだしている価値を探ってみよう。幼稚園等に入ると幼児の感覚を刺激する対象は急激に広がり，家庭とは違う環境のアフォーダンスへの探索が始まる。通園する道のりも，目的地につながる時空間的な意味をもつようになり，毎日歩くことで環境の持続と変化が知覚される。路側帯のアフォーダンスは，高さ，奥行き，長さであり，幼児はカバンを掛けたままでもその上を歩き体を合わせて探索する。鉄柵があると握って横歩きをする。柵の土台の高さ，握れる安定した柵の情報が子どもの探求心を刺激し，体を支えて移動させる動きを洗練させていくからである。紅葉した落ち葉を拾い，石を蹴り，自転車を避けるなど，道には変化と持続を探索する情報が豊富にある。

　家庭と園をつなぐ面空間としての道路，道ばたなどすべては幼児に歩くことをアフォードし，幼児は動く自分とそれによって刻々と変化する環境との関係を知覚して，移動できる自分に自由感を得て自信をもつことができる。それは園に足を向ける自分の志向性を確認することでもある。当然，知覚だけでなく歩く距離と身体の状態から体内時間を感じ，歩く行為が洗練されて体力もつくという結果がついてくる。それが慣性となって，歩くことへの価値や自信を体に蓄積していく。また自らの足で目的地まで歩くことは，その場所に志向性をもつことを意識化させる。他者に依存することなく目的地に向かう意志を培う教育が，家を一歩出た途端に始まっているのである。

　しかし，幼児のアフォーダンスを見いだそうとする行動は親との葛藤を生じる。これは社会的なマナーを教育したい大人側と，探索衝動を満たしたい子ども側の欲求希望の違いであるが，毎日注意されてもなお探索する子どもの衝動は，"生"の強さであろう。幼児の探索行動は，その衝動の強さを生かしつつ身体の動きを洗練させ，社会的な意味を有した場所や物の使い分けを理解していく道のりなのである。

　集団生活の中で，教師や友だちと園内を回遊する，園外，郊外に出かける，町の図書館や博物館に行く，あるいは園生活に必要なものを買いに行く

といった場合，幼児は大人が日常見慣れた環境にも日常とは異なるアフォーダンスを見いだす。それは，子どもの側にある意志，志向性が見聞きするものの中から意識的に情報を選択するからである。志向性が育てば育つほど，旺盛な自己活動が展開される姿を見ると，幼児が"園生活に慣れる"のは，頻繁に施設環境を探索し，自分の世界観を塗り替えていく過程，つまり感覚システムの開かれた系を開発している過程といえよう。

(2) 生活環境のアフォーダンス

　一般に躾といわれる生活習慣を，私たちは親や教師の努力によって身につけさせていると錯覚しやすい。しかし，生活習慣は環境が行動を洗練させていく最たるものでアフォーダンス理論が関係する。早寝早起きは，地球の自転・太陽系の回転と体内リズムとが呼応するリズムであり，その習慣化である。内外(うちそと)の靴を履き替える日本文化は，床と土間の色や材質，高さがアフォードする区分に行為の選択が促される。2歳前後になると外に行きたいときは玄関から自分の靴をもってきて親にせがむように，幼児は室内外の環境のもつ価値を探索する。玄関たたきにすのこが敷いてあったり，上がりかまちがあったりすると，幼児は外靴と室内履きの区分をする。面の段差と土やコンクリートと木の材質が区分の先行経験をよび起こすからである。しかし，入園当初の幼児は，玄関で区分ができてもテラスと戸外の靴の区分は環境から判断できず，上靴のまま庭に出ることがある。面の材質の違いは感知しても，段差がなく水平だったり，地面とテラスが灰色だったりして，区分を促さないからである。また，靴の履き替えも，腰掛ける適度な高さやきれいな床面があると座位で行うが，土面やコンクリート面では座らない。その環境の情報に座位の価値が見つからないからである。パンツの着脱も同様，3歳児は土面で座って履くことはないが，床や椅子があると座って行う。また，足の汚れを洗うのに水を張ったタライに座ることは少ない。タライの水と泥で汚れた自分の手足，衣服との関係を価値判断する経験を蓄積しているからである。

こうした意味で，幼稚園等の3年間の生活で，排泄，清潔，食事，着脱などを行う場所が提供する情報の価値が，子どもの生活行動を習慣化している。洋式トイレは身体の安定を保つが和式トイレはしゃがんで両足でふんばり上体を保たなければならないため足腰は鍛えられる。弁当がおにぎりやサンドイッチだと幼児は手づかみで食べるが，ご飯の場合は箸で食べる。6歳までに完成するといわれる箸の持ち方を洗練させたければ，言葉で躾けるのでなく箸を使う必要感が生じる環境を提供することである。3歳で箸に移行する子どもと5歳になっても箸が使えない子どもの躾の差は，日々の食事環境におけるアフォーダンスの違いである。

教育における躾は，発達に合わせて物理的な環境を調整し，子どもが自発的にアフォーダンスを見いだし，動きを洗練させて次のステップに移行する環境との調整にある。爪楊枝にさした副菜をもって口に運ぶより，箸を使い副菜を挟んで口に運ぶ方が供応動作が巧みになる。環境が形式化せず困難さや多様さが埋め込まれているところにアフォーダンスがあると考えると，バリアフリーや，床暖房，夏の冷房，手づかみの食事やボタンのない洋服，ワンタッチの水道など，一見優しい生活環境は，健全な幼児には楽すぎて志向性を陶冶しない。ボタンをはめる，水道をひねる，暑さ，寒さといった困難を感じる環境が身体技能を高め，どんな環境も生きられる柔軟性を培うことが本当の意味での躾となるのは，すでに『エミール』で述べられたとおりである。

2. 労作や遊び環境のアフォーダンス

食事，排泄，着脱，休息，清潔といった生活習慣や日常の生活行動を陶冶する環境については，教授を中心とした伝統型の教育でも自己活動を中心とした新教育でも，それほど大きくは変わらない。しかし，課業，遊びや労作など幼児の学習対象として用意される環境は，陶冶する内容をどこに置くかによって大きく異なる。読み書き教材や読本，算数教材，英語教材，音楽楽

器や楽譜など，伝統型の教育が準備する教材にはそれなりのメソッドがあり，教授した結果がみえる。フレーベルに始まる新教育の人々が目指す学習環境は，伝統型の教育のように大人の価値観によって選択し教授した結果ではなく，子どもが自己活動し陶冶する内容を環境に埋めこんであり，その相互作用から読みとるものである。

(1) 労作環境のアフォーダンス

コメニウスに萌芽をもつ労作思想が19世紀から20世紀の新教育の人々に支持された背景にもアフォーダンス理論がある。ペスタロッチ，フレーベルに始まり，デューイやケルシェンシュタイナー，フェリエールなどに引き継がれた作業学校，活動学校の論理は，子どもが取り巻く環境にアフォーダンスを見いだす自己活動を促進する理論だからである。子どもと生活を共にする教師は，生活の中で獲得する日常知が学問知と融合するところに，社会とつながる学校の意義を置いて，子どもを客として迎えるのでなく，学校生活の主体者として遇するために労作を重視する。

床拭きは，床面と自分の体位，面積を体で感じ，両手にかけた体重によって木の汚れが湿った布に移動することを感得する。床と雑巾と身体の位置関係で，前進を早めれば足の運びが早く，膝立てで進めば周辺に手を回すというように動きが洗練される。同様に落ち葉掃きをすれば，枯れ葉の軽さ，かさこそと擦れあう音，風に舞う現象や，熊手や庭箒を使う身体の動きが感得される。

自然の労作には，変化する自然物，自然現象と道具がつきもので，加工された抽象ではない現実がある。多様なアフォーダンスを見いだすことによって，情報の価値選択を行うとともに，対象に対する身体の動きが錬磨される。腐葉土を集めて畑に運ぶ一輪車やリヤカーは，回転する車輪が重さを半減させ，自分の身体バランスをとって物を移動させることが可能になるアフォーダンスを見いだし，身体知が獲得される。畝を作る鍬やシャベルは，真下に，左右に土を掘る面と固さが提供され，自分の手と道具と連続した動き

を洗練させることで労力を半減できる。

　労作は子どもが自然にじかに向き合い対話するため，自然物そのものの特性や自然が提供する価値を発見する機会も多い。春草の柔らかさと秋草の固さ，夏草の丈の長さと冬草の丈の短さなど，生活や遊び環境がアフォードする価値の探索は，時系列にそって変化する対象への興味や関心を深める。また，オオバコの茎の太さと長さは草相撲で引き合うのに適し，スズメノテッポウは草笛になり，笹の葉は笹舟に，タンポポの茎はストローに，柿の花はネックレスに，葉は人形に，ままごとの皿に，それぞれがもつ形状，性質を探索して生活や遊びに活用する。

　労作を欠いた遊びや保護された生活には，ものの本質にアフォーダンスを見いだし価値を発見する情報が少ない。バケツはバケツであり茶碗は茶碗で，水や汁の入れ物としての社会的な価値を有する。しかし，孟宗竹を切った筒は，液体が漏らない容器としてバケツに，花瓶に，鍋にと多様に見立てられて使われる。また，横にすると転がる，逆さにすると台になる，叩くと音がするといったアフォーダンスに価値を見いだし，生活や遊びに取り入れることができる。既製品の遊具による遊びには本質がすでに加工され意味を付されているためにアフォーダンスを見いだしにくい。しかし，自然の中の労作の場所にあるものは，アフォーダンスに本質の特徴や価値を探索する行為が誘発され，労働行為によって身体と結びつき，精進感を培う力があるのである。

　池や川とその周辺に生態系をつくる都会地のビオトープ*も，幼児がアフォーダンスを見いだす絶好の場所である。ビオトープを維持するためには労作を行う必然が生まれる。水道水は人口的に加工されているので，生き物には適さない。池や川の水として自然が提供する井戸水か，わき水か，雨水か

---

*　ビオトープ　　Bio（生物）とTopo（場所）の合成語で「生物の生息空間」を意味する。自然自体が大きなビオトープだが，最近は生態系の保全・復元のためにつくられた生物の生息空間をいう。

で水の流れと貯水池をつくる。川辺から池に通じる植生と池の中のスイレン，ヨシ，フトイ，ガマといった植物が水辺の生態系をつくると，それぞれ自律した複雑系の世界が生まれる。子どもが池の世話や管理の労作を好むのは，春は水がぬるみ，夏はアオミドロが繁茂し，冬は表面が凍結する変化とともに，ヤゴからトンボへ，オタマジャクシからカエルへ，メダカの産卵と孵化，ミズスマシやトンボの飛来など，多様な情報が日々提供され，発見に事欠かないからである。まさに自分の本質に映して自然の本質を発見する情報の源なのである。自然界から水槽に取り出された生き物の情報より，図鑑等の情報より，はるかに多様な複雑系の本物が提供する世界がそこにあるといえよう。

(2) 遊び環境のアフォーダンス

　遊び場所や遊ぶ物は，幼児がアフォーダンスを見いだす自己活動を誘発する。幼児は，固定遊具のアフォーダンスに全身の機能を反応させる。ブランコでは支柱と鎖とそれを支える支点，鎖の長さと腰掛ける台に身体を安定させると振りの大きさ，漕ぐ力の変化で，身体の揺れの変化が楽しめる。座り面がない場合には，鎖やロープにつかまって自分の身体の重みを揺れに生かす。つまりある1点から下げたロープは，重さと加わった力で空間に弧を描く性質がある。その環境の性質に価値を見いだした子どもはブランコに乗って揺れる快感を遊びとする。滑り台では，最頂部まで行く階段に登る動きをアフォードされ，足をかけて体重を上に移動することができる。その最頂部から斜面に体重を滑らせて下に移動したり，下から斜面をかけ登ったりして，身体の動きを獲得するスリルを遊びにするということである。

　幼児の探索はそれだけではすまない。滑り台の斜面の特性には，人間だけでなく，どんぐりや泥団子や木片も斜面に載せると下に滑る性質がある。そこに重力が関係することを学ぶのはまだ先の話になるが，身体でその価値を探索して記憶するのである。幼児が滑り台に見いだしたアフォーダンスの価値は，ビルや飛行機の脱出シートにもベルトコンベヤーにも応用され，それ

らはすべての物の移動に斜面が果たす役割であり，本質である。

　遊びの環境にアフォーダンスを見いだすのは，固定遊具だけではない。ボールは蹴ったり投げたりすると遠くまで飛ぶ，つくとはねる，転がすと回転しながら直進するといった価値を探索して遊びに生かす。ボール自体が弾性をもち，加わった力が面や壁との関係でボールの動きに変化をもたらすので，その変化に対応して自分の動きも変化させる偶然性があり面白さがある。

　竹馬も自分の身体に高さ感覚をもたらし，自分の足が竹馬の足と一体となって歩く，走る動きを促進する。しかし時には竹馬として使わず，天秤棒にしたり，線引き棒にしたり，柿をたたき落としたり，竹柵として囲いに使ったりしてその特性を生かす。棒の長さと重さ，鉤型の足かけがもつ情報に価値を見いだし，多様な使い方を生みだすのである。

　子どもが遊ぶ場所，遊ぶ物はすべて，それらがアフォードする価値が探索される。そう考えると，一つの価値しか提供できない場所や遊具より，多様な価値を探索できる場所や遊具が学習を活発にさせることが分かる。

　園庭にプラスチック製の椅子と机がセットされているある園で，子どもがそこに登ると叱られる。それは机と椅子という社会的な意味をもった場所だからである。しかし，これが丸太や切り株なら，ベンチにも机にも高い場所にも電車にも船にも見立てられるだけの情報がある。子どもは環境を探索して学習する旺盛な志向性，学習力を叱られることもなくなる。保育は環境に子どもがかかわって学習する内容が多いほど，価値が高いということであり，自然環境の少ない地域では色とりどりの既製遊具より，自然の樹木や石や土や砂の方が優れた遊具だという認識が必要であろう。

　さらに，保育における教材は，教師が提示する材料でもあり，子どもが自己陶冶する対象でもある。画材，積み木やレゴなどの構成材，歌やリズム教材，遊びの素材やテーマ，自然物から自然事象，社会事象にいたるまで，生活のなかにあるもの，起こることはすべて，教師や子どもが意図的に取り上げれば教材になる。けんかを話し合いのテーマにする，台風がきたからと興

味をもってそれを調べる，木片や棒切れを叩いて音を出してリズムをつくる，木陰で昔語りをする題材も即興でつくるといったようにである。幼稚園等の教材は，それほどに可塑性，状況性のあるもので，本質から離れた人工的なものになればなるほど，幼児の学習にはそぐわないという特徴をもつといえよう。

(3) 子どもの自己組織化と教育の動力

　素材や材料を人工物に置くか，自然物に置くかによって教材としての意味が異なる。紙を提供するか紙を作るケナフの種を提供するかは，紙の消費を経験するか，紙の生産過程とその消費を経験するかという違いを生じる。同様に絵の具を提供するか，岩石や色をもつ植物を提供するかで，絵具の消費によって表現欲求を満たす経験をするか，岩絵具や色の生産過程と表現素材としての機能，表現を学ぶことに変わる。縄跳びの縄を与えるか，紐や藁などで縄を作ることを学ぶのかも同様である。

　教育は，教員という人材を使い，教材・教具を使い，時間を使う。それによって生産的，創造的な意志，志向性をもった人間を創造するわけだが，教材が消費材に偏すると，物や環境がアフォードする意味や価値を探求するより，いかに消費するかを学習させかねない。しかし，子どもは生得的に行動衝動，創造衝動，表現衝動をもつだけに，人工物も生産的な活動に向けようとする。紙があれば，破く，丸める，工作する，描くといった活動をする。積み木があれば積む，壊す，構成するといった活動を展開する。それは象徴機能が発達して，何かを何かに見立てて創造することに精神を向けるからである。

　幼稚園等におけるアフォーダンスとは結局，発達を想定して用意された環境に幼児が対象の価値を探索して，物の本質を五感を通して感得したり，自分と対象との関係を築いたり直感から概念へと発展させる，自己の存在を確認したりするといった，動物がもつ本能的な行動を支える環境の作用である。その環境がアフォードする内容を見いだし活用する子どもの能力が生き

る力そのものであり，さらに言えば自己活動・自己学習によって世界観を形成する自己組織化の源である。

　教育は，環境を意図的，計画的に構成し，系統立てる道と手段を提供するわけだが，文化伝達が発展すればするほど，本物が提供する価値から遠ざかる。かつて，教育即生活の中では，生産的活動によって本物と出会う生活を目指し自己組織化を図ってきた。それが，人間の知覚システムを耕し，心像風景を確かなものにし，経験を語る自分を教育の中に存在させてきた。和田の幼児教育法にみるように，本物が生活空間にない場合のみ，実物教育として生態系と切り離されてはいるが実物を提供して本物に変わる実物のクオリア（質感）が形成できる機会を用意した。

　しかし，幼児教育が自然環境に実在する，子どもにとって価値のある情報から離れて，物の消費を教育したり，実物ではなく模造品を提供したりするようになって，ますます幼児は本能と切り離された時間を生きているといえよう。模造品に囲まれた生活のなかにある教育に，人間教育の原理は適用されまい。環境にある情報の価値を探索する本能・衝動を自己教育の動力とするからこそ，複雑系の世界で自己組織化を図って環境と調和する基礎が培われるのである。幼稚園等の環境は，自然がアフォードする価値を子どもが探索する宝庫であり，環境に教育の内容，つまり子どもが経験を陶冶する内容を方向づける原理の姿形が現れるといっても過言でない。

第 2 章

原理を具現化する場所(トポス)

§1 場所(トポス)の論理

1. 生きる場所

　私たちが生きるには，わが身をそこに置き，存在根拠を確認し，関係する人々と交流する場所が必要である。家族の集う場所が家庭であれば，仕事の場所は会社であり農場であり漁場であるように，人は場所を拠点としてそこに自分を置くことで，環境にアフォーダンスを見いだし，他者との関係を結び，変化する状況の中で動かない自己の存在を確認している。

　ギリシャ神話，日本神話などの天地創造の物語は，場所の語りから始まる。神話は民族の歴史の始まりとして，多くの国，人々の間で語り継がれており，場所は民族のルーツであり，アイデンティティを形成する拠点といえよう。人が，場所が生まれた物語，国や家族が生まれた物語を語り継ぐのを忘れたとき，精神が浮遊するともいえる。場所は，時間の経過とともに変化し，人や物との関係を結んだり切り離したりしながら状況を生みだす拠点となり，そこに関係する人々に何らかの意味をもたらす。その営為による意味

が生きることそのものである。それほどに，場所は私たちの日常と深くかかわりながら，歴史上に自己の存在を位置づけ，安定させてくれるものといえよう。

2. 場所(トポス)が保有する意味

　人間の教育も場所があってのアフォーダンスであり相互作用である。就学前教育の原理を実践によって具現化する場所は，教師集団の思想，教育の原理が形や行為に表れるところである。場所(トポス)の論理をとらえることは，まさに人間が生命活動を行い，交わり，思索する拠点の拠点たるゆえんをとらえる面白い作業となるだろう。すでにある目的をもった場所空間が用意されていると，その"場所(トポス)"そのものの意味を問うことは少ない。そこで何を営むかという段階から思考が始まるのが常である。しかし，教育の目的や意味を包含した場所(トポス)は，単にある"場所"と違って教育という営為をとらえる上で欠かすことのできない原理の源を有している。

(1) 場所の区分と自己

　一般に場所区分の境は，土地の境界線であったり川や山などの地形であったり異なる文化圏であったりする。外部から区分された囲いに通じる入り口，聖域の境が，内外をつなぐ開かれた空間で，私たちにはたとえ開閉する門がなくても，ある一線・周辺から内側は自分が土足で入り込む空間ではないという社会的な区分意識が形成されている。乳幼児が場所が変わると泣き，1週間ほど異なる場所での生活が繰り返されると，門を境にした家庭の日常との生活区分が意識されるのは，新たな空間に所属する身体を認識するようになるからである。

　幼稚園等の玄関を入り，靴箱のところで親と別れる際に泣く子どもを見て，人々は別れが悲しいという意味を置くが，幼児はそこが親と区分される場所だという認識があり，自分の身体のありようを変えざるをえない境界だ

からである。場所の区分は自分自身をみる機会を提供する。門や保育室が親との最終的な区分場所とすれば，幼児はそこで泣いて異なる空間や外界への不安を訴える。場所を変えることは自分の身体の振る舞いを変えなければならないことを意識化することなのである。

　幼児は幼稚園等に入園する3歳ころには，すでに知覚システムによって空間感覚を形成している。新たに幼稚園等の場所空間を認識するには，その知覚システムを総動員して場所と身体との関係，場所の変化と持続の関係，場所と時間の関係をとらえていくことになる。とくに歩くという身体運動を伴った場所空間の探索が，ランド・マークやルートを発見したり，方向，面の広さ，距離をとらえる機会になるため，うろうろ歩き回るといった探索行動がみられる。乳児の空間認識がどのように発達するかについて，空間認知の発達研究会では，乳児は「空間や外界についてのなんらかのまとまった原初的認識をもって生まれてきていると思われる。それは言語や対人コミュニケーションの側面においてすでに指摘されている行動と同じ性質のもの」[1]として，空間や外界を認識する生得的な知覚システムをあげている。そして，現実的空間における方位の適応行動観察の結果では，目的地点までのランド・マークやルートの発見，方向，回転速度，距離等の認知にとって，身体運動，歩行経験，探索行動等が学習効果として有効性が高いとされている。身体の動きを通さなければ，空間は子どもの中に入ってこないからこそ，子どもは常に動き続けて，好奇の対象を広げ，旺盛な学習意欲を表していくのである。

　しかし，幼児の好奇の対象は一人ひとり違い，小さな穴であったりでこぼこであったりと，大人には発見できないようなランド・マークを見つける。それは大人との身長差が発見する対象を変えていることとも関係しているが，知覚システムの発達が著しいこの時期には，動くもの，変化のあるものへの好奇が勝るからである。いずれにしろ，幼児が自分の身体で場所を探索するとき，場所が自分に近づいてきてその子どもなりの意味をつくっている。やがて幼児が対象と親しくなった場所は，家からつらなる空間となり，

幼稚園等で自分の時間を生きる自己存在の拠点になるといえよう。

(2) 場所(トポス)の論理

日本語の"場所"は，幼稚園等の現場，職場など，全体の機能性や内容を包含した「場」と，集合場所，絵本がおいてある場所といった物理的な「場所」と，笑った場面，ぶつかった場面などの状況的な「場面」を含む場所と，広間，会話の間などの空間的な「間」といった使い分けがなされる。このように場所は，物理学的な場所だけではなく時間や空間，物や景色，人やそれらの総体をも含んだ様々な意味を有し，人々が生きることと密接に関係づけられている。

中村雄二郎（1925-）は，"記憶と心像について"考究する中で，アリストテレスが「想起はものと出来事と同じ順序で行われ，最も思い出しやすい物事は順序をもった物事である。だが，想起には想起を始める出発点つまりロキ（トポスの複数形）が必要」[2)]とするように，トポスが記憶と想起の関係にも深く関係していることをあげている。そしてギリシャ語を語源とする場所，トポス（topos）について〈自然的な場所〉は，生きられる空間，棲み家としての宇宙，土地の精霊といったユートピアにつながる語意をもち，〈ものをそのうちに含む容器〉については修辞学（修飾的な語句を巧みに用いて思想を表現する）の論理に属する語意をもつとして，アリストテレスのトポスの物理的・空間的な側面と言葉を含む象徴的・関係的側面を説明している。これを，中村自身のトポス論と対照させると，〈自然的な場所〉としては，① 根拠的なものとしての場所，② 身体的なものとしての場所を，〈ものをそのうちに含む容器〉としては，③ 象徴的なものとしての場所，④ 問題の具体的な考察と議論にかかわるものとしての場所として，二つの視点と四つの側面がある。このトポスをとらえる4側面は，それぞれ関連しあって作用しており，どれか一つで意味をなすものではない。もう少し具体的にとらえてみよう。

〈自然的な場所〉
① 根拠的なものとしての場所

存在の根拠としての場所である。存在一般については主語＝主体と存在＝有，つまり私であり，人間であり，神であるというように主語の存在根拠である。しかし，中村は存在根拠を述語＝場所＝無の中に置いた西田幾多郎（1870-1945）の「場所の論理」から，根拠的なものとしての場所が，主語あるいは述語の存在同士の間隙＝空白にありながらかえって存在を活気づけている場所でもあると位置づける。幼稚園等の場所が一人ひとりの子どもの存在根拠であるというとき，「私は遊んでいる」主語あるいは述語的場所だけでなく，別の子どもにとっても「私は遊んでいる」主語と述語的場所で，双方の場所の空間・間隙が子どもを活気づける根拠的なものとしての場所にもなっているということである。

② 身体的なものとしての場所

身体的に内面化された空間であると同時に意識的自我あるいは精神の基体＝場所としての身体のことであり，身体的に内面化された空間は活動する身体を通して分節化され縄張り化された空間であるとする。幼稚園等のトイレ，遊戯室，庭といった場所がイメージされるのも，自分の組の部屋，自分のかばんかけの場所と分類され，縄張り化されるのも，場所が活動によって身体に内面化しているからである。

〈ものをそのうちに含む容器〉
③ 象徴的なものとしての場所

濃密な意味と有意味的な方向性をもった場所のことで，世俗的な空間と区別された意味での空間，聖なる空間をいう。その空間自体があるまとまりをもち，土地，場所が醸し出す独特な雰囲気がある。ここでは神話的，精霊の棲む場所とされているが，幼稚園等の中でも死んだウサギや生き物を弔った場所，祈りの場所，先祖の石碑がある空間など，象徴的なものとしての場所を包み込んだ場所であり，ときには幼稚園自体が使う言葉，集団の服装，唱えの儀式，建物など，世間と区別された象徴的な場所になっていることもあ

る。
　④ 問題の具体的な考察と議論にかかわるものとしての場所
　中村は，これは古代レトリック（修辞学）でいうトポス論を広い見地からとらえ直そうとするところから出た場所（トポス）の側面であると言う。隠された場所が分かれば隠されたものが見つかるように，十分な議論をしようとすればその場所を知らなければならない。つまり場所を議論の隠された所と定義づけるものである。場所は，問題のテーマと議論にかかわる決め手となっているということである。幼稚園等でもこうした場所によって議論が決まることが多い。砂場で喧嘩していた，階段で転倒した，畑の大根が大きくなったなど，場所がみえない議論は無い。また，階段での転倒防止の議論は，転倒したら危険な場所としての意味をもった階段となり，場所には問題の具体的な考察と議論が深く関係しているのである。
　このように，幼稚園等の場所もこれらの意味を含んだ場所（トポス）である。幼児が自分の身体をそこにおき，存在根拠，行為の根拠をつくり出す場所であり，象徴化された空間や物を認識し，議論と考察にかかわる場所で，この４側面を有して機能している。人間の記憶と想起が場所によって導かれるように，幼稚園等の場所（トポス）は幼児にとって多様な経験を織りなし自己に統一する拠点であり，場所なくして経験を成熟させることはできない。
　一般に幼稚園等の日常は，営み事にかかわる人間の関係に重点が置かれ，子どもを受け入れ，生活を営むため意味を生み出す場所（トポス）への問いを発することを忘れがちだが，その場所が幼児教育の原理を生み出す具体的な場所（トポス）として，あるいは原理そのものの姿形としてあるという認識が必要であろう。

§2 教育原理を姿形(すがたかたち)に現す臨床の知

1. 姿形の四つの視点

　幼稚園等は，幼児期の子ども集団が生活する場として，外部とは異なる独特な環境の構造をもっている。それは，設立者の理念を象徴化したもので，その環境に幼児の興味・衝動が呼応し，発展して，教授と相まった教育的効果をもたらすと考えるからである。施設・設備等の環境だけでなく，制服や持ち物，日常の所作振る舞い，言葉にいたるまで，個別の学校精神を生みだして，世俗的な空間との区別をしている。こうした学校精神の表れとしての場所空間を研究することが，就学前教育の原理を考えるもう一つの視座である。

　昔から多くの人々が，場所に足を運んで思想や原理が生まれた歴史的，文化的背景やその意味を読みといたり，自ら場所をつくって自分の理念を具現化したりするのも，精神を見える形に現さないかぎり，当人にも教育の原理は見えないからである。つまり，就学前教育の原理を語り議論するには場所が必要で，場所と思想は切り離せない関係にある。思想が場所の姿形に象徴化され，そこで人々がコスモス（小宇宙）を構成して，自律的な作用を及ぼし合う複雑系の社会をつくっている。場所(トポス)の物理的な空間と保育内容の構造が，理念とどう関連するかをとらえてみると，見えない原理が浮かび上がってくる。

　筆者が見聞し保育実践研究にかかわった幼稚園等の場所(トポス)は，全国300園を超える。物理的な環境を見ただけで保育の目指す方向や理念が推察でき，教師や子どもの姿形に現れる言動を見て，教育的作用の現象や実践とのずれに悩む教師の葛藤に心寄せる自分がいる。そして，ずれがある場合，教師たちは理想と現実の差を埋めるための様々な試みを行って，その矛盾を解決して

いることを痛感する。場所の姿形と理念のずれの修正が教育実践そのものになっているといえよう。

　今日の幼稚園等の物理的な施設空間と場所が保有する事物，および保育内容の構造とを分類すると，大きく四つに分けられる。

　一つは，労作と遊びと課業の調和を図りながら，子どもの自己活動による自己陶冶，自己形成を目指す場所(トポス)であり，ここでは個々の表現が大切に議論される。フレーベルやシェリングの心身合一，ガンディーやタゴールの万物帰一の思想や，大正デモクラシーの時代に構築された及川平治や橋詰良一，小原国芳や小林宗作，沢柳誠太郎や羽仁もと子らの自由教育の思想などを背景に，設置者が自らの理念を自然や建造物，物の姿に現わしたものが多い。

　二つは，屋外より室内を充実させた近代的な建造物で，文化伝達を目的とした場所(トポス)である。最新のリテラシー教材が豊富に用意され，時間割が組まれて系統的な学習が展開される。刺激と反応の条件付けの行動主義心理学に大きく影響されて，短期間に教授の成果が図られる「強化」を原理とした場所で，伝統的な教授文化を保有している。

　三つは，モンテッソーリ教育法のほかに，シュタイナー教育法，恩物教育法，ドルトンプランなど，外国のメソードを導入している場所(トポス)である。本節では明治末に導入されたモンテッソーリのメソードを中心に取り上げているが，自発性の教育を系統的な感覚教具という環境によって促進させる場所(トポス)である。

　四つは，園空間の物理的な限界を広げて町を生きる場所(トポス)である。これには① 町を学びの場とすることが，幼稚園等のカリキュラムを社会と関連づけるというデューイや及川の思想にあるような理念に基づいた立場と，② 託児・保育所の屋外遊戯施設の不足を補う意味で町を学びの場とする思想の立場がある。つまり，貧困家庭の子どもの託児は，個人の家庭に，季節託児所に，保育所にと，緊急的な措置として発祥した歴史を有し，集団施設保育の場所に対する教育的な整備がなされていたわけではない。今日に至ってもなお，幼児教育の原理に基づいて託児する場所(トポス)が検討されているわけではない

が，町環境を幼稚園等の場所とつなげることによって，幼児の経験内容が外に開かれて組織されるように考えられたものである。

　もちろん，これらの四つの場所(トポス)の型は，地域の特性や幼稚園等の目的，施設の条件にあわせて組み合わされ，個別な独自の環境をつくりだしているわけだが，ここでは今日みられる四つの場所の特徴をとらえることで，第1部でみたようにフレーベルに始まった幼児教育原理が具現化された姿形に迫りたい。それは，環境というみえる姿形に現した中に，歴史が築いてきた就学前教育の原理を読みとることができると考えるからである。

2. 自己活動を重視する場所(トポス)

　勝田守一を師とする安部富士男（1930-）は，カリキュラムの骨格を園庭に位置づける。勝田の「教育というものを，子どもの中にあったなにものかを引き出すことだと考えるのはまちがいである。それはやはり，なにものかを新しくつくり出すことである」[3]とする教育観と「今日本の教育は，子どもの感覚のみずみずしさに目を見張るという経験をまじめに考えてみるところから出直すことを私たちに要求している」[4]という問題意識に共感し，果樹，畑，牧場，雑木林に囲まれた自然の地形を子どもの聖域とするのである。その聖域は，遊びから労働につらなる場所(トポス)である。

(1) 子どもの権利を読む

　教育における子どもの権利については，児童中心主義の立場をとる教師たちが標榜(ひょうぼう)したテーマである。篠原助市が『児童の権利』を著したのは1907年である。「詛(のろ)うべき教育よ，汝は児童の権利を蹂躙(じゅうりん)しつくして，吾人は教育の存在を必要とするか」[5]から始まり，児童の将来のみに着眼して児童現時の生活を将来の犠牲として学校を社会生活の予備演習とする無意味さを説き「児童の権利を認めよ。現時の生活を意義あるものにならしめよ」としている。梅根は，篠原の児童の権利は，エレン・ケイ（*Ellen Karolina Sofia Key,*

スウェーデン，1849-1926）の『児童の世紀』[6]に依るところが大きいとしているが，エレン・ケイが児童の権利として当てた子どもへの光が世界の新教育に与えた影響ははかり知れない。子どもの権利に基礎をおいた教育の思想は，古くて新しい視点なのである。

　安部は，子どもの基本的人権を「愛される権利」「家族をもつ権利」「遊ぶ権利」「学習する権利」「労働に恵まれる権利」として子どもの権利を尊重する。多感な少年期に戦争を体験し，戦後，米軍キャンプで働く女性が乳飲み子を寒風吹きすさぶ屋台の脇に寝かせて休憩時間に飛んできて乳を含ませる姿に，せめて雨露しのぎ，照りつける太陽をしのぐ保育の場を提供してやりたいという願いからの出発である。"よりよい環境を生きる権利を子どもたちはもっている"と考えるその権利は，単に社会的な権利を意味するだけでなく，勝田と同様，生活のなかに"生命と一緒に感得した全人的な感覚"，つまり意識の中に自己統一する人間としての権利という，もっと根元的な意味を包含したものではないかと思われる。

　さらに，労働について安部は，「自分の生活要求を実現するために素材の中にひそんでいる可能性としての使用価値を読みとり，その価値を実現するための道具を使って素材に働きかけていく活動」[7]で「労働の中で人間は感情・意欲の系の発達と，認識・操作の系の発達とを統一的にわがものにしてきた」[8]と人類の歴史的事実に目を向ける。そして「子どもたちが人間らしいものの見方，感じ方，考え方，行動の仕方，表現の仕方を身につけていく鍵は，豊かな遊びのある生活の中で労働（仕事）を蘇生させ，ひとりひとりの自立・自律とともに生活のなかに人間らしい連帯を築くこと」[9]にあるというように，遊びからつらなる労働のある生活の場が，子どもの自己活動が生まれる場所であり，教師が子どもに学ぶ内容が生まれる場所(トポス)となるという論理である。また地域が幼児教育の源泉であり，家庭を拠点とした地域を幼稚園の場所に組み込むことによって，"家庭を変える子どもを育てる"ことを可能とする場所が生まれると考える。

　彼こそ，学生時代から引き上げ者住宅の子どもたちと遊び，アルバイトか

ら始めて幼稚園を設立した強者(つわもの)である。若くして臨床知と学問知を融合した者だからこそ，高い理念の実現を目指してその具現化のための場所にこだわり，10年の歳月をかけて原理を象徴する姿形を築きあげたといえよう。

教育における労働の意味については，すでにルソー，フレーベル，ケルシェンシュタイナー，フェリエール，フレネと世界の新教育運動の系譜で述べたとおりである。安部のいう遊びからつらなる労働も，将来のための予備演習，準備教育としての労働ではなく，篠原のいうような"教育即生活論"あるいはデューイに源をもつ世界の作業教育，活動学校の理論に基づいたものといえよう。

これは，デューイがすでに指摘したことである。デューイは，旧教育が有閑階級の教養の方が奴隷階級に与えられた労働より高級であるとしたものは階級制度の遺物であるとし，「生活を続けようと努力するのは生命の本質」で「教育は生活そのもの」[10]というところに帰着する。篠原が「『生活による教育』のほかにまた『生活のため』の教育はない」[11]とした教育即生活は，「道徳的精神，美的精神，科学的精神を養い同時に価値実現の方法を体得せしむるをもって教育の中心任務」[12]にあげるものである。戦後のままごと化し，保護による拘束を受ける幼稚園界に子どもの権利と自発的労働を位置づける場所(トポス)をつくるには，相当な勇気と信念がなければできなかったであろう。子どもの権利とは，よりよい環境を生きることが保障される権利であり，一人の人間としてその存在を認められ尊重される権利だからである。そこに，安部の学問知の深さと臨床知を統一する人間への洞察があったと思われる。

(2) 場所が提供するもの

子どもの権利を保障し，教育即生活を実現するために，安部は植物の生態系を作り，雑木林，果樹園，畑，花壇，雑草園の区分をする。また，子どもの上下左右の目線の変化が生まれる土地の起伏を活用し，登る降りるなどの正反対の身体の動き，光と影，静寂と喧噪，南風と北風といった相反する状

況がもたらされる場所を構成する。入り口を入って地区センターがある。ここが，幼稚園と地域をつなぐ拠点で園と外部の仲介者である園長の拠点が隣接する。子どもが雨露をしのぎ，豊かな表現者として生活する場所が第一，第二園舎である。目の前のグランドの先には，園芸や飼育の場所，左に栽培の畑がある。さらにその後ろには，雑草園や果樹園，雑木林，丘の上のグランドと遊園がある。

自然の生態系は，それぞれ自律して環境との調和を図る複雑系の世界で，四季の巡りによって森羅万象の法則を表す。日溜まりの傾斜地から反対側に回れば日陰に霜柱が立つ。季節によって風向きが変わり，木々を揺らす梢の音も，野鳥や昆虫も，芽吹く草も変化する。幼児が探索し，その質感を体にすり込む情報が野山に豊かにある場所(トポス)である。

園芸としての果樹園や畑は幼児の労働につらなる場所として機能する。大人の働く姿を見ながら遊び，手伝いながら遊び，やがて自発的に労働する。実りは，大きな喜びを提供し，幼児が自らの経験を統合する組織的，系統的な場所(トポス)，自分と栽培，園芸との関係を物語る場所(トポス)となるといえよう。保育室内と屋外の大自然を生きるのとでは，幼児の経験する物語が違うのは当然である。一人の人間が幼い頃，どんな物語を生きるかを場所が方向づけているといえよう。

果樹について安部は，一学期は食べたい子が食べたいときに自由に採って食べるものを中心とした環境を用意する。アンズ，ビワ，サクランボ，クワの実，ヤマモモからお茶などが食せる。二学期はブドウ，カキ，クリ，キウイなどの味が渋さも伴って経験され，三学期はミカン，タケノコ，ヨモギ，ウメなどが，生活の中に取り込まれる。飼育，園芸，栽培の3C（care, concern, connection）を要(かなめ)に教育を構造化した大自然の中では，当然，昆虫や野鳥が棲息し，その生態系にふれることも多い。この自然の変化，生物の生態，自然と自分との関係への気づき，体験が表現される過程に発見の心地よさ，探求すること，考えあうことの面白さ，驚き体験の楽しさ，自己課題，仲間と自分の育ち，自然の価値といった学びがあり，自己発見，自己教

育があると考えるのである。遊びからつらなる労作の過程には，ルソーやペスタロッチ，フレーベルが感覚を陶冶することを重視した，その五感覚を研ぎすます対象が豊富に用意され，自己活動が活発に働いていることがうかがえる。

(3) 自然環境に陶冶内容を埋め込む

野中真理子のドキュメンタリー映画「子どもの時間」[13]にみる，いなほ保育園も保育の場所を壮大な自然林に置く。凍った川に遊び，一本橋を渡り，木の実など林の恵みを食する。人間も動物も全我をぶつけて共に生きる条件が環境によってもたらされるのである。自然には，人間では教育できない厳しさと恵みをもたらす温かさがあり，自己陶冶する情報がある。幼児自身が自然界の法則を感得し，その一員としての自己存在を体にしみ込ませていく教育の作用を環境の中につくりだす。それが，天地を真の保育室とする人々の教育の原点といえよう。

このほかにも，都心近くで自然の大地に理念の具現化を置く場所(トポス)がある。横浜の金井幼稚園や逗子かぐのみ幼稚園なども林や丘，畑や飼育舎，自然の樹木などを生かした大自然の中に生活の場所(トポス)をつくっている。木都老誠一(1929–2006)[14]は，子どもの興味や関心を手がかりとした保育を躍動保育と名づけて，大地の自然，栽培，動物と共に育つ遊びと労働の場所を構成している。そして子どもの権利条約第29条の教育の目的に「自然環境の尊重を育成すること」が掲げられていることと関連させ，大自然の場所(トポス)が子どもを成長発達させるとする。いずれも，デューイの作業教育とケルシェンシュタイナーやフェリエールの作業学校，活動学校における労働の位置づけと共通するものがある。

かつて和田は，設備は理想と経済との交渉の程度としながらも，砂場，菜園，花壇，水場や池などの必要性をあげている。また及川は，保育方針として，① 外遊園を多く利用し，遊戯せしむること，② 旅行を重んずべきこと，③ 園芸（飼育，園芸，栽培），④ 体格検査を掲げ，「天地の間は真の保

育室なり」として自然の中に，幼児・児童の生活をおいている。これらは，自然の中で自己陶冶・自己教育する生活を象徴した典型的なものであり，ルソー，ペスタロッチ，フレーベルに始まり今日に至るまで，自然主義・ロマン主義の教育者が目指す教育環境である。

　フレーベルは「わたしは次のような人間をつくりたい。自らの足は神の地なる自然の中に根を下ろし，その頭は天にとどき直感もて天を読み，その心は地と天との両方を，つまり地なる自然の形象豊かな生命と，天の明澄な平和とを，神の地と神の天とを一つにする，そういう人間である」[15]と。すべてが統一から始まり，統一に帰するとする彼の理念を具現化する場所(トポス)は，生活を共にする大自然の中の場所であり，その環境と生活の方針は一体としてあるもので，場所のもつ環境的要因が，自然の法則に学び，自己を教育する原理を導きだすものといえよう。高等な発展を遂げ，自らの需要を満足させ，価値あるものを支配するに至る力の根元は，子ども自体に存在すると確信して，及川が自己活動の場を天地の間においた所以(ゆえん)もここにある。全国的には，こうしたルソーに始まる自然観をもって，大自然の場所の中に生活を組織し，幼児の自己活動を発展させることで，教育理念の実現を図る場所(トポス)がまだ残っている。

(4) 自然を生かす生活の場所(トポス)

　『日本幼稚園史』[16]には，東京女子師範学校附属幼稚園創設当初，一人につき3尺四方の畠があり，銘々が花や野菜の栽培活動を行っていた記録がみられる。明治，大正時代に幼稚園が女子師範学校に付設された歴史から分かるように，国立大学の附属幼稚園は，基本的にはこうした場所を有する。大学の広大なキャンパスの一角に位置し，林や丘や畑や川などを構成して豊かな自然環境の中に生活や遊びの拠点をおいている。

　武蔵野の雑木林の面影を残した東京学芸大学附属幼稚園の豊かな自然環境は，アヒルや鶏の飼育，稲作や野菜づくりも含めた労作と遊びの自己活動を重視する場所(トポス)として，子どもの生活に中心をおいている。自然の起伏が運動

を促進し，四季の変化，自然物が教材として幼児の生活の近くに置かれることで遊びが生みだされていく。また，田圃（たんぼ）づくりから稲の苗植え，手入れ，稲刈り，収穫後の乾燥，脱穀，そしてもちつきまでのプロジェクト学習にも，子どもの自己教育が有機的に機能している姿をみることができる。

今日，多くの国立大学附属幼稚園では栽培活動を行ってはいるが，教育課程の構造に遊びからつらなる労作として位置づけることは少なく，大地を保育室とする場所へのこだわりや，自己活動によって得た内的経験を表現する生活芸術へのこだわりはそれほどみられない。遊びを中心にゆったりとした時間が流れているといえよう。一つは恵まれた自然環境が，教授を受動的にしてもなお幼児の陶冶する内容を拡大し経験を統合するだけの内容をもっているからである。また，歴史的にみても家庭教育が確立した上流階級の子弟を受け入れてきた経緯から，労作を組み入れる必要などなかったということも関係する。さらに，大正時代の児童中心主義が掲げた教育即生活という概念，倉橋の言葉を借りれば「生活へ生活を」という概念が薄らいで，篠原が批判した教育学の隘路（あいろ）に陥ったことも考えられる。つまり，自由教育論者の自我の自由な内部的発達は，そこに理性的自我をおかず，自然的自我のみに偏したために，"社会的教育学の概念が失われた「自由」"に陥ってしまったのではなかろうか。そうした意味では，たとえ自然が豊かにある場所を構成しても，そこに幼児教育の原理が姿形として現れないかぎり，理性的自我が陶冶される機会は提供されない。それが6歳ころから意識化される，遊びから労働へつながる発達に必要な経験の不足となって，篠原には悪しき自由主義教育と映ったともいえよう。

3. 文化の伝達を目的とした場所（トポス）

冷暖房が完備し，プールなども設置された場所，ギャラリーを付帯し広いアトリエが用意された場所，近代建築にモダンな遊具を配した未来宇宙を想像するような場所（トポス）がある。また，木造平屋で屋外に大木があり木陰をつくっ

てくれるが，子どもは一日の大半を室内で過ごす場所(トポス)がある。四方囲いの樹木や垣根，瀟洒(しょうしゃ)な植え込みや芝地はあっても，園庭には幼児がかかわる草木はなく，虫や鳥も訪れない。子どもの興味の対象となる自然がない近代的な建造物が象徴する聖域である。

(1) 伝統型の理念実現の場

　これらは，大自然の中の保育とは全く逆な，屋内の保育室を基本とする教授中心の「教育」の場所である。87園の設計を手がけたある設計会社は「よい環境，よい建築，よい園舎に健康で明るく元気な子が育まれる。幼児の城とは，子どもの心と体を温かく包む園舎である」として，モダンな建物を構想する。当然，園側の希望を請け負った設計であり，これが園の理念の具現化と解釈できよう。
　そのなかの一つ，湘南やまゆり学園は，県下に8園，2400余名の園児をかかえる。発祥園は2003年に建て替えられ，26台が収容できる地下駐車場の1階部分は，安全なゴムを敷いたグランドで，建物は近代建築の粋をこらした立派なものである。
　園長の小山は，「男の一生の仕事として，父親がやってきた保育ではない，幼児の教育を目指す」と語り「保育の上に幼児教育を積み上げる」とする。保育とは命を守ることであるが，教育とはヒトを人間に変える作業であり心を育てることであるとする。そしてヒトから人間に変える所として，文化を累積する科学的な場所を構成する。「我慢」「意欲」「寛容」「誠実」「健康」を目標として，未知なものに興味をもつ子どもの特性を生かし，五感を通して外側からすり込む知識は，繰り返しの方法論によって定着すると考える。文字や数のカード，詩や四文字熟語の音読，ピアニカの奏法と楽譜の読みなどは，学習指導要領に定められた小学一年生のリテラシーをはるかに越えているが，早期からの知的能力開発によってヒトが社会的な人間になることに重点がおかれていると思われる。また英語，音楽，体育，剣道といった文武両道の専門講師によって，「保育ではない」と強調される教授が展開される。

保育の上に幼児教育を積み上げるという考えは，フレーベルの発達区分のとらえ方でみたとおりである。そして幼児教育が道徳性を涵養し，未知なものに興味を示す子どもの特性を生かし，五感を通して行うという思考も新教育を実践した先達と変わらない。しかし，具体的な教育方法の原理になると，知識の注入という教授の積極性が勝り，座学を中心とした幼児の受動性が増している。この姿形に小山が描く伝統型の教育概念がみられる。

　新教育を目指す人々が批判したカントの『教育学』は「人間は教育されなくてはならない唯一の被造物である。教育とはつまり，養護（保育・扶養），訓練（訓育），教授ならびに陶冶を意味する」[17]から始まる。彼は，教育学において自然的教育と実践的教育に分け，自然的教育では自然現象の一つとしての人間を"保育"することを重んじ，そして，実践的教育（訓練・教授と陶冶）では，本能的な自然の法則を超越した無上命令によって行動するよう教育することを主張している。教育技術の一つの原理として「子どもは単に人類の現在の状態だけにふさわしく教育されるべきではなく，むしろ人類の将来可能なよりよき状態にふさわしく，換言すれば人間性の理念とその全使命とにふさわしく教育されるべきである。—中略—この原理は，きわめて重要である。両親は一般に子どもを現在の世界に（この社会が堕落していようとも）ふさわしいようにしか教育しない。だが，両親は児童をもっとよく教育し，それによって将来もっとよい状態がもたらされるように，子どもをよりよく教育すべきである。」[18]とする。

　この考え方は，教育によって国家を方向づけるときには大きな意味をもつ。明治政府が国を近代化させるために国民皆学の施策をとった結果，文字を学んだ子どもたちが家庭に文字文化を持ち込み，親や地域を変えていく力になったり，学校で学んだ衛生概念が家庭に持ち込まれることで新たな生活文化が築かれたりといった，"将来もっとよい状態"を教育が率先するからである。社会が堕落しているときこそ，学校が人間性の理念と全本領にふさわしい教育機能を果たすのは，戦乱に見舞われた国々の復興を教育に委ねることからも理解される。奢った帝政ロシアの堕落を批判してトルストイが農

民の学校をつくったのもそこにあった。

(2) カントの教育学

　カントは，理性は人間に特有のものだが子どもはまだ幼稚なのでこれを保護することを「養護」といい，動物的な情欲を取り去って理性におもむかせることを「訓練」といい，理性を発達させるための教化には教示と教授があり，知識を授けることを「教授」と規定する。また教育には扶育と陶冶があり，「陶冶は消極的には過失を防ぐ訓練であるが，積極的には教授と教導であって教化に属する」[19]とする。

　小山が保育の上に，教化すること，教授することによる教育を積み上げるとは，まさにカントの「養護」「訓練」「教授」の論理に通じる原理である。カントは，人間が自分で自分を指導するよう自然そのものが規定した時期として16歳までを教育期間に置く。教化期間の服従についても，「私は私の生徒に自由に対する強制に堪える習慣をつけてやるべき」[20]であり，また自由を立派に用いる経験も必要とする。そのためには，「ごく幼い時からあらゆる点において自由にさせて置く」[21]ということで幼児期の自由を謳い，幼い時からの教授を強調しているのではない。しかし，たとえ幼くても自分の自由を実現したいのであれば，他人にもその目的を達せるようにすることとして，快を求める人間の本質は他者の快を求める本質も実現して初めて善となるというカント思想がうかがえる。彼は「教育学」において母乳の大切さ，スウォッドリングの弊害，刺激物の抑制，薄着や固いベットの習慣など，乳幼児期の教育についても具体的かつ詳細に述べている。そして，「我々は子どもに強制を加えるが，強制は彼を導いて自分自身の自由を使用できるようにするものであること」[22]とする。強制に堪え，服従する伝統型の教育が目指すものも，自由が使用できる人間の育成である。そのために理性を磨く教授があると考えるのである。

　幼児期の人間教育には，遊びと労働につながる活動と祈りを基本としたフレーベルも，学校期の教育では教授の強化を謳っており，新教育を目指した

人々のカント「教育学」に対する批判は，道徳性の涵養に向けて，将来に備えた訓練によって獲得する自由か，子どもの現在を大事にした自己教育の自由か，の論点の違いである。

そのカントですら驚くかもしれないが，小山の将来の状態に合うようにとする教授の積極性は，さらに場所(トポス)に伝達・陶冶する教育内容を準備する。個性を磨き育てるために，スポーツクラブ，サッカー教室，プレイルーム，英会話教室，英語ミュージカル教室，書道，墨絵，石井式国語教育，新書き方教室，ピアノ，音楽教室，バレエ，造形・絵画等の多様な課外の活動の場が用意される。トルストイやタゴール，ガンジィーが子どもを奴隷にすると批判した，教師が幼児をヒトから人間に変える鍛錬プログラムのすべてが用意された場所(トポス)といえよう。そして屋外の自然と触れる場所は，夏の自然体験と冬のスキー教室が行われている長野県に用意されている。

小山を突き動かすもの，それは「男の一生の仕事」へのこだわりであり「人間の教育」に対する概念の違いである。安部らの遊びから労働につらなる自己教育，自己発見，自己陶冶による児童中心の立場ではなく，「教育を施す」知識の伝達によって三つ児の魂の核をつくろうとするものである。その熱心な外側からの作用のためには，人間が制作した文化の集積・伝達・復誦の場所(トポス)が必要ということであろう。

新旧の教育論争はここにある。カントが「教育学ないし教育論は，自然的か実践的かのどちらかである。自然的教育とは人間にも動物にも共通な教育，換言すれば保育である。実践的ないし道徳的教育とは，自由に行為する存在者のような生き方ができるよう人間を陶冶するところの教育である」[23]と論説する通り，実践的教育を選択する人々は，練達性に関する学課的機械的陶冶から教育を構成し，その方法原理は教授的になるのである。

カントに続くヘルバルト（*Johann Friedrich Herbart*, 独, 1776-1841）は，教育の目的を意志発動の形である五道念（内面的自由，完全，好意，正義，報償）[24]によって支配されるようになると道徳性が高まると考え，その手段として，① 準備的な意味をもつ管理，② 知識の教授，③ 直接的人格陶冶の

訓練を行うこととしている。ヘルバルトが強調した知識の教授は，表象の問題である。彼は知覚から生じる人の心の働きは，知覚が心に残って表象となり，単純な表象は結合して直観となり，直観は抽象されて概念となると考えるからこそ，心に残る表象を教授する必要性を説く。しかし，ヘルバルトは教授は子どもの興味に基づき，興味を調和的に発達させることとして子どもの存在を大切にする側面も有している。彼が唱えた，明瞭（一つのものと他のものとの区別を明らかにする）―連合（明瞭になったものを他のものと関連させる）―系統（連想のような心の動きが組織される）―方法（すでにある精神の全体の中で自由に活動できるようにすること）は，教授によって認識の世界を確かなものにする方法の極意としてあり，幼児に知識を伝達する場合に応用されるものである。この4段階の教授法は，やがてラインにより予備→提示→連結→総括→応用の5段階教授法として日本の小学校教育に導入されて今日に至っている。

時代は，やがてスペンサー，デューイ，エレン・ケイと新教育の潮流につらなり，日本にも両者の考え方が導入されるわけだが，「自然的教育」か「実践的教育」か，どちらかに偏向する二項対立の図式は，態様は異なるが今日に至っても変わらない。篠原が，教育は自然性を理性的たらしめる作用であり"自然の理性化"として，分断された教育学の統一を考えた所以も，野口援太郎が自己活動を重視しながら"本当の教育は宇宙人生をさとってそこにさとりを開く"としたのも，新旧教育それぞれに足りない精神性への問いである。

自然主義の教育学でなく，カントやヘルバルト学派の教育学の原理に，幼児教育の原理を置く幼稚園等の場所も多い。小学校の学課的機械的陶冶を幼児期まで下げることによって，教授の強化や将来への成果を図ろうとするものである。大野文化幼稚園も，コートハウス型の園舎で，中庭は雨露をしのぐアトリウムとして，風の道にもなっている。「生きていく力を育む基礎教育」として，幼児の発達に応じた環境を与えて，十分活動ができるように場所を構成する。通常保育のほかに，専門講師による特長教育があり，絵描

き，作法，英語，新体操，組体操，鼓笛演奏がある。また，課外教室として，珠算，学習教室，健康体操，ピアノ，体操，サッカー，英語，新体操があり，それらが可能な場所としての機能を象徴している。さらに栽培活動が展開できる農園を保有している。

(3) 個性教育・英才教育への挑戦

1960年代から日本に入った英才教育[25]の思想は，戦前の個性教育に反する戦後民主教育の，画一かつ単調な悪平等主義への批判であり，産業界が求める英才の発見とその質の向上というアメリカの潮流の一つである。特異児，優秀児，知的早熟児といった英才のとらえ方や，凡才に比して天才，能才，異才といったとらえ方など様々であるが，英才の可塑性に対する教育の水路化（与えられたコース化）が低年齢化したものといえよう。カントの教授の概念は，ここにきて様々な教材を提供する教育産業と結びついて，その本質的な理念は変質し，教育の第三の場所を発生させている。つまり子どもの発達や子どもの自己形成の視点を抜きにして，親たちの受験競争を煽るテーマと結びついたのである。橋本研究室[26]から出された早期教育文献リストには，早教育，英才教育，知的早教育，障害児の早期発見・早教育，あるいは外国語教育から音楽や美術の習い事までを含めた早教育情報が満載されている。その光と影が大きければ大きいほど，幼稚園等が教育課程の下にすべての園児を対象として実施する弊害も危惧される。自覚的年齢段階であれば水路の選択は児童にも委ねられる。しかし，幼児が天才・英才になるには，保護者がその場所を選ぶことになる。障害児の才能開発研究に取り組んだドーマン[27]は，人間は大脳皮質という素晴らしい遺伝的なものをもってこの世に出現し，遺伝子が開花するのは環境しだいだとする。そして「子どもの将来を決めるのは親たち」で「遺伝子の開花は環境しだい」ということになれば，英才プログラムが用意された幼稚園等の場所に親が走るのも当然の成り行きである。自己発展の力が弱く外部からの刺激を必要とする子どものプログラムが，才能教育と結びつけられたのである。

足利本城保育園も，熱心な経営者と保護者による知的早教育の場所である。登園後，9時から9時半までの体育ローテーション，集会，10時から12時までの知的早教育カリキュラム，昼食・午睡・おやつ後の漢詩，読本や絵画等，夕方4時まで分刻みで行われる。0歳児から繰り返し知識をすり込む豊富な教材が，知的早教育の場所を特徴づけている。当然，保育士たちの問題意識はいかにリテラシーを教えるか，豊富な知識をすり込むかであり，議論の対象もそこに向かう。こうした知的早教育の成果は，注入した学習の量なのか幼児の内的形成の質なのかも，いまだ十分に研究されていない。

（4）方法の原理研究の必要性
　大正時代の初めに起こった幼稚園不要論に対して，和田や水野が幼稚園経験の有無が将来にどのように影響するかを研究している。水野常吉は，不要論は感想論にすぎないとして「幼稚園にて学習せし児童生徒の一般的傾向」を統計調査したのである。その結果，意的方面（身体と意志面）と情的方面は保育を受けた者は保育を受けない者より劣り，知的方面は「下」に属する者少なく，記憶，想像に勝るという結果である。彼は，1910年当時の幼稚園教育の発達状況の遅れを指摘し，幼稚園保母の低劣な実態と幼稚園不要論を唱える世評を嘆き，この結果を生んだのは「一学級をだに担任する力なき準教員に定めおる文部省当局者の罪か，あるいは保母養成所の罪なるか，―中略―幼稚園研究は皆無なりしの罪なるべし」[28]としている。調査対象が小学校の教員であること，就園によって知が意，情より優れていることは，本来の幼児教育の目指す意・情の育成とは異なる。当時の幼稚園教育が知に重きをおいていた表れであり，水野が幼稚園研究皆無という嘆きそのものではなかろうか。

　早教育が文献として残っているものに1917年の服部北溟の「我子の早教育」，1924年の新宮恒次郎の「家庭並に学校における早教育の理論と実際」がある。早教育の概念については，貝原益軒の時代から「先入したものが一生を支配する」「人を人にするには教育が必要」などとして，早期からの教

育を奨励している。それは徳育と体育，つまり心情と健康の陶冶であるが，戦後の早教育は知識の早教育でありリテラシーの早教育である。

　リテラシーに関して1977年，国立国語教育研究所が行った調査研究がある。そこで得た結論は「就学前期の幼児の文字の学習・習得は，語音やモノとの関係，話し言葉と書き言葉の関係を知ることによって動議づけられ，それらの学習のほか，話し言葉の活動から書き言葉の活動への移行に必要な諸準備的機能の形成，話し言葉のいっそうの発展（構音の自覚化，言葉の自覚化など）を潜在的な目標として行われる」[29]として，語音の分解抽出行為の形成や視覚的な文字識別能力などの内的過程の重要性に触れている。しかし，世間の読み書き計算能力習得のための願いは高く，訓練による教授法に原理を置く方向は変わらず，今日に至ってもなお，それが研究によって実証されているわけではない。

　移民等により他民族を多く抱える国では，識字率がまだ6割から8割程度で，幼児期から話す，聞く，読む，書くというコミュニケーション手段を獲得することが相互関係を築く上で重要な要素となっているが，それでも読み書きに入る前の語音やモノとの関係，話し言葉と書き言葉の関係を知る段階を大切に考え，環境にリテラシー情報を埋め込んではいても，直接的にすり込む教育の方法はとっていない。民族的にも同質性が高く，識字率100％（2000年度）の日本が，国情の違う一部の文化を先取りする意味を吟味し，研究することも大きな課題であろう。

(5) 知識注入教育批判と外国人の目

　幼稚園が感想論の世界であり，幼稚園研究が熟成しないことは，明治時代からそれほど変わっていないのかもしれない。1953年当時，倉橋が幼稚園教育の方向が間違っていることを嘆いたように，トケイヤー（*Marvun Tokeyer*, 米, 1936-）も教育大国日本の教育投資額が世界一の異常な事態を危惧し「日本には教育がない」として警鐘を鳴らしてきた。本来，教育は自己教育があっての学校教育である。習うことばかり強調する教育は自己教育を

失う。生活文化を基底に据え，家庭が豊かな教育の場として機能しない受験競争の国，注入教育の国の「日本人は国土を失うかわりに人生の価値を失ってしまった。ユダヤ人はかつて国土を失ってしまったが民族の価値は失われなかった。」[30]とトケイヤーが言うように，教育が異常な現象を巻き起こして久しいといえよう。

　これは，家族機能が多様化し，習慣の自立や意志の形成，身体運動の獲得などが後退している家庭や地域社会の教育力不足を補う方法論として知識伝達を引き受ける幼稚園等の現象で，生活文化退廃へまっしぐらに進む病理的症状である。中途半端な"遊び中心の保育"，再び安部の言葉を借りれば，"向き合う自然環境もなく労働もなく遊びが化石化した"保育に満足できない人々を，近代的な建物と豊富な教材が惹きつけ，通常，学齢期以後にみられる病的な教育現象を幼児教育界にも発生させている。

　それが，家庭でも幼稚園等でも，自らの内に自然界のリズムやその法則性への気づき，自己陶冶する労働，地域社会と連関した系統的学習内容の所在を作りだせない場所(トポス)のジレンマである。子どもの将来を親が決めるとして，リテラシーや知識伝達の教育が繁栄する時代を迎えたといえよう。外国人の目には，日本の子どもが受験勉強に追われるオタクであり，もはや日本では普通の子ども時代を過ごせる子どもはほとんどいないと映る姿形が，当の日本人には見えていないところに教育の問題がある。これはまさに教育が哲学を失った時代の現象でもある。エルキンド（*Davia Elkind*）[31]は，アメリカでは幼稚園が小学校に組み入れられているが，就学前教育に読み書き計算のカリキュラムは含まれていないことを強調し，自信，好奇心，計画性，自制心，仲間意識，意思疎通能力，協調性など子どもが就学レディネスをもっているかどうかを重視していると述べている。さらにリード（*Katherine H.Read*, 米）は，アメリカの幼稚園の大半は子ども中心であり活動中心であるが，知識注入教育は指導の量と質にあるとともに「出版された学習計画や機械による学習手段」の問題であるとする。それらは幼児教育の「事情にうといために不安になっている親たちからの圧力により使用されていることが

多い。その結果，出版資料はあふれ，出版社の儲けを助長している」[32]として，こうした学習材料を利用することは，子どもの学習過程を損なうことさえあるかもしれないと警告する。

確かにカントのいう教育学の二視点と教授による教育，そしてフレーベル以降の近代教育思想「人間の教育」の原理を，すべての人々が理解しているわけではない。まして今日，労作や自然に向き合う経験すらない教師，保護者も増え，社会全体に自然などを認識しない日常である。そうした意味では経済的な豊かさの結果として，子どもの存在抜きに教授の発展を求める傾向が強められるのも一つの社会現象である。つまり出版社の儲けを助長し，子どもの自己教育を損なう危険を犯してもなお，サービスを求め教授の強化を求める消費者がいるということである。

(6) サービスとしての就学前教育の危機

教授の強化だけでなく，文化伝達を目的した幼稚園等は教育の積極性を他分野にまで広げるサービス精神が旺盛である。トケイヤーは，日教組が教師を労働者と定義するが，民主国家はもちろん，旧ソ連や中国などの共産主義国ですら教師を労働者とみていないとする。教師は労働者に協力するインテリゲンチア（知識人）であり，多くの国が，教育は子どもの自己教育を支える聖なる仕事なのである。日本の幼稚園等は，幼児自らが自己を錬磨する場所(トポス)でもなく，教師はインテリゲンチアでもなく，サービス就労に追われる待遇の悪い労働者である。本来の子どもの自我を発展させ，自律的に判断し，自ら希望をつくりだす力を培うための教育，自立に向けた教育が，サービス競争によって他者に依存し，自ら心身の陶冶を怠る子どもを量産していくことになる。

そこに，政治の貧しさがある。人々は，人間の教育に反することは承知でサービスによる園児獲得競争を勝ち抜かなければ，生き残れない市場の原理や，教育競争を加熱させる情報にさらされている。カナダのように幼児期に十分な人間教育の環境を提供することで青少年の犯罪を減らすという国家戦

略や，EU 諸国のように幼児教育を無償にして人間教育の根を耕す，あるいはロシアのように乳児期からの一貫した保育・教育カリキュラムをもつ国々では起こり得ない，盲目的なサービス競争である。少子化に見舞われた日本でもようやく就学前教育の無償化が検討されるようになってきたが，それがサービスとしての教育の危機を改善するものにつながるかどうかは不透明である。

今日の文化伝達の教育内容に付随するサービスの特徴は，玄関から門への送迎バスと，給食提供と長時間保育である。両親が就労して昼間から夜半にかけて，町には老人以外いないという危険に覆われた現状では必要な措置であるととらえることもできるが，それがさらに町を無人化して危険にし，人間が育ち合うコミュニティを崩壊させていくという悪循環を生む。

「よこはま子育て情報局」（2005年）によると，291園中，バス送迎217園（74.6％），給食201園（69.1％），預かり219園（75.3％）である。バス，給食，預かり，いずれも実施せず，従来の家庭教育を重視している園はわずか31園（10.6％）である。この3セットが伝統型の幼児教育に付随したサービスとして花を添えている。これは他市の状況とそれほど変わらない全国的な傾向である。

幼児の空間認識のためには，身体運動，歩行経験，探索行動等が学習効果として有効性が高いとされているのは周知のことである。しかし，バス送迎の空間は，動かず，無言を求められる静的な空間である。自らの足で自宅から園までの空間をつなぐ面を生きるのではなく，車で運ばれる存在として点を生きる。なかには，わざわざ遠い園に通うため片道1，2時間，毎日バス内にいる幼児もいるが，それを保護者が喜ぶとする論理に幼児教育の異常さが思われる。

教育が過剰なサービスを提供すると，手厚い保護という名の下に，往復路も含めた施設内で依存度の高い時間を過ごす子どもや親を増やし，子どもは脆弱化する。バスで運んでもらう，食事を食べさせてもらう，片付けも着替えもやってもらう，先生に遊んでもらう，といったサービス提供を受けるこ

とは，幼児の意志，志向性の発達を遅らせ，発達の可能性を奪うため，問題を思春期に持ち越していくことになる。

　アメリカを除く大半の国が，徒歩圏内の幼児教育施設に子どもを通わせる。ニュージーランドのように遠隔地の幼児のために親への通信教育が発達している国では想像もできない日本の現状である。車社会の環境汚染，子どもの体力低下，事故等を促進するような教育の聖域を構成する理念は何であろうか。全国津々浦々まで普及した教育をめぐるバス交通手段自体が，日本の幼児教育の象徴としてあるのである。教育とは何か，教育におけるサービスとは何かを，社会全体で吟味する必要があろう。激変する情報化社会も「人間の教育とは何か」への問いを失わせていくという視座から再考を迫られているといえよう。

4. ブランドメソードを取り入れた場所(トポス)

　海外から輸入したカリキュラムを園の理念の中核に据えている場所(トポス)もある。モンテッソーリメソードを始めとして，シュタイナー保育，ピアジェ・カミイ方式など，外国のメソードを導入し日本化した場所は，独特の雰囲気を生みだしながら，先達の方法論を実現しようと努力している。

(1) モンテッソーリの精神の具現化

　キリスト教会立の幼稚園等においては，その教えから教育の原理，方法を海外のメソードに置くところがある。北海道・藤幼稚園は，幼稚園から大学までの一貫したカトリックの精神に従い，祈りと遊びと自己学習がなされるモンテッソーリ（*Maria Montessori*, 伊, 1870-1952）の思想を具現化する場所(トポス)を構成する。屋外の広い遊び空間だけでなく，雪に閉じこめられる冬季の遊びの場所を廊下の一角や和室，余裕ある部屋に作り，各保育室にはモンテッソーリ教具*が配置されている。幼児の生活は，実際生活訓練，身体訓練，感覚訓練の教具と，それを応用した生活の場面で構成される。実際生活訓練

としては，洗面，教室整頓，配膳などが特徴的であり，週2回の給食の食材や献立は十分工夫され，イタリアの「子どもの家」と同様，子どもたちが交代で配膳をする。また，触覚，温度感覚，重量感覚，臭覚，味覚，視覚，聴覚，音楽など，自己教育を基本とする感覚訓練の教具がコーナー別に置かれている。モンテッソーリのメソードを実践するには，教師にメソードへの専門的な知識が必要となり，議論の対象も研修の対象もモンテッソーリの思想と方法の原理になる。

　モンテッソーリは，教育は生命への援助であり，生命そのものとともに出発するとして，子どもの自由を謳う。「教育の全体を包括する問題は，子どもが自分自身を発達させるのを助けられるように不幸な手助けを全面的に排除して，必要とされる手助けを子供にしてやる」[33]ことで「子供の自然の発達法則の中で，発達する自由が与えられる」[34]からこそ自己活動がなされ，自己活動によって自由，独立，自治が培われるとする。

　日本にモンテッソーリの教育法を紹介するに当たって河野清丸は，彼女の自由主義，活動主義を「秩序的，合目的々に，且つ独立的に活動せしめ

＊　モンテッソーリ教具　　教具は多岐にわたるが，花瓶，皿など日常生活品を活用するものと，教師が手作りのもの，市販されているものなどがある。
　①触覚，温度感覚，圧覚，触・運動感覚の教育―水・湯，絹やビロード布，サンドペーパー，ボール紙，石鹸，藤・胡桃・松の同型で重さが違う木の板，直方体，立方体の積み木，玩具の兵隊や球等
　②味覚と臭覚の教育―すみれやジャスミンの匂い，甘い・苦い・酸い・塩辛い溶液
　③視覚の教育―差込円柱，角柱，木片セット，幾何学的なはめ込み形，図形カード
　④色彩感覚の教育―毛糸を巻いた板片，64色の絹糸を巻いた色彩板，ボタンかけ練習の着衣枠
　⑤音の種別のための練習―音響と騒音の比較，音感ベル
　　音楽教育―ハープ
　⑥知的教育―大きさ，形，長さ，幅，厚さ，幾何学図形の集合，図形の辺・角・中心，自由画，自由な造形
　⑦読み書き―作図用の金属製はめ込み形，アルファベット文字カード（日本ではひらがな，カタカナ）のなぞり，言葉，言葉の構成，読み方用の細長い紙，カードで単語を読む，単文を読む，書く
　⑧算数―10本の棒シリーズ，数字片，メートル尺度で整えられた棒，数字の正方形カード
　　参考文献　モンテッソーリ／阿部真美子・白川蓉子訳『モンテッソーリメソッド』明治図書出版，1974

よ」[35]と説明する。そして自由について，① 自由とは活動の異名で，性善説に基づいたもの，② 事物の規則を遵守する自由で，自義実現は小我を押さえて大我を発展させること，③ 自主独立に必要なものは，独立判断，独立研究でこれを自動教育する，ことだとする。

戦後，コスモス幼稚園の戸村もモンテッソーリ教育法を導入した一人である。3歳，4歳，5歳を1ブロックとした3ブロックの空間を構成して，3歳から5歳の人的構成を縦割り，横割りとし，朝の1時間はモンテッソーリ教具を使った活動を展開している。1学級の幼児数25人の保育室に置かれた教具は，その量も十分用意されている。

個人指導を基本とした総数20人程度に教師が4，5人いるイタリアの「子どもの家」とは違った，集団としてのモンテッソーリ教育法と日本の行事を組み合わせた方法論は，そこに働く教育の原理の有無というより，日本化したリテラシー教材，感覚教材を用いた一斉の自己学習風景である。

(2) ブランド保育の課題

日本にモンテッソーリ教育法が紹介されたのは明治末である。1914年には，東京5，京都2，米子1，広島1か所でモンテッソーリ教具を使用しているとされる。また2年から3年にかけて関西中心に講習会が開かれ，実践報告などもなされて広がりを見せたが，一方で批判論も台頭して，輸入したメソードの場所（トポス）の問題を浮き彫りにし，衰退に向かっている。モンテッソーリ法が，形骸化したフレーベルの恩物に代わる教育として紹介された側面も否めないが森上[36]は，大正期に衰退したこの方法が戦後復活したのは鼓常良の活動や赤羽恵子の国際ディプロマ取得，および1968年上智大学内に「日本モンテッソーリ協会」と「モンテッソーリ教師養成コース」が設立されてディプロマ（モンテッソーリ教師の資格）を取得する制度による（現在廃止）としている。そして，このメソードを導入する主義・主張が明確な場所もあるが，感覚器具を中心とした系統的教具の真の意味も知らずにブランド保育として行う状況を嘆いている。河野の紹介後，河野自身がこのメソードが形

式陶冶＊の原理からみてものにならないとし，また，野上俊夫がイタリア視察の土産話としてイタリアでは無学の人が半分もいて教師中心主義の強制教育を実践していること，モンテッソーリ教育もその精神は失せて形式主義に陥っていることを報告し，日本で安易に取り入れる人々を批判している。倉橋も，"一つの保育法の流行を追っていく馬鹿の一つ覚え"が中心要項（人間の教育の基本原理）を変遷すると指摘する。森上は，こうした意見に対する吟味もなされないまま，ブランドとして取り入れて子どもの発達を見失うことを危惧し，子どもの発達にとって意味あるものにする必要性を強調するのである。

教育の方法に目を奪われると現実の子どもを忘れる。子どもがいて保育があるというより，方法があって子どもがいるということになりかねない。借り物の原理というより，借り物の方法論の弱さであろうか。

5. 町を生きる場所(トポス)

塀のない保育空間には，三つの姿形がある。一つは園舎をもたない屋外を保育室とする空間である。今日では園舎・園庭がない場所は認可されないために地域の任意の保育集団が行う自主保育として集会所に，プレイルームに，個人宅に公園にと日々，場所を変えながら行われている程度である。二つは，庭や建物があってもカリキュラムに地域社会の学習を組んで学習圏を広げる空間である。そして三つは，庭がなく町を保育空間として生活する場所である。

(1) 家なき幼稚園の実践

一つ目は，橋詰良一の「家なき幼稚園」という動的な場所(トポス)である。ござや

＊ 「実質陶冶」と「形式陶冶」　「実質陶冶」は内容の習得に重きを置き，これを学習や学力のかなめとする。「形式陶冶」は，学ぶ態度や能力や方法の習得を学習や学力のかなめとし，内容の習得はそのための手段に過ぎないとする立場で，ドイツ教授学の根本問題として語られる。

紙芝居や教材を積んだ1台のリヤカーと寺の境内，河原，林といった大自然の場所が保育室になる。そこで営む生活は，右の6項目である。子どもを子ども同士の世界において，自覚，自省，自衛，互助，互楽する精神を培う舞台は，幼稚園という建物ではなく，天地の間にある自然の保育室がふさわしいとする。往復の道すがら幼稚園の歌を歌ったり，緑陰でお話を聞いたり，自然を対象として遊んだり，ござを敷いてごっこに興じたりする。地域を回遊し，園児の家庭を巡って町を知り，人々の生活を知る。地域社会の空間を探索し，自然に向き合い，子どもの世界をつくりあげる塀のない動的な場所は，動的な教育内容を生成し続ける場所（トポス）である。当時，尾崎トヨ[37]が，大自然に接触させて幼児の心情の陶冶を，自然物利用の作業的保育によって幼児の心身の開発を，適当な遠足・運動によって体力の増進を資することを目的に転地保育を

〈家なき幼稚園の生活〉
①歌えば踊る生活
②お話しをする生活
③お遊びを共にする生活
④回遊にいそしむ生活
⑤手技を習う生活
⑥家庭めぐり

〈家なき幼稚園の歌〉
天地の間が　お屋やです
山と川とが　お庭です
皆々愉快に　遊びませう
大きな声で　謡ひませう
わたしが室は　大きいな
わたしが庭は　廣いな
町のこどもは　気の毒な
籠の中の　鳥のやう

（岡田正章監修，橋詰良一著『大正・昭和保育文献集　第5巻―家なき幼稚園の主張と実際―』日本らいぶらり，1978, p.97）

行ったり，幼稚園，小学校で臨海保育・学校，林間保育・学校が行われていたことを思うと，人間の理性化にとって自然がいかに重要かといった認識が共有されていたのではないかと思われる。

　今日では町が危険で実現が難しく，親たちが自発的に行う自主保育にその面影を残しているだけで，すべての幼稚園等が塀囲いの中に閉じこめられている。余談だが橋詰が大阪郊外に連れ出す方法としてリヤカーからバスに切り替えたのが今日の幼稚園バスの発想源としたら，これもまた皮肉な結果である。橋詰の大自然の中に子どもを置くための方法が，高度成長期を境に

(1983年道路交通法第14条に保護者・看護者の付き添い責任制定）幼稚園等の囲いの中に子どもを集めるための方法にすり替わってしまったからである。

しかし，「家はなくても幼稚園はできる。家に囲われた幼稚園より家のない幼稚園の方が子どもにとって仕合わせかも知れぬ」[38]と記事に書いた橋詰の気概は，小学校訓導として，また新聞記者として活躍した彼ならではの異色の実践である。

(2) 近郊教育カリキュラム

二つ目は及川平治（1879-1939）の動的教育である。彼は「近郊教育カリキュラム」を組んで学習の場を実際社会におき，そこでの経験と学校での勉強をつなげていく。地域を園庭・園舎の広がりとして教材化する場所（トポス）とすることで，生きた学習が可能となる。公園や図書館，博物館，あるいは商店や銀行，郵便局，街路樹や道路，建築現場なども教材化することで，園が地域社会に広がっていく。安部は「地域が子どもの発達の外的な条件であるばかりでなく，その源泉として内的条件に深くかかわっている」[39]として，地域の教育力を吟味する。人々の暮らしが喜びや悲しみと綾なして営まれ，それが子どもの発達に肯定的にも否定的にも影響する重要な要因だからである。安部のような広大な山林の中にある園ですら，塀を越えて子どもの生活を町と連続させる圏内を描く。それは幼稚園等が社会の中の学校であり，社会から学校へ，学校から社会へと価値が交流する場所（トポス）としてあるからである。全国民への初等教育によって，そこで学んだ子どもたちが家庭や社会を改革するというほどに，当時の人々は学校と社会の関係を意識していたといえよう。

デューイは，学校と社会の関係について，学校は「将来営まれるべき或る種の生活に対して抽象的な，迂遠（うえん）な関係をもつ学科を学ぶ場所ではなく，生活と結びつき，そこで子どもが生活を指導されることによって学ぶところの子どもの住みか」[40]と位置づけ，学校を人間形成の胎芽的な社会ととらえている。地域社会と精神的，行為的にも塀のない場所，つまり孤立した空間を

生みださないことが，学校という場所の使命であるという視点である．

(3) 町に子どもが生きる場所を探す

三つ目に，園の屋外遊戯施設の不十分さを生かして，長時間預けられる子どもの生活する場所を町に置く実践である．神谷公園の野外保育から出発し，一軒の家を子どもの生活する場所(トポス)としている神谷保育園の福光えみ子(1923-1998)は，親と離れて長時間預けられる子どもたちだからこそ，町を生きる必要があると考える．生きている町を活動の拠点とすることで，子どもの未来がつくられる．庭があったら子どもを塀の中に閉じこめるが，幸いにも庭がないから子どもの世界を町という場所空間に展開できるとするのである．福光は「保育園の狭い囲いの中に，保護という名のもとに閉じこめて一日暮らす生活」[41]が発生しやすい危険を自覚化し，それを避けたい願いから雨の日も傘をさして公園に行く．管理保育からの解放を目指した場所(トポス)には，ペンキ塗り，おもちゃの修理，砂場の土盛りなどの作業に奉仕する大人たちが出入りし，子どもたちに「共に生きる」という根元的な力を育んでいると振り返る．神谷の象徴となるのは，"玄関から道路に自由に出入りできる子どもたちの生活"であり，町の人々と"共に生きるという意味をつくりだす場所(トポス)"であるとともに，この町を生きる営為自体が神谷の象徴としてあるのである．

地域社会の自然，文化，人の環境が保有する内容を把握し，幼児の生活と関連させたカリキュラムを構成するために，神谷保育園に根付いた文化がある．幼児の経験を成熟させる表現である．「生活のうたを描く」にある子どもの絵には，神谷保育園と町とをつないで生きる生活が描かれ，そこに存在する自我が認識されている．

○公園——神谷のマップには神谷公園，木の公園，志茂公園，ABC公園，ふねの公園，ハラッパ公園，坂道公園，稲付公園，赤土山，名主の滝公園，ハトがいっぱいいる公園などの特徴のある公園がある．幼児は公園の愛称をつけ，自分の木を決めて対象と親しくなり，年間の変化を描いてい

く。樹木は葉や実や枝を提供してくれる。子どもはそれを遊びに使ったり表現テーマとしたりする。固定遊具がある場所では固定遊具で遊び，水場では水で遊び，林や森で遊び，ハトと遊ぶ。どこに行っても子どもの興味の対象があり，子どもたちはそこで自然の法則を学んでいるのである。

○道路，町工場，働く人々——靴を履き替えるとすぐ前が道路である。向かいに印刷会社，製本会社，中小企業の工場などが並ぶ。町の人々と声を掛け合いながら道路でも遊ぶ。そこから見る空や工場の煙突，働く人々，すべて子どもが学ぶ対象である。ゆうやけを見て迎えの親を思い，家庭での生活を思う子どもたちである。

○隅田川，荒川の土手——荒川の土手までは少し距離があるが，子どもの生活圏になっており，たこ揚げをしたり草滑りをしたり，雁がわたるのを見たりする。土手を吹く風，川面に映る影，水の流れに季節の変化を感じ，自然の移り変わりを感じる生活が表象される。

○文化施設等——赤羽，志茂，神谷の3児童館，高原美術研究所，商店街，熊野神社，王子稲荷など，町の文化施設も子どもの生活の中にある。給食の食材も商店街から調達し，魚や果物も表現のテーマとして子どもたちに観察される。

　ここで生活していると，子どもは町中の宝である。町が子どもの存在根拠の場所となっている。それは，自己対話・他者との会話・議論の対象の時間と場所になっている証といえよう。管理保育から人間が育つ場所への福光のこだわりがつくりだした，広大な教育の場所(トポス)であり保育哲学である。町には，社会のすべてがある。幼稚園等の偏った情報しか提供できない狭い塀の中に閉じこめられた場所ではなく，町で暮らすからこそ長時間託児されても子どもたちは自由なのではなかろうか。

　幼稚園等の施設と社会との関係や子どもの生きる空間の意味を問いつつ，多くの実践家が挑戦してきた試みには，今日忘れられた臨床知が詰め込まれている。それは，いつの世にも光りを見いだす原理の源である。教育学が教育史を一つの柱とするのは，それぞれの時代の子どもに生きた人々の臨床知

に，時代を超えて生きて働く原理が生まれているからである。

§3 不調和な場所(トポス)での実践

1. 原理を現す環境の不統一

　抽象的な幼児教育の原理が，姿形に現れる場所(トポス)をとらえてきたが，実際には明確に区分できない場所が多い。2節の前述の四つの場所の姿形を組み合わせながら保育課題に対応しているのが現実だからである。中には，モンテッソーリ教具とフレーベル恩物と日本的な行事保育を組み合わせている場所もあり，また七夕，敬老の日，十五夜，七五三といった日本の行事とハロウィンやカーニバル，聖劇など外国の行事を組み合わせている場所もある。場所に人間教育の原理が現れるというより，原理のみえない場所に，多様な方法や行事内容を取り入れているといった方が適切かもしれない。

(1) 施設設備に関する歴史の動向
　1926年に幼稚園等の施設環境調査[42]が行われた結果によると，屋外遊戯場等の施設については390施設のうち，花壇を保有する79％（幼90.5，保70.1），飼育動物36.4％（幼50.9，保25.3），畑4.4％（幼7.7，保1.8），築山4.1％（幼7.7，保1.4），池3.3％（幼6.5，保0.9）で，畑や築山，池などが極めて少ないことが指摘されている。また6大都市では花壇は幼稚園で100％，飼育が66％と地方より高い意識で準備されていることがうかがえる。橋詰の家なき幼稚園の実践や，尾崎の転地保育が実践されるような，急激な都市化の中で自然が失われ，子どもたちが自然離れしていくことを危惧していたのであろう。遊具や教材等についても幼稚園と託児所，都会と地方のもつ傾向は，戦後さらに著しくなり格差を広げている。

幼稚園等の自然環境が悪化していく傾向を憂えて、1957年、「幼稚園の作り方と設置基準の解説」[43]が出され、幼稚園と他の学校では対象となる子どもの発達も学習経験の仕方も異なり、幼稚園の運動場は「屋根のない保育室」で子どもの生活学習経験の場と位置づけ、教育課程や子どもの実態と無関係に施設がつくられていくことに警鐘をならしている。ここには戦後10年たち、改めてフレーベルにつながる幼児教育の原理を具現化する場所の在り方が凝縮して書かれているが、都市化現象は自然破壊を促進し、科学の発展が教授の発展とみる人々の増加をくい止めることはできなかったといえよう。

さらに1963年から7年にわたる、第一次、第二次の幼稚園振興計画が策定された結果、施設不足を補うために建築された幼稚園等の場所は、農地や空き地の利用、営利を目的としたものもあり、また市町村も振興に一役買ったので、箱物(ハコモノ)を造ることに追われて、教育理念を形にどう具現化するかといった視点からの思想や場所への吟味は乏しい。

(2) 遊びと自然環境のずれ

日本の「幼稚園教育要領」は、"環境を通して行うことを基本"とし"遊びを通しての総合的な指導"を教育方法の重点事項においている。公立園は、区市町村によって設立維持され、教育に対して中立の立場をとるため、法の目的をその目的とする。なぜ、環境を通して行うのか、何のために遊びを通した総合的な指導が大切なのかといった教育の原理や教育方法の原理に言及することなく、遊び時間が十分提供されている。かつての師範学校の教師たちは、教育研究によって法律を変え、教育を発展させる気概をもっていたが、法律が整備されると、その掌中に議論があるようになるからである。

フレーベルは乳児の時代は保育であり、幼児期は養育の時代としたが、その養育は自力によって外界と内面の統一を求め努力する段階にあり、そこに本来の人間教育の始まり、つまり幼児教育の始まりをおいた。そのフレーベル教育学を輸入した日本が、学校教育法第77条の「幼稚園は幼児を保育し」

の「保育」が乳児の時代も含めて使われる保育なのか，幼児教育なのかはあいまいである。また「適当な環境を与えて」とする適当の理解もすでに述べてきたように千差万別であり，また「心身の発達を助長する」原理が，保護なのか養護なのか，あるいは訓練か教授かもあいまいなままに今日に及んでいるといえよう。

　結果として，設置者側の教育概念と，実践によって子どもの姿や社会の姿に具現化する教師・保育士側の概念が異なる現象が生じ，場所の姿形と理念は噛み合わない。都心にある幼稚園等は専用の園庭も少なく，公園や小学校の空き空間を遊びの場とする。たとえ専用園庭があっても植物など生育しない場所もある。教員たちが細々とあてがわれた空間で植木鉢に花や野菜を栽培している状況である。また，自然環境が少ない場所では，毎月数回，近隣の公園等に散歩に行くことを日常としているが，町が危険な地域ではそれもできずに，塀囲いの中に長時間，閉じこめざるをえないのが実情である。

　地方では，広い屋外空間を用意している場所が多い。しかし，学校の運動場のように鉄製の固定遊具が置いてあるだけで意外に自然は少ない。人間が大自然を開墾した歴史をもち，近隣にまだ自然があり，家庭や地域に飼育・栽培・園芸にかかわる労働があったので，学校は近代的，文化的な場所として存在することが求められてきた経過があるからであろう。町から自然が失われ，子どもが室内で過ごす時間が増えて社会状況が大きく変わった今日でも，この学校という場所へのイメージ，環境がもつ内容は変わっていない。

　こうした場所では，たとえ遊びの時間は豊富にあっても，幼児の好奇心をわかせる庭の自然環境が乏しく，室内での玩具や人工的素材を使った遊びが中心になりやすい。室内に製作材料や遊具，コーナーなどを豊富に準備して子どもをそこに追い込み，それが教師の環境構成と援助の具体化だという認識を形成している。ペスタロッチ，フレーベルなどがいう製作は，直観を陶冶する生活と結びついた作業，労作などの生産的な自己活動であるが，いつしか行事や遊びに使う紙製作に変わり，人工的，抽象的な保育文化をつくっている。遊びによる総合的な指導を掲げながら，屋外には草木もなく，子ど

もの遊びは遊具や玩具が中心となっている場所である。

　筆者が4度目に赴任した東京ゼロメートル地帯の新設園[44]は，14階建て団地の1階で布団やビンが上階から落下したり野犬が侵入してくる場所である。庭に樹木はなく，2DKの団地サイズ区画にぎっしり40人，あわせて240人を収容する厳しいものであった。子どもは遊べないというより，好奇心をわかせる対象がないためにおもちゃや紙工作で時間を過ごしたり仲間とじゃれあって過ごしたりする。子どもの遊び場を天地の保育室に置くことで，団地というコンクリートジャングルとは異なる幼稚園の聖域性を生みだすため，筆者は春夏秋冬を告げる樹木や草木を根づかせ，昆虫や野鳥が飛び交う空間を子どもとつくった。土や材木を運び，レンガを積むなど子どもはよく働く。まさに日々が活動学校であり労作学校である。1月はミツマタ，ビワ，2月はウメ，3月はモモや姫リンゴ，カイドウ，4月は桜，5月はツツジやアオギリ，6月はフジ，7月はネムノキと花暦だけでも一年を彩る。栽培，飼育，労作と表現を重んじ，砂町囃子や深川音頭など地域社会の文化を再興し，子どもの遊びをとおして自己を陶冶する場所（トポス）を生みだしたが，自分の理念を形に現すことの面白さとともに，借り物の施設の限界を味わったものである。幸いにも新設園であったことや教育実験を支えてくれた行政の後ろ盾があったから実現できたが，一般的には個々人の教育原理を園目標につなげて姿形に現せる機会などそうあるものではない。ほとんどがずれに目をつむって方法のみに向き合う苦しい保育を展開しているといえよう。

　大場牧夫が，どんなに保育の方法を工夫しても保育は変わらないと言ったように，ずれの根本にメスを入れないかぎり，重箱の隅をつついて教師を混乱させるだけのことに終わってしまうのではないかと思われる。その根本のところに保育の原理が隠れているといえよう。

2．囲いの中の長時間生活

　保育所の場合は，養護・保護を基本として，屋内の生活場所に重点が置か

れるため，幼稚園以上に自然が少ない場所であることは1926年以来変わっていない。児童福祉施設最低基準の"屋外遊戯場あるいは屋外遊戯場に代わる場所"には，「幼稚園施設整備指針」のような原理につながる園庭の方向性がない。そのため，ブランコと滑り台が設置されている程度で木陰も草花もなく，近隣に子どもが遊ぶにふさわしい公園もないといった施設も多い。空間を認識するランド・マークや遊びを刺激する情報が環境に少ないために，大人の介入が多くなる場所でもある。教育的に陶冶される場所への理念と幼児の発達との関連がないのである。35度の真夏の炎天下，赤茶けた庭土がむき出しで木陰もなくプールもない。草花が咲き虫が舞う風景など子どもから遠く離れた世界である。こうした場所に幼児が長時間暮らしている怖さを，どれほどの大人たちが想像しているであろうか。

　福光のように，保護という名によって子どもを閉じこめて一日を暮らす生活ではなく，地域を子どもの生活の場所とする信念があれば，幼稚園等の囲いに子どもを閉じこめるより逆に可能性は広がる。しかし，それを実現するには，一人当たりの保育士に対する子どもの数が多すぎたり町が危険であったりして連れ出すことなど不可能に近いという別の条件が足かせとなっている。

(1) ずれの間での実践

　ある園では，週1回のモンテッソーリ教具の時間と恩物の時間があり，毎日の課業の製作や絵画，あるいは行事などを行っていたり，また別の園では遊びを通した総合的な指導を基本におきながら教師主導で遊ばせていたり，自由保育と称して秩序がない自由であったりと，場所と子どもの姿形に幼児教育の原理がみえない状況が様々な現象を生んでいる。たとえ大自然の保育場所があっても，それが生活することを第一としないかぎり生かされない。伝統型の保育で子どもが自らの意志・自由感を失えば，注入する運動的記憶には時間がかかる。外国のメソードも形式化すれば教育は死ぬ。塀囲いの中で長時間閉じこめられれば経験が偏る。

こうした矛盾の中で，経営者も教師も混乱して，個々ばらばらに活動していることがある。原理がみえず不調和な場所は，人の問題，資金の問題，保護者のニーズとの折り合いの問題等により，常に不安定な要因を抱えている。いずれにしても，文化モデル・教育環境・社会構造という三つの要因が，場所(トポス)の論理に影響を与えているといえよう。
　戦後の著しい理念と実践のずれが発生した要因は，
① 自然離れした人々の意識の変容が，文化発展を物質的なものに求めた。
② 幼児教育・学校教育が，教育の二重行為である自己教育の側面を見失い，塾などの教育に委ねる傾向が低年齢化した。
③ 就園率の飽和状態から園児数急減で，園児獲得競争が営利サービス，商業化へと走らせた。
④ 建替えや移転などによる幼稚園等の場所の変化が理念を変質させた。
ことなどが複合している。幼稚園誕生後，130年にも満たない幼児教育界は高度経済成長，バブル崩壊，少子化という嵐に大きく揺さぶられ，理念どころではないという状況に遭遇したからではないかと思われる。
　施設に幼児教育原理の姿形が現われるという認識がないかぎり，建てる人と実践する人の視点は融合しない。理念と場所の不一致が起こす現象に，本質を見失うことは日常的にあり，これは，世代が変わり場所が変わると必ず起こる現象である。教育実践はこうした現実の課題に向き合い，問題解決していく過程そのものである。
　こうした幼稚園等の多くは，教師の手によって限られた空間の中にささやかな自然を配して環境を維持しているが，その自然が鑑賞対象であったり，実物教育の対象であったりする場合も多い。子どもを生活者とする暮らしをつくらないかぎり，有限な存在への感得は得られない。また，幼稚園等が子どもを客として遇している場所であるかぎり，子どもの遊びの活力は弱く，自己を教育し統一ある秩序を築くことは不可能であろう。子どもの自己活動を発展させる生活がなければ遊びは化石化していくという安部の警鐘は，まさに戦後の幼児教育機関が理念を具現化する場所(トポス)の研究を怠ったためではな

かろうか。

　6度目に筆者が担った園[45)]は，自然とともに生活した創設者小林宗作の教育理念が園舎の建て替えのたびに変わって自然が失われ，人工的な教授教育に変質した場所(トポス)である。筆者は，厳しい自然が温かな人間関係を育む，幼児が五感をとぎすませ身体で覚えることから知的な好奇心が生まれ自己活動が活発になる，幼児期に自分の可能性と限界を感じる経験が自分の可能性に挑戦する意志や自信を培うと考え，そこに再び命を吹き込むために自然の生態系をつくりだし，遊びと労作と表現芸術の生活を掲げて場所(トポス)の再構築を図った。自然が失われると生活の中の労働も，植物の実りもなくなり，昆虫や草花や霜柱や氷などの自然現象も見えなくなり，本物と出会う機会が減少する。自然の法則に学ぶ本質の発見は失われ，五感覚をとぎすませて自己陶冶する興味もぼんやりする。当然，子どもの表現も自然の喪失とともに生活から遊離した人工的な音楽・造形へと変わり，内にもつ活動衝動や構成衝動，表現衝動とは切り離されたため，教育における「自由」，「真実」，「感性」という三つの理念の姿形が見失われたのである。このように教育の場所(トポス)は，時間の経過とともに人が変わり理念を具現化した場所の姿形が変質すると，理念そのものが変質する現象を生む。まさに教育は生きものだといえよう。

（2）ある外国人の目

　ハロウェィ（*Susan D.Holloway*，米）は，文化によってパターン化された日本の『ヨウチエン』[46)]の様式を見いだすために，園長の基本理念がどう保育に影響しているかを3タイプに分類してその構造に迫ろうとする。

　1タイプの「関係重視型」の幼稚園は，子どもを集団生活に馴染ませることが目標とされ，主に大きい集団で発言は教師から集団へと向けられ，日常生活の決まった手順を重視して，教師の指導による構造化された活動がなされる。行動をコントロールする方法としては放任主義である。おもちゃ類は比較的少なく，子ども同士の活動に注意が向かうよう意図され，美術教材等は特別な活動をする時間にかぎり，教師から与えられる特徴を有するとす

る。

　また2タイプの「役割重視型」の幼稚園も，大きい集団で，発言は教師から集団へと向けられ，日常生活の決まった手順は相当重視される。行動をコントロールする方法は権威主義的で，教育の原点を仏教など日本の伝統におき，漢字やひらがな，パターン認知や記憶力増進の活動，絵の描き方のほか，楽器演奏，英語や茶道，日本舞踊，合唱，体操などの専門講師が入り大規模のところが多いとする。

　3タイプの「子ども中心型」の幼稚園は，個人や小集団で，発言は教師から個人に向けられる。日常生活の決まった手順はやや重視するが，一日のほとんどが自由遊びの時間で，集団活動や教師による授業はまったく行われない。教材のある活動コーナーが設置されていて，子どもがいつでも教材を使えるようになっている。子どもとの個人的な会話が多く，家庭にみられる甘えの関係を集団でのプログラムでもつくりだし，適用しているという特徴がある。公立幼稚園は，3のタイプに含まれ，彼女はこれを理念がみえない場所として位置づけている。

　これは，ある外国人からみた平成の日本の幼稚園区分であるが，今日，外国人だけでなく，保護者にもまた当事者にも幼児教育の原理がみえない場所が急増している時代とはいえないだろうか。

　幼児が自発的に環境にかかわって生活や遊びを展開し，経験を陶治する場所(トポス)は，各園が保有する資産であり，教授の意図が埋め込まれた教材であり，子どもが自らを陶治する素材・テーマ・関係の対象である。そこに理念が現れることをみてきたが，理念と場所との不一致が起こす現象は，幼稚園等大量生産時代の負の遺産である。理念や原理への問いのない中途半端な民主主義は，量を生産し個性や多様性も生みだすが，一方で悪貨が良貨を駆逐するといった現象も生みだし易い。教育の理念を具体化する人間教育の場所をどのような姿形に現すか，その場所(トポス)の論理が幼児期の道徳性を方向づけるといっても過言でない。

第3章

経験という教育陶冶の内容

§1 想起的記憶の誕生

1. 経験を生みだす場所と時間と出来事

　どんな幼稚園等の場所も，そこを生きた人々の時間が作りだした意味をもって現在につながっている。場所に身を置くということは，すべてを包含したその場所で時間を過ごすということであり，場所が保有する歴史的な場所(トポス)の文化の，みえる形に自分を映して，見えない自分の時間をみていくことである。また，同じ場所で時間を過ごす他者と交わり，場所との関係でそれぞれの人生の物語をつくっていくことである。

　新教育をめざしたの人々が自己活動・直観的基礎陶冶を強調した背景には，この時間と場所と出来事という"人間の記憶・経験"の問題が潜んでいる。

(1) ベルグソンの時間と記憶

　ベルグソン（*Henri Bergson*, 仏，1859-1941）[1]は，人間には身体運動の反復

によって得られる運動的記憶(習慣的記憶)と,過去を表象として思い浮かべる精神の自発的記憶,つまり表象的記憶(想起的記憶)があるとする。想起的記憶は,意識的に記憶し順序に従い事実に即して場所を与えるもので,現在から過去のある時点に自分を置き直す作業である。ぼんやりしていた過去の輪郭が色彩を帯びて想起されるが,現実とははっきり対象をなしているとする。この想起的記憶を中村は,「イメージ的全体としての世界を地平として過去の諸事実を立ちあらわれさせる記憶である」[2]と説明して,ベルグソンのいう想起的記憶にも五感のすべてが関係しているとする。また,時間と記憶についてアリストテレスは,「現在に関するものが感覚であり,未来に関するものが期待であり,過去に関するものが記憶である。だから,すべての記憶は時間を伴い,あらゆる動物のうちでも時間を感知するものだけが記憶する」[3]として,記憶は心像なしには成立せず,心像は共通感覚に属するとする。アリストテレスのいう共通感覚とは,自らの五感の統合感覚であり,心像は時間を伴った五感の統合感覚ということになる。また,茂木のクオリア理論も,心像の世界の論拠であり,共通感覚である。そして心像は場所と時間と現象との産物で,人間が過去,現在,未来の心像を描くことができるのは,現在の感覚を通して過去を記憶し,それを想起できるからといえよう。

(2) クオリアという心像

さて,幼児教育は子どもの経験を吟味する。つまり,幼児期という時間にどんなクオリア(質感)が脳裏に心像として記憶されるか,その経験を吟味することが教育の証として重要である。それは,子どもの未来をも左右する発達の実体となるからである。時間と場所が累積するクオリアについて茂木は,「認識は現実世界から出発して,やがて仮想世界をその本拠とし始める。『真理』も『美』も『善きこと』も,すべて仮想の世界の要素である」[4]として,脳の扁桃体を中心とする情動系と,海馬を中心とする記憶系の相互作用によって行われる脳の再組織化,再編成のプロセスに迫っている。そして,

脳の記憶，認知ネットワークの大規模な再編成は，情動系による体験の本質と価値の判断に基づいて，記憶のネットワークが行うとする。「私たちの生の基盤を与えてくれるのは『現実の写し』」[5]という仮想であって，その仮想のうち，現実自体と推定される写しを現実とよんでいるとする。そうすると，幼児期に活動することによって得た経験，つまり想起できる経験も，脳によって再組織化，再編成された仮想と，写しとしての現実を行き来するものということになる。

　活動を生みだす場所と時間と主体は，情動によって「本質」と「価値」を判断・吟味し，経験を再編成して現実の写しとして記憶していることになる。それだからこそ，デューイ[6]は，子どもの発する衝動を学習の原動力にして教育的価値にまで高めることに教育の意味をおき，衝動がある目的をもったときに興味となると考えたともいえる。フレネが〈興味の複合〉を教育の基軸としたように，目的のある衝動，つまり興味が行為を誘発し，「興味」と「結果」を認識の中で結びつけるところに経験＝仮想の再編成可能な現実の写し，が成立するということである。それは，行為と結果が意識されなければ教育的価値のある経験とはいえないということであり，時間を伴った想起できる経験，自覚的な行為と結果が認識される経験のみを教育における経験と定義すれば，幼年期に意志，志向性を培うとは，興味と結果についての価値判断に結びつける，自覚的な経験を積み重ねるということにつながっていく。

　さて，経験が過去の記憶であるならば，場所と時間と行為が脈絡をもち，質感をもって身体内にあり，その経験を成熟させ，それを自覚的に発展させることが自己陶冶することにつながる。経験を成熟させるには，対象に納得するまでかかわり，対象の本質を自ら感得する以外にはない。そこまで経験を深めずに浅く対象にかかわっているかぎり，クオリアもぼんやりしているということであり，現実も仮想も再編成されることはない。経験の成熟は，豊かな仮想世界をつくる上にも，教育の質を考える上にも，重要な鍵となる。

こうした意味で幼児教育は，子どもの生活する場所と時間を限定し，環境によって衝動や興味の方向を価値づけることで，発生する諸現象からクオリアの中身を形づくる営みであるともいえる。つまり，幼稚園等は，施設設備に教育理念の姿形を現し，集団生活で生起する出来事を記憶（時間を伴う心像）として幼児の身体内に刻みつけ，幼児自身が生活世界を再編成する場所(トポス)なのである。その個々の心像が未来にも生き続ける道徳性をつくり，町の文化をつくり，国家の形成員としての全体世界，つまり意味の共通項（全体世界を支える常識）をつくるからこそ，幼児教育の原理を考える場合に，時間という視点を忘れることはできない。

2．時間に展開される内容

　幼稚園等で過ごす時間に獲得する心像が，家庭や地域社会で過ごす時間に獲得する心像の中に織り込まれて，子どもの内面で脈絡ある経験として統一され，仮想として再編成されるとき世界が広がりをもつ。学校教育や福祉施設等は，そこでの人間教育の責任を明確にするために，場所と時間と内容の法的根拠を設けてその機能を明示する。生命が時間に規定されて有限であるように，幼稚園等の場所も時間の規定によってその機能の限界と可能性を社会に示しているのである。

（1）一日を単位とする時間の内容

　日本の幼稚園が一日標準4時間としたのは，東京女子師範学校附属幼稚園の開設当初からであり，外国の範に従ったものであるが，子どもの全生活の1/6を適当とする社会的な感覚は，当時の下等小学8級，7級（1年生）で一日5時間（週4日20時数）と比較しても妥当なものだったといえよう。この4時間をどのような環境で自己活動を展開し，場所(トポス)に生起する現象から何を心像に刻みつけるかが，幼児の経験の実体，クオリアを方向づける。

　1877年の幼稚園規則によれば，日課は会集が30分，唱歌や体操が30分，

恩物が45分，造形や話が45分，遊びが1時間半の4時間で，これに昼食が入る。4歳学級，3歳学級は，会集後の30分は唱歌，体操で，動きを中心とした活動が時間に対応している。

　一日の流れは毎日，同じリズムで繰り返され，1時間半の遊戯以外は，自から保育室か遊戯室での活動が主となって4時間の内容が組み立てられている。保護者や社会が，幼稚園に入園させる以上，そこで家庭では経験できない学習経験を得させたいと考えるのは当然である。遊びと組み合わせながら幼児にふさわしい課業が一日2時間半程度行われることは，上流階級層の人々の喜びとなったに違いない。これは乳母や奉公人，親などによる家庭を中心とした生活による教育から，教育の場所と時間が一部，外部に移ったことになる。

　この幼稚園教育を受けた子どもたちの一日は，家庭に帰れば乳母や奉公人に世話をされ，時間があれば遊び戯れていたと思われる。唐澤富太郎（1911-2004）は，錦絵にみる江戸の子どもについて，四六時中，親から干渉されることもなく日暮れまでわれを忘れて「遊びたいだけ遊んだ江戸庶民の子どもの生活は，健康そのものであり，まことに楽しそうでしあわせそうである」[7]として描かれた子どもの表情の豊かさを述べている。『吾妻余波』には男児遊戯36種，女児遊戯15種，男女両用として60種の遊びがあげられているほどに，泰平の世に多くの遊びが生まれたことからみると，幼稚園等での4時間は，特権意識をくすぐったとはいえ，子どもにとっては苦役の始まりだったかもしれない。幼児教育の個人契約，外部委託は，生活する場所と時間の分離であり，家庭や地域社会での教育現象から，家庭と学校での教育現象に二分される時代の到来を意味し，子どもの経験および仮想の再編成がみえにくい時代を意味するからである。

（2）自己活動への時間の変化

　この4時間の現象が大きく変化するのは，和田實の『幼児教育法』が出されたころからである。和田は子どもを中心軸にすえ，幼児の全生活を「日常

における生理的習慣的生活行動」と「自由なる自己活動の発露たる遊戯行動」の二大部分に分類し，学習や勤労も遊戯を遊ぶ間に自然に得るところとしている。この遊戯行動は，経験的遊戯（玩具，絵画，動物，植物，自然現象，作業，交際などの直接直感的遊戯と，童話や教訓などを聞く間接直感的遊戯）と模倣的遊戯（ごっこ），練習的遊戯（身体的・体力的遊戯としての運動と，唱歌や独楽回し，製作や作業などの技術的遊戯）の視点から構造化されていることは第1部第2章で述べた通りである。

　遊戯という自己活動によって，経験が組織化されること，つまり我の中で統一されることを基軸においた生活時間である。それが「全教育期間の1/3をしめる基礎教育」としての3年間の時間である。つまり3歳児から小学6年生までの9年間の初発の1/3の時間を，「誘導的感化的であり，厳格なる教授無く，鍛錬なし」として誘導感化的，生活的な経験というクオリアをつくることにおいているといえよう。幼稚園が子どもたちから奪った遊びによる経験を再組織化・再編成する時間を，学校機関において組織的に生活や遊戯として提供しようとするものである。和田は，子どもは園に何時間いても飽きないが，一日の保育時数は，4時間ないし6時間とし，幼児が幼いほど短いのがよいとする。家庭生活の時間を減らすのは考えものとし，長時間託児の必要な家庭との区分をする。

　彼は日本の子どもの遊びに立脚し，保育項目を有機的に統一して幼児の共同生活の発展の道筋をつける週間保育主題を設定しており，分断されやすい経験を主題に統一するプロジェクト法で各週のまとまりをつくっていく。9年間の初等教育の初めの3年間に遊びを位置づけなおすことで，子どもの自由度を高め，自己活動によって現実の感覚を確かなものにし，記憶という過去の心像の世界，つまり豊かな仮想と現実の写しの世界をつくる経験を耕すことを，保育の要義としたのである。

　子どもの想起される心像が，場所や時間から切り離されてばらばらに存在するのか，場所や時間につらなる一つのまとまりをもつ表象として形成されるのかが幼児教育の原理と深く関係することは言うまでもない。それを検討

するために，記憶の成立に注目してみよう。

(3) 記憶の誕生から喪失まで

ドレー（*Jean Delay*, 仏，1907-1987）[8]は，リボー（*Théodule Armond Ribot*, 仏，1839-1916）の過去を過去と再認しなくても最も下等な生物に存在している本能生物学的行為の記憶は繰り返しだという見解と，ベルグソンの「習慣」は学習によって獲得され運動的なメカニズムを通して行動に向う大脳に依存する身体の記憶だが，「純粋記憶」は自発的，表象的で大脳から独立している精神の記憶であるとする見解と，ジャネ（*Pierre Marie Félix Janet*, 仏，1859-1947）の「記憶」は人が物語のレシ（語り）を行うときにのみ生じる過去を過去として再認するもの，との3人の見解を踏まえて，記憶の解体に遭遇した人々を対象に事例を研究する。

そしてドレーは，記憶が時間の概念と深く関係し，誤った再認や妄想なども記憶と時間の問題に帰すると考えたのである。記憶は，単純なものから複雑なものへ，自動的なものから意志的なものへと発達する法則をもつとともに，複雑なものから単純なものへ，意志的なものから自動的なものへと解体されるという法則を見いだしている。記憶の解体は生物学的時間（感覚運動的記憶）と社会的時間（言語的記憶）のうち，社会的な時間が先に喪失し，内閉鎖的時間（社会的な枠組みから放たれた夢や妄想の記憶），つまり現在，過去，未来という時間の区別や，現在，表象されているものと回想の心像との区別がつかなくなることから始まるとする。小児の記憶の発達と老人の記憶の喪失はこの法則の最たるもので，生後2年目になると幼児はそれまでに蓄積された「感覚運動的記憶」を用い，習慣を獲得し，試行錯誤や条件反射のメカニズムによって自動性を備える。次に最初の回想は2，3歳児になると現れるが，それは「内閉的記憶」で，過去と現在，現実と想像が区別されず無意識的記憶が現実と混在するとする。

私たちが出会う3歳未満児が，"大きくなったらトンボになる"とか，"昨日新幹線に乗る"などという世界観の混乱や時制の不一致もこれである。原

始人の記憶も感覚運動的,繰り返しにみられるといわれるように,想起的記憶を生きている者からすると,内閉的記憶の現れに神秘性を感じる。それも,整序された側からみた内閉的記憶の混在状態への不思議にあるのではなかろうか。3歳児の内閉的記憶であればやがて社会的記憶に移行するという希望がある。しかし,食事直後に「まだ食事をしてない」といった老人の記憶であれば解体の方向への不安を感じるのも,記憶の法則の方向性が示す不安である。

　ドレーは,記憶の第3段階は学齢期で,自分の今までの経験から社会的記憶が形成される時期であり,あらゆる「記憶の教育」はこの「社会的記憶」の発達を目指すことであり,またそうであらねばならないとする。つまり自我が芽生える幼児期に教えねばならないのは物語る(レシ)ことであって,繰り返すことではない。語り(レシ)の記憶は,比較し,区分し,整理し,図式を描きだす幅広い能力である。「記憶の発達はすべて,感覚運動的記憶から社会的記憶へと進むものであり,記憶の教育もこれに向けなければならない」[9]というドレーの強いメッセージは,記憶が解体された人々を研究した者だからこその確信であろう。

(4) 経験と語り

　これはフレーベルが幼児期を語りの時期としたこととも関連する。問題なのは,主体者の意識を伴わない単純な繰り返しにあるとする時間と記憶の関係である。これは,教育が子どもの経験のまとまりや物語る自分をどう形成させるかということと深く関係する。

　戦後の知的早教育は,感覚運動的記憶を訓練するために文字や数字,標識や記号などのリテラシー教材を用いて繰り返し反復する右脳開発の方法論を用いて知的早教育としてきた。しかし,ドレーの研究をもってすれば,生活経験を重視し,語り(レシ)を通して自己存在を認識し,社会的記憶を耕す教育を展開する方が,感覚運動的記憶から内閉的記憶へ,社会的記憶へと発達する本当の意味での早教育になるはずである。これは,従来の知的早教育

といわれる概念が根本からくつがえされる問題であり，教育の領域を越えた今後の研究課題であろう。

　これについて，学課的機械的訓練の教育概念を保育でなく教育とするカントを再びとらえてみたい。カントは，概念は経験ではなく，意識自体も経験的なものではないとする。人間の経験（＝認識）について「認識の幹には，感性と悟性が存在し，感性によって諸対象が与えられ，悟性によって思惟される」[10]という。それゆえ，学課的機械的訓練は，人間がアプリオリ（演繹的）に概念操作して思惟による経験はできてもそこに時間は関係しない。時間の関係しない概念を思惟によって操作する，つまり抽象的な言葉や記号などによって思惟を操作する経験は，抽象的な言葉の世界で思惟しているということになろう。

　「トマト」の文字を読むことは記号を操作する思惟の過程の経験であって過去，現在，未来の時間を伴う経験ではない。しかし，意志をもってトマトを栽培し，収穫し，食することは時間的規定と結びついた経験であると言い換えることができる。クオリアが伴う経験は時間的規定と結びつかないかぎり獲得されないことを考えると，早期からの知識の注入は，経験という子どもの心像の実体を空洞化させていくことになる。頭でっかちで経験がない子どもたちが増えているといわれる現象がここに生まれている。今日の知的早教育が，感覚運動的記憶のみを特殊な方法によって強化すればするほど，直接的な経験のない，語りもない，つまり時間感覚も他者との関係性もクオリアもない子どもたちが育っているといえよう。

　カントも経験を否定しているのでない。「すべてのわれわれの認識は経験とともに始まるということにはまったく何の疑いもない」[11]として，悟性（直観に基づいて概念を構成し，判断及び推論を行う精神活動）も，経験とともに始まると考える。そして，悟性法則に従って統合された現象を経験と規定する。"意識は，私がある経験をする場合，それが経験的に規定されているかぎり，換言すれば時間的規定にあるかぎり私の現存在の表象である"ように，時間的規定にある経験を，「私」を表象する重要な要因としてとらえて

いる。「私」という存在が表象されないかぎり教育は成立しないからである。彼は，幼児期の現存する私を土台にして，学童期以後の教育においては経験ではない超越論的意識（思惟による概念操作）を形成するというところに学校の意味を置いたのである。カントがいう学校は，人間を人間性の法則の支配下に置くもので，野生（ここでいう野生は法則に縛られないこと）を洗練させるための場所(トポス)であり，少年期から15歳までの子ども対象の学校である。それだけ，当時，学校に出せるような子どもは，有産階級の子どもで豊かな環境の中で甘やかされて育っていたということであり，近世のコメニウス，ペスタロッチやトルストイに始まった，"すべての国民に学校を"という教育思想とも，フレーベルの幼児教育の思想とも立脚点が異なることを認識して置くことが必要であろう。

§2 現象が生起する構造

1．時間と内容の構造化

　場所(トポス)の特徴も，教育における記憶と時間と自己存在の問題と関連させて考えると，新たな課題が浮かび上がってくる。思惟のための材料を注入することに重点を置き抽象的な思惟の経験を重視するのか，あるいは具体的な時間的規定にある経験を重視するのかで，幼稚園等における人間の記憶の発達も，記憶の解体も異なってくるからである。

　和田は，幼児のクオリアを伴った経験を大切にする。その経験を生活と遊びの視点から週のまとまりに置くことによって，幼児の自発的行為と場所と時間が生起する現象を，時系列に配置される脈絡ある心像として記憶に残し，幼児自身が自己に統一することを願ったといえる。それが教育内容を構造的にとらえた図式であり，就学前教育である幼稚園等の経験内容の骨組み

ともいえる（図表2-3-1）。

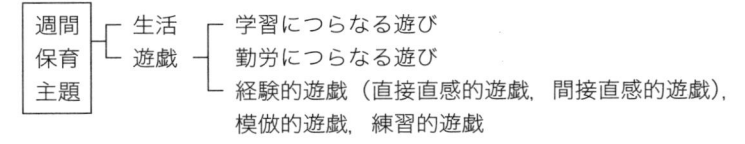

図表 2-3-1　和田のプロジェクト法[12]

```
週間      ┌ 生活 ┬ 学習につらなる遊び
保育  ──┤       ├ 勤労につらなる遊び
主題      └ 遊戯 └ 経験的遊戯（直接直感的遊戯，間接直感的遊戯），
                  模倣的遊戯，練習的遊戯
```

（和田実『実験保育学』フレーベル館，1930，p.23〜83　青木図表化，
岡田正章『大正・昭和保育文献集　第10巻』日本らいぶらり，1978）

　和田の経験のまとまりは，1週 幼稚園，2週 お花見，3週 旗，4週 天長節，5週 筍，6週 面白い玩具（仕事する道具の使用実験），7週 摘草，8週 潮干狩り，9週 花壇，10週 お池，といった主題に統合されるものと異なるものとに分け，週の経験のまとまりが一年の時間を巡り，主題と季節・時間と場所が統一された経験になるように工夫される。筍という主題が，春先の竹林で竹を観察し，筍を掘り，それを表現し，食べるという経験に統合される。潮干狩りが未来への期待，準備，当日の潮干狩り，それを食べるという現実の感覚，貝を使った遊びの経験が統一され，ここには関連する遊びや歌も取り入れられる。しかし，無理に主題に統制せずに組み込む内容もあり，主題が2週にまたがることも可として，幼児に合わせて時間を柔軟に配分し，幼児が一つのまとまりをもって経験を統合しやすいようにするものである。教師が幼児との共同世界をつくりだすということは，ある保育時間の中で現実世界や仮想世界を規定することである。「教育は被教育者の生活状態を支配することで其の目的を達する」[13]という和田の言葉は，幼児の経験を確かなものとする教育の責任が問われていることを示唆する。
　和田のこうした自然なまとまりは，想起的記憶が場所と時間とクオリアを伴って，その現象を自分との関係で物語ることを支える。知的早期教育として，文字や図形などの記号で音，色，形などの単一な情報が注入される場合

には，運動的記憶（習慣的記憶）として行われるので，経験にはならず過去を場所と時間と現象とを表象して思い浮かべることにはつながらない。「ア」「ヒ」「ル」という文字記号を反復的に運動として記憶する場合には，アヒルと自分との物語は生まれない。場所と時間と対象との関係が切り離された単独の記号情報だからである。アヒルに餌や水をやり飼育する中でアヒル小屋に掲げた文字とアヒルが動く様子，世話の状況が表象される場合には物語が生まれる。表象は過去の場所と時間と現象が一連のまとまりをもって時系列で組み立てられる新しい創造的な行為なのである。

　また，家庭での遊びと異なるのが，幼稚園等の教育の場の意味である。子どもを生活の主体者として置く以上，"分断されやすい経験を主題に統一する"週や年間のまとまりが必要と考えた和田の知見は，自己活動を重んじる教育即遊びである。この主題が生まれるプロジェクトを組むことで，遊戯の中の学習や勤労が一連のまとまりをなして自己に統一されやすくなり，志向性をもった主体が形成されるというところに幼稚園の意味をおいたと解釈することができる。

　中村はジャネ同様，「語りで重視されるのは，行為そのものではなくて，状況と行為との結合の個々の特徴である。―中略―語りとしての記憶は出来事の歴史，あるいはむしろ真の歴史ともいうべきものを用意している」[14]からこそ，その場にいなかった者でもいたかのように反応できるとする。ここでいう語りが呼び起こすのは「昨日は夕御飯を食べて寝た」という行為の語りではなく，「昨日の夕御飯のとき，餃子が美味しかったからパパのも貰ったの。お腹がぱんぱんになったよ」という行為から生みだされた状況，出来事の歴史である。それが他者にもそこにいたかのような感覚，共通感情をもたらすといえる。記号に反応する運動的記憶にないものが，想起的記憶に表象され，子どもたちの表現される中にあるからこそ，教育即生活が重要なのだといえよう。

2. 経験のまとまり

　ある現象が発生するメカニズムには，現象を起こす動力があり，そこに時間が介在する。その動力が教育の場では子どもと教師と取り巻く人々の作用とはいえ，渦の巻き方，進む方向は基本的な構造に依存する。子ども相互が学び合う現象を発生させる構造をどのように描くかに就学前教育の方法原理をみることができる。

　まずは現象を巻き起こす動力を子どもの側に置くか，教師の側に置くかで渦の方向が異なり，語り（レシ）や役割が異なる。教師の側においた場合には，教師の動力に向き合うだけの活力が子どもの側に必要となる。子どもの側においた場合には，子どもの動力を生かすだけの環境の良さや教師の活力が必要になる。この拮抗する関係が，作用しあう渦に方向を与え調和をもたらすといえよう。

　「生活へ教育を」「生活を，生活で，生活へ」とする倉橋の生活の考え方は，基本的には生起する現象が生活にあり，そこに教育作用が働くことで子どもの精進感や自己充実感を獲得するという自己活動を動力とする。彼は『就学前教育』[15)]の中で幼児教育の構造を，〈幼児さながらの生活→（設備・施設）→自己充実→充実指導→誘導→教導〉とする。さながらの生活によって，幼児が自己目的を実現し自己充実することと指導とが噛み合うことを説いている。具体化した内容の構造は「自由遊戯」「生活訓練」とともに主題活動としての「誘導保育案（おもちゃ屋，動物園などの主題活動）」と「課程保育案（唱歌・遊戯，談話，観察，手技）」である。

　和田が統一する主題は全生活の感化誘導によるが，倉橋は幼児の生活の刹那的・断片的なものに中心を与え，系統性をつけるための誘導であり主題であるとして微妙な違いを生んでいる。誘導保育案にみる「東京駅」は売店，改札口，切符売場，荷物受付，はかり，食堂，弁当売りの順に誘導して製作と売り買いをするものであり，「大売り出し」は，相談会，おもちゃ店（こま，時計，人形，羽子板，面など），下駄屋，家具屋，呉服屋，瀬戸物屋とい

図表 2-3-2　倉橋の『系統的保育案の実際』より[16]

```
┌ 生活 ──────┬ 自由遊戯
│           └ 生活訓練
└ 保育設定 ───┬ 誘導保育 ─ 主題
            └ 課程保育 ─ 唱歌・遊戯，談話，観察，手技
```

（東京女子高等師範学校附属幼稚園編『系統的保育案の実際』
日本幼稚園協会，1935, p.7の指導案を青木が構造化，岡田正章
監修『大正・昭和保育文献集第6巻』日本らいぶらり，1978）

った店に必要なものを1週間かかって製作し，売り買いをするものである。これは想起できる記憶が家庭での生活経験によって形成されていることを前提としている。この構造は松本幼稚園の実践や及川のカリキュラム論にもみられるので師範学校附属幼稚園では一般的だったに違いない。

　和田の主題は，幼児が生活する季節の自然や社会的事象にあり現実そのものであるとともに，現実の写しを記憶として形成していくものであるが，倉橋の誘導保育の主題は教師側の計画にあり，現実を対象化した仮想の中にある。それが和田（図表2-3-1）の週の生活に置かれた主題と倉橋（図表2-3-2）の保育設定に置かれた主題の違いであり，経験の質の違いである。和田はお花見，筍，仕事道具，摘草，潮干狩り，花壇，池といった日常の自然のままの生活の場所と時間に経験を組織する構造であり，倉橋は組織的ごっこという室内に社会事象を模した場所と時間を設ける経験の再現である。図示した和田，倉橋のような保育方法・内容の構造は，現象の動力を読みとく視点になり，幼児の経験をとらえる手がかりになろう。

　これは，経験を重視し語りの主体を重視しながら，"教育即生活"とする和田や羽仁もと子，篠原らと"生活に教育を"とする倉橋の原理の現れの微妙な違いである。羽仁は家庭教育に「生活即教育」を求める。家庭や地域での生活そのものが子どもを教育しているからこそ，親の意識が重要と考えるからであろう。そして幼稚園や学校は「教育即生活」である。"生活へ教育を"もってくるのでなく，生活のための教育でもなく，教育即生活であり，

子どもの学習テーマも生活から生まれ、生活上の問題解決を図りつつ論理的に思考する段階まで高めるという教育によって、経験を自覚的なものとし、自由に至るとするものである。

しかし、視点の違いはあったとしても和田、倉橋の描いた"生活のまとまり"としての「主題」は、戦後、小学校の教科学習のまとまりとしての単元"知識のまとまり"と混同され、否定されていくことになる。生活に主題のない、つまり志向性というまとまりのないバラバラな活動が提供されていく原因がここにもあったといえよう。

3. 場所と時間と内容にみる経験の質

幼稚園の一日標準4時間は、戦後の法的根拠にも謳われ、その時間がトポスの内容を決めていく。1948年に出された「保育要領」では幼稚園・保育所等の日課例があげられ、保育時間は4時間ないし6時間および夏期短縮期間の時間の流れが掲出されている。

(1) 幼稚園と保育所の物理的区分

地域性を配慮して時間は園側に委ねられているが、「保育要領」に示された4時間の内容は緩やかになっている。内容としては、「見学、リズム、休息、自由遊び、音楽、お話、絵画、製作、自然観察、ごっこ・劇・人形芝居、健康保育、年中行事」で、見学や年中行事以外は自由遊びや休憩時などに、これらの内容が教師裁量で組み立てられていくことになる。

ここで、4〜5時間の幼稚園と7時間の幼稚園、延長しても8時間以内の保育所は、午睡以外、異なる保育内容を想定していなかったことがうかがえる。やがては幼保一元化を目指していた当時としては当然と思いつつも、自由遊びの時間と位置づけのあいまいさは、時間の内容の構造化を見えにくくし、やがて化石化した「遊びを中心とした幼稚園」と「知識伝達を中心とした幼稚園」の違いを浮き彫りにしていく原因の一つになったと思われる。つ

まり保育時間が保有する内容が，生活を維持し道徳を向上させる向上主義の幼稚園と，早い時期から系統的な知識を伝達する教授主義の幼稚園の二極化である。4時間ないし8時間を，遊びと生活行動で組み立てるには，場所が保有する環境を組織化できる教師の力量が必要で，生活や遊びのとらえ方が大切になってくる。園環境という場所にも，生活という時間にも，内容が伴わない自由な遊びは，生活のリズムや遊びの充実が図れないことがあるからである。

　この自由に対する哲学的思索を伴わない"自由遊び"の造語は，教師にとっては惰性に流れやすく，場所を構成するねらいもみえず，子どもの自己活動すらとらえにくくする困難な課題を提供してきたといえよう。ベルグソンは，自由は定義しがたいが「具体的自我とその自我の果たす行為とが自由と呼ばれる」[17]として，他者に寄りかかった寄生的自我ではない内的状態をつくり，それを表すことだという。内的状態を表すことそのものを自我とするような自由遊びがあるのではなく，遊びに自由な決意が表れ，行為することで自らの心と同化する傾向が増すとき，自由度も増すといえるのではなかろうか。それは遊びであれ生活行動であれ，課業であれ同じであるが，自由が自我の果たす行為である以上，空間内に過去の経験をもとに現在をとらえ未来を予想するという同時性が存在することであり，自ら選択，判断する意思を持続する方向性があることである。その方向性が自由自在の自分を知覚させ意志や志向性を育てる。つまり自由を感じる度合いの強さは，時間が流れる現在の中に未来を保つことへの快感が溶け込んでいる状態であり，自己の行為に筋道が生まれるのは，この状態が維持されるからだといえる。しかし，自己を観察し自己の行うところについて筋道をたてて考えることができているといわれる人でも，自己を知覚するには悩みや葛藤を経たり，記憶の中にある種の感覚，感情，観念が固定化していたりして，選択し判断し決定する自由な自分を知覚できず，自由を放棄することが多い。つまり惰性や無気力を選択するため，人間が真の自由行為を行うのはまれではないかといわれる。自由人といわれる人ですら，固定化した惰性や慣性に流されるとした

ら，ベルグソンが"あやまり解された教育"，"判断よりもむしろ記憶に訴える教育"は自我の中に信頼できる総体をつくらず，惰性に流されて他者に依存する"寄生的自我"を形成するというのもうなずける。

戦後の教育をみえにくくした自由遊びの概念は，どこにあったのか，取り入れる以上は，その意味付与を吟味する必要があったといえよう。

(2) 時間と内容の構造化

上述のように感じるのは，筆者だけではあるまい。当時の「保育要領」と新たにできる「教育要領」をめぐる論争を取り上げた石垣恵美子（1931-）[18] は，「保育要領」批判をした梅根悟に言及している。梅根は「実践課程，問題解決課程，基礎課程」の3層に「経済生活の豊富化，政治の民主化，健康の増進，情操（文化）の浄化」の4領域を構成する。第1層の「実生活の場における思考」から第2層の「実生活の外での実際的問題解決の場における思考」を促し，第3層「基礎課程」つまり論理的思考の段階に発展し，第1層に還流すると考えたのである。彼のいう実践課程という言葉自体，幼稚園等にはなじみがない。カント教育学の"自然的か実践的か"といった「実践」に当たる哲学的用語の意味を含みながら，実際の生活，実践的生活として使われているからである。つまりカントが「実践的ないし道徳的教育とは，自由に行為する存在者のような生き方ができるよう人間を陶冶するところの教育」で「自立し，社会の一員となり，しかも自己自身内的価値をもち自由に行為する」人格性への教育，という意味を有した生活である。その生活を梅根は実践課程とし，生活から生起する問題解決を図って基礎課程の論理的思考に至る循環構造を描いたのではないかと思われる。就学前教育の現象は，この3層の課程の中で，経済生活の豊富化，政治の民主化，健康の増進，情操（文化）の浄化の4領域を実現していくというものである。多くの教育学を学んだ梅根からみたら幼稚園教育が活動内容の羅列と時間

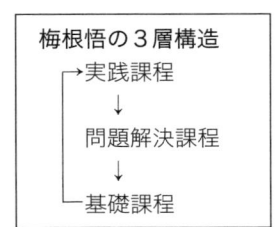

```
梅根悟の3層構造
 →実践課程
      ↓
   問題解決課程
      ↓
 ─基礎課程
```

の流れに依存した教育作用が生起する構造も志向性も，その原理もみえない場所(トポス)と映ったことであろう。

　第1層的経験を中心にしながら3層の全体を循環させる梅根の考えは，コア・カリキュラムの思想に基づいたものだが，これはやがて久保田浩（1916-）や大場牧夫（1931-1994）の3層6領域構造に展開される。

　大場の3層6領域構造の「生活と仕事」は，人間として生きるために必要な生活行動も含めた幼児なりの自治管理としての生活労働的活動であり，「遊び」は子どもの生活の中心であり，「選定された課題による活動」は，遊びや生活と関わる課題がある経験や活動を意味する。そして，6領域は発達に必要な経験・活動を整理する視点という位置づけにある。5人1グループで自治の生活や仕事を進め，仲間と遊び，個人的課題とプロジェクトとしての課題を集団の変容に応じながら子どもと共に生みだしていく中に個人・集団の変革があるとするものである。

大場牧夫　3層6領域構造

選定された課題による活動				
遊　　　　び				
生活　と　仕事				
健康	社会	自然	言語	音楽	造形
個人・集団の変革				

　彼の構造は，どんなに保育の内容や方法を検討し工夫しても保育の問題解決に迫れない葛藤から生まれている。そして「幼児はお客ではなく生活者として活動する」[19]とする教育対象への根本的な気づきにもとづき，一日4時間の「生活主体者」が子ども自身であることを確定する。そこから教育の内容と方法の原理が生まれてくるとともに，教師の役割も明確化されて場所や時間に意味をつくる作用が機能すると考える臨床家ならではの視点であろう。和田や大場に共通するものは，"幼児を生活の主体者と位置づけ""共同生活を通して問題解決を図り""具体的な試行から論理的思考へ"と自己を発展させることで，幼児期の発達的特徴からばらばらになりがちな経験を統合する主題が生まれているということである。

　保育の時間は，幼児を生活の主体者とするか，非主体者として保護する対

象とするかで決められていくといっても過言でない。集団の中で幼児を自己活動，自己教育を意識的に行う主体として位置づけるには，せいぜい4，5時間が限度である。個人差も大きく，休息や午睡，間食といった生理的欲求を充足したり，動的な集団作用から開放され自分を安定させる静的な空間や時間を求めたりする個々の状態に合わせた養護が必要だからである。

　幼児が大人に管理され保護される対象なら長時間の保育は可能になる。つまり，幼児を生活の主体者とするか，幼児を養護管理される者とするかが，保育時間の長さに関係する。保育時間が長くなればなるほど保護・管理が必要で，生活の主体者として仲間と共同しながら意志や志向性を高め，自由と責任を感得し，問題解決する経験を得る教育の構造はつくりにくいということである。トルストイが，養育は教育学が注意を向けざるをえない現象であるが，養育の偏狭性から教育には含めないとした論理が思い出される。3歳以上児に対して養護性を強めたり逆に教授や訓練を強化したりした場合は，いずれも養護・教授・訓練の主体が大人の側にあるといえよう。集団教育が責任をもてる時間の限界を忘れ，子どもの意志や志向性を育てる原理が失われた時代を到来させる。

　「保育要領」作成にかかわった山下俊郎（1903-1982）について石垣は，山下が，梅根の批判を受けて"保育内容は幼児に与える経験"とする姿勢をくずさず「保育施設の中で幼児の生活の流れ全体においてその発達のために用意される内容のすべて」[20]として非単元的活動と単元的活動の2区分を置き，非単元的活動は，生活訓練的なものや特定の系統的訓練，単元活動に組み入れられないもの（行事）を，単元的活動は小学校の教材と関連のある経験領域（健康，社会，言語，自然，音楽リズム，絵画製作）としているとする。山下は心理学者として幼児の興味に基づくことが教育の原理として当然としながら，幼児が興味を示さないものでも「興味をいだくよう工夫しながら指導しなければならない。保育者の教育的意図の積極性が重要視されなければならない」[21]として，単なる子守りではない時間の内容をつくりだすことを強調し，教育の積極性の必要も提案する。山下のいう教授の積極性の視点

は，戦後，幼稚園を学校教育法に位置づけ，幼児教育を一部の階層の者から全市民のものとしていくには必要だったのではないかと思われる。

しかし梅根の循環構造とは異なり，非単元的活動と単元活動の構造は教育現象をみえないものにしていったと思われる。和田の理論的な幼児教育学をもちながら，戦後の幼児教育の構造は哲学的視点を失って，実際的な活動の色合いを帯びていったともいえる。保育の構造論は1960年から70年にかけて盛んに議論されたが，ここでは人間とは，幼児とは，就学前教育とは何かといった基礎的な哲学につながる視点や，何のために教育があるか，教育の方法の原理とは何かといった議論と噛み合わなかったことが予想される。すでに幼児教育が大切で幼稚園は環境を通すことを基本とし，遊びを中心とした総合的な指導を行うというアプリオリ（先験的）な思考から始まっているからである。大場も個人，集団の変革を目指して，幼児を主体とする現象が生起する場所(トポス)をとらえてはいるが，その真意が伝わる状況にはなかったのではないかと思われる。

大自然の中に生活を置く安部[22]は，この問題をどうとらえているのだろう。子どもの生活は三つの質の違った機能をもつ活動があり，この3層はその内部に独自の構造をもって特有の機能を果たすと考える（図表2-3-3）。「中心となる活動としての遊び・労働」は，"畑作り"の実践であったり"かつおぶしづくり"の実践であったりする。年少時に教師と一緒に行った栽培経験から年長児が要求を出し合い，作りたい野菜を決め，見通しをもって畑作りをし収穫までの時間を生きる。あるいは，かんなくずを見て木からかつおぶしができるとする意見に対して，実際にかつおを買いに行き，かつおぶしづくりをするまでの時間を生きるといった，いわゆるコア学習である。安部がコア・カリキュラム*と言わずに，「中心となる活動としての遊び・労

---

* コア・カリキュラム　経験カリキュラム（子どもの生活経験を中心に能動的に学習させるための総合的な学習展開）と教科カリキュラム（知識・技能を系統的・論理的に，教科別に編成する）の中間に位置し，社会機能と子どもの興味からカリキュラムを構成し，教科が統合された内容を中心（コア）とするカリキュラム。

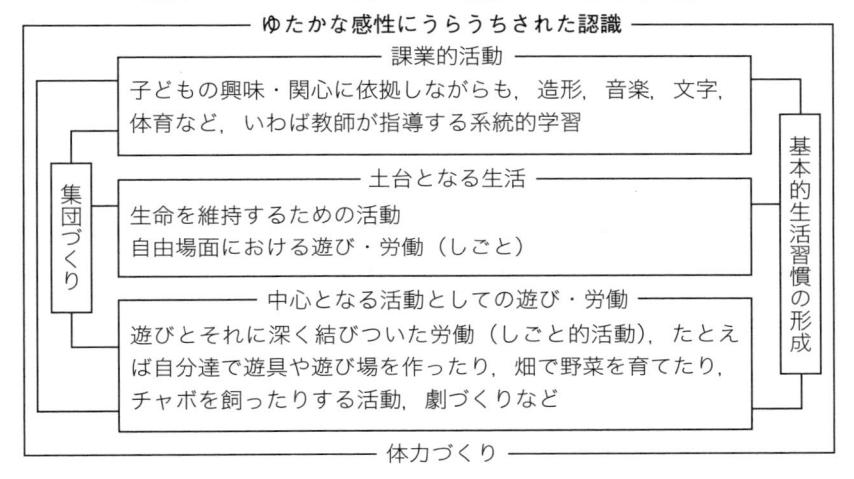

図表 2-3-3　三つの質の違った機能をもつ活動（安部）

```
┌─────────── ゆたかな感性にうらうちされた認識 ───────────┐
│   ┌─── 課業的活動 ───────────────────────┐   │
│   │ 子どもの興味・関心に依拠しながらも，造形，音楽，文字， │   │
│   │ 体育など，いわば教師が指導する系統的学習         │   │基
│ 集 │                               │   │本
│   ├─── 土台となる生活 ─────────────────┤   │的
│ 団 │ 生命を維持するための活動              │   │生
│   │ 自由場面における遊び・労働（しごと）         │   │活
│ づ │                               │   │習
│   ├─── 中心となる活動としての遊び・労働 ─────┤   │慣
│ く │ 遊びとそれに深く結びついた労働（しごと的活動），たとえ│   │の
│   │ ば自分達で遊具や遊び場を作ったり，畑で野菜を育てたり， │   │形
│ り │ チャボを飼ったりする活動，劇づくりなど         │   │成
│   └────────────────────────┘   │
└─────────────── 体力づくり ───────────────┘
```

（安部富士男『遊びと労働を生かす保育』国土社，1983, p.130）

働」としたのは，当時の形骸化した幼稚園等の主題や教科学習を主とする小学校教育とは一線を画し，始めに教育形態があるのではなく，子どもの現実の生活があり，その生活の構造に対応するものとして主題が生まれる保育の構造があると考えるからであろう，実践の場にいる者がもつ子どもから帰納した思考である。一日4時間の生活には，子どもが探求したい内容が織りなされ，それぞれ関連しながら豊かな感性に裏打ちされた経験・認識を形成する総体がとらえられる。

　遊びを中心とする方法を原理とする場所では，主体を子どもに置くことが中心となっているが，"遊びがすべて"となると生活が漠然とする。山下が幼稚園を「中産階級以上の幼児を集めて遊ばせながらお守りしている一種の遊び場」で「構造の繁簡は全く個人の保育者の恣意にまかされている」[23)]ように個々の経験主義の域を出ない，と的確な教育性を有しない場所の現象として批判したのも当然である。昨今は発達的な要求や年齢相応に社会が求める知識や技術の獲得は，経済的な豊かさを背景に塾や習い事に通わせるとい

う現象につながっている。塾や習い事に通う幼児が多いから，それらの幼稚園等はさらに遊びを重視するが，その遊びにおける自由とは，経験とは，自我とは，といった議論抜きに歯車が合わない状況をもたらしているといえよう。

(3) 調和がくずれるとき

今日，幼児教育界が社会に見せているものは，場所としての建物の魅力，幼児を保護する時間の長さ，保護者や子どもへのサービスという形に表されたものである。そこに，人間教育の本質となる原理や内容をつくりだせない現象は，今後も続くことだろう。

憲法の理念を受けた児童憲章は，「児童は人として尊ばれ，社会の一員として重んぜられ，よい環境の中で育てられる」ことをその精神とする。そして「すべての児童は，家庭で正しい愛情と知識と技術をもって育てられ，家庭に恵まれない児童には，これに変わる環境が用意される」と2条で謳う。家庭保育第一主義をとる日本では，長時間保育の場所もあくまで家庭の補完であって，家庭保育に恵まれない子どもの場所としてあるという法解釈は今も変わっていない。そうした意味では，8時間を原則とする保育所が自然環境等子どもの生活場所として不足するものがあっても不思議ではない。つまり家庭も含めた一日，一週，一年という時間の中で相互に不足を補完しながら，幼児がそれぞれの経験を自己に統一できるようにしていくのが社会の役割であり，親や幼稚園等の責務であるからである。

しかし，その調和がくずれて子どもの生活や就学前教育機関での経験の意味がみえにくくなっている。不調和が起こす現象は，主体である幼児を覆い隠してしまう。一日4時間の集団保育の場所で遊びや労作をしながら経験のクオリアを豊かにつくりだしても，帰宅後，毎日，塾や習い事に追われる子どもがいる。幼稚園等で長時間，注入教育を受け，帰宅後はテレビ等を見てほとんど運動しない子どもがいる。幼稚園等でも家庭でも，室内にこもって過ごす子どもがいる。さらに，戦前戦後の困窮の時代ですら7～8時間の保

育であったものが，一日10時間から12時間，あるいは24時間の託児で，家族とほとんど会話することも顔を合わせることもない子どもがいる。戦前の経済的な貧しさとは異なる精神的な貧しさ，家族との時間の経験が培われないむなしさを幼稚園等の場所と時間が請け負っているといえよう。

つまり，家庭という生活の拠点や家族の時間を失うことは，体内時計に呼応する生活のリズムを失うことでもある。家族が顔を合わせる機会も少なく，食事や運動，睡眠もままならない現象に振り回されて，子どもたちは自分の身体リズムも経験を通した物語もつくりだせないであえいでいるのではなかろうか。

集団主義教育[24]といわれるイスラエルのキブツは，集団主義の教育原理（図表2-3-4）のもと，公園や遊び場の近くに幼稚園等が設置され，18名の幼児に3名の保育士や教師が入り，さらに音楽や美術の専門家も加わったオープンな場所空間が用意されているという。遊びのコーナーや数や文字で遊ぶ学習コーナー，科学コーナー，自然観察コーナーや飼育栽培をする動植物，場所によっては広い動物園や畑がある。家族の結束は強く，就労中の親はいつでもわが子に授乳することができ，宗教や民族教育は家庭中心に行われるという家庭教育の基盤がある。

またフランスの多くの幼稚園や学校は，昼食時間は子どもを家庭に帰すと

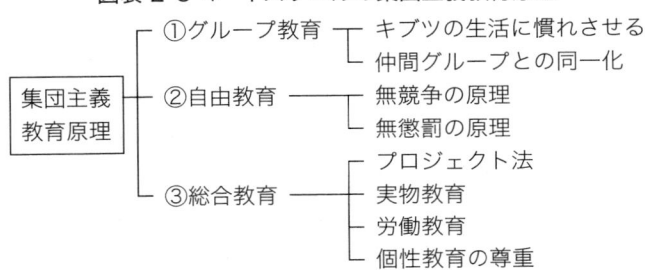

図表 2-3-4　イスラエルの集団主義教育原理

```
              ┌─ ①グループ教育 ─┬─ キブツの生活に慣れさせる
              │                  └─ 仲間グループとの同一化
 集団主義     │
 教育原理  ───┼─ ②自由教育 ─────┬─ 無競争の原理
              │                  └─ 無懲罰の原理
              │
              └─ ③総合教育 ─────┬─ プロジェクト法
                                 ├─ 実物教育
                                 ├─ 労働教育
                                 └─ 個性教育の尊重
```

（石垣恵美子『就学前教育の研究：日本とイスラエルの比較を軸に』1988，風間書房, p.201）

ころが多い。学校から家庭へと子どもが過ごす場所と時間を移し，家族と食事をする伝統的文化を保障することにより，食に対する思想，つまり人間の楽しみ，家族のきずな，家族の集う場所(トポス)の安定という想起的記憶の世界は不動である。

　あるいは，ドイツ郊外の幼稚園や学校が正午から午後1時には保育が終わり，家庭に時間と場所を移すのは，家族と地域で過ごす生活，家族が子どもの養育に自覚と責任をもつ文化が重視されるからである。子どもが生きる場所と時間の選択に責任と誇りをもつ市民の自覚，意志が，保育の内容を構成し，表象される世界を次の世代にすり込んでいく。生活世界は，生きる思想の表現でありその形によって自己が形作られていく主要因となっている。

　オーストラリアの幼稚園も，午前3時間と午後の3時間幼稚園を開いているが，保護者が曜日や時間を選択してわが子に見合った集団保育の場所と時間を決めている。

　就学前教育は，すべての国民子弟に保障されるものであって，保護者の就労の有無で原理や内容が異なるものではない。就労者に保障する子育ての時間は，子どもが育つ場所と時間がどこに置かれるか，子どもの記憶する風景がどう形成されるかを決定づける社会の価値観の表れである。場所と時間は価値観を規定し，人間の経験，記憶，物語の源泉をつくりあげる。

　「時間どろぼうと盗まれた時間を人間に取り返してくれた女の子の不思議な物語」の主人公「モモ」が住む場所は，円形劇場の廃墟のくずれかけた小部屋である。モモに話を聞いてもらった人たちは自分の間違いに気づいたり勇気や希望を与えてもらったり，自分が大切な存在だということを意識したりしてはればれし，いい考えが浮かんでくる。人々が物語ることで自らを昇華していく廃墟という場所と時間がここにある。

　時間というのは，「だれでもしっているとおり，その時間にどんなことがあったかによってわずか1時間でも永遠の長さに感じられることもあれば，逆にほんの一瞬と思えることもあるのです。なぜなら，時間とはすなわち生活だからです。そして人間の生きる生活は，その人の心の中にあるからで

す」[25]とエンデ (*Michael Ende*, 独, 1929-1995) は言う。その時間を最もよく知る泥棒が人間を急がせ時間を節約させて，人間が貯めた時間を盗む物語は，時間泥棒に支配される貧しい人間を考えさせる。"時間国の主"の老人がモモに「光を見るためには目があり，音を聞くためには耳があるのと同じに，人間には時間を感じ取るために心がある」[26]というように，経験は時間の産物であり，心は空間にある同時性（過去・現在・未来とつらなるクオリア）に依拠しながらそれを超越するのである。

　ある思想を姿形に現すことが一つの教育実践へのアプローチであるならば，教育実践の場所・空間・時間の見える姿形から思想や理念を歴史的に問い直す作業も必要である。見える物理的な現象の背後に隠されている本質を探ることは容易ではない。幼稚園等の場所・空間は地域社会とつながりながら時を刻んで多様な意味を含んでいるものであり，時間も場所があってこそ活動によって多様な経験を生みだし，想起的記憶として人々の価値観，世界観を形成しているものだからである。

　そこに人々の意識が向けられたとき，現存する場所（トポス）の歴史を踏まえつつ，再び幼児の意志，志向性が育つ教育の場所を再構築し，就学前教育の原理を問う潮流を生み出すことは不可能ではないだろう。

第3部

教育の実体

　新教育を推進した人々が,教育における自己活動,自己教育にこだわり,自然主義を打ち立てた理由は,人間が環境との相互作用を通して,生得的に有する善性を発展させることにあった。そこで,教育の究極の目的を"自由に関係すること"として掲げたのである。
　第1章では,自由とは何か,そして自由を行使する"わたし"の存在とはなにかを考える。人間の能動性,創造的行為が自己の中で統一され系としてあることは,過去から現在,未来につながる教育における経験の陶冶に深く関係するからである。
　第2章では,生活世界で"意味"を生成することの意味を,関係にはたらく身体知から探る。また,日本の新教育運動を推進した人々のたゆまぬ挑戦に光をあて,エポケーを重ねながら臨床知と学問知を統合させた教育実践の思想をみる。

第1章

自己と自己教育

§1　意志の所在

1. 自己活動をなすわたしの意志

　誕生の時から始まる人間の教育が，教育として自覚的になされるのは，自力によって内面的なものを表現し，外的なものに自分を映して自らを見，両者の統一を求め，その達成に努力する段階からとフレーベルは位置づけた。この段階は，行動だけでなく言葉にも意志が表れ，自己活動を通して身体の保育，精神の保育が始まるとする。これほどまでに幼年期の教育が自己活動を軸に据え，自己統一を求め，その達成に努力する段階を強調するのはなぜだろうか。それは自己の意志によって内面を表し，外界に自分を映して内面をみる「わたし」という自我が芽生えるからである。わたしを客観視できるもう一人のわたしが存在しないかぎり，たとえ外界が見えてもそれを自分の内面に映すことはなく，外界と自己との統一を求めて努力することもない。私たちは，他者，物，人工物のすべてを含む外界との関係に，わたしの意志によって内的統一を図ろうとするからこそ，外界とのずれを調整して経験を

確かなものとする必要性が生じるといえよう。

（1）シェリングの宇宙の知性

　意志についてフレーベルは次のように概念規定する。「意志とは，意識をもって常にある特定の方向において，ある特定の意識された目標及び目的に向かって進むところの，また人間の全本質と一致するところの人間の精神活動である」[1]と。これが保育・教育において語られる根本的に重要な点であり，少年期の子どもにおいては，「目標は確かで，確固としていて，意識されたものであるべきであり，本質上生命を担い，生命を発展させ，生命を育くみ，常に生命を更新させ，向上させ，高尚にするものであるべきであり，人間の努力，天職と使命，人間の本質に値するものであるべきであり，かつ人間の本質を発展させ，表現するべきものである」[2]。そのために，少年の自然の意思活動を意志の強さにまで高めるために，実例と言葉，すなわち教授があるとする。

　『人間の教育』の幼児期に始まる教育の原理を理解する者にとって，フレーベルが影響を受けたシェリングの"わたし"をとらえておくことが必要だろう。シェリング[3]は，人間の意欲（特殊意志）は己のすべてを知る存在，自己認識する存在であり，我意（意欲のあり方を司る）が中心意志そのものであるとする。そして生得的に善をもつ類は，意志によって善も悪も心身合一できる普遍妥当的統一体であり，中心に向かう我意・普遍意志は善を志向し，中心を外れる我意は悪へ転倒する。つまり，人間とは，"自己存在が自己認識されている存在"，換言すると"自己認識する存在としての人間"だということになる。その自己認識が意欲（特殊意志）によって支えられているからこそ，幼児期の教育は意欲（意志）を育てること，中心に向かう我意（志向性）を育てることになる。幼児期に意志・志向性が芽生えなければ，自己存在を自己認識する主体が生まれない。自己認識のない存在，つまり主体がなければ自己自身で自らを教育する道と方法は生まれず，外部から教授する難しさも想像に難くないだろう。

そのわたしは、「永遠の生命」「無限の存在」として、類を存続させる課題を背負って時間をつなぎ、宇宙が存在するかぎり永遠の生命を生きるとシェリングは考える。フレーベルの『人間の教育』の冒頭の言葉「万物には一つの永遠の法則があり、作用し、支配している」は、シェリングの永遠の命、無限の存在の論理に影響されていることをうかがい知ることができる。人間の衝動は個人的な欲求のようにみえても、人類が幾世代と継承してきた永遠の生命の表れとすれば、知性、理性といったものも〈私の知性〉〈私の理性〉ではなく〈宇宙の知性〉〈宇宙の理性〉としての知的遺産を身につけた「わたし」であり「わたしという類」である。

　プラトンの『饗宴』にも、これに類した「わたし」観がある。「滅ぶべき者の本性は、可能なかぎり無限であり不死であることを願う」[4]がそれは生殖によってのみできるとする。生殖とは古いものの代わりに常に新しいものを残していくことである。動物たちが生まれでたものを養おうとし、子どものためには自分より強いものにも刃向かい、自らは飢えようとも子どもには食料を調達し自らの命を捨てようとするのも、不死のために熱心と愛が賦与されているからである。そして、子どもから老人になるまで肉体はたえず新しくなり、気質や性格、意見、熱情、歓楽や悲哀、恐怖は一時たりとも同じではなく、知識も消えては去り同じものはない。しかし「わたし」は変わらず死ぬまで「わたし」であり続けるわけで、真の意味で存在しているものは、類として永遠に生きる根元的な生命そのものだとする。

　ソクラテスの死を扱った『パイドン』[5]でも、"永遠に生きるのは魂としてのわたしで、わたしは永遠の生命を生きるとともに魂としての個人を生きる"とされる。死は、重く、土の性質を帯び、目に見える肉体から神的な霊魂を解放する。そして魂は不死で、永遠不滅なのである。

　シェリングのみならず、古代から「わたし」は哲学、教育学の中心テーマとして多くの人々の研究対象となっている。"わたし"という自己存在への意識が芽生える子どもの時間を、共に生きることができるのが就学前教育の面白さであり、責任の重さである。

さて，砂場の水を二人の幼児が奪い合っている。「だめ，僕の」「だって私も欲しいの」「僕のだったら」「私の水よ」と互いに譲らない。それぞれが水を求める行為は個人の欲求の発露であるが，永遠の命の衝動であり，争いである。その争いから意欲によって，他者に映して自分の内面を見，問題解決の志向性を見いだす人類の営みと考えると面白い。現象は砂場での二人の幼児の水争いであるが，そこにそれぞれの欲求の表れがあり，我意が働く状況が生まれている。他者に妨害されることで「水が欲しい」という自分が強く認識される。シェリング流にいえば，この砂場の水争いは，田畑の水，村の水，国の水，ひいては海の水，宇宙の水と，人類が水を争奪する争いにつながる一現象であり，動物も人類も幾世代と継承してきた問題で，この二人の幼児の問題というより，人類普遍の問題ということになる。そして，当事者に水を欲しいという欲求・意欲がなければ，争奪への態度を他者に向けて露わにする自己への認識もなく，問題解決への志向性も生まれないということである。ここに特殊意志と我意が関係する。

　集団の場では，欲求を剥き出しにして相手の水を奪う幼児がいる。「水が欲しい」と大人に保護を求める幼児もいれば，諦める幼児もいる。奪い合いの過程で他者の欲求と折り合いをつける幼児もいる。それはすでに歴史がつくりだしてきた"わたし"であり，意志の方向性である。この争いに教育者が介在できるのは，自己存在を自己認識させるところにある。野生剥き出しの争奪でもなく，保護でもなく，他者の欲求に映して自分の欲求を認識し，生起している現象を把握して解決しようとする意志，折り合いをつけようとする志向性への接近である。それは，教師であれ子どもであれ，この場面に遭遇して自己決定できる"本質的な意味においての自由"な自分がいなければできないことである。

(2) 自由と善の本質

　シェリングがいうところの永遠の生命であるわたしは，類としてのわたしを意識することなく，今の私として振る舞っている。類としてのわたしに縛

られながら今の私は自由に振る舞う。そこに自己意識と自由の問題が生まれる。特殊意志や我意は，自由を認識する自己と深く関係しているからである。

　就学前教育が，幼児の意志・主体性を育てるために子どもの自由を標榜し，教育を生活に統一して遊びや作業などの自己活動をなすことの重要性は，すでに第1部，第2部で述べてきたように多くの人々が共通に認識するところである。自己活動によって，外界とのずれを感じる自己を認識し，自らを統一する主体が形成される。また，自己活動によって人間の本質を外に表し，対象に自分を映して己を知る。しかし，今日の保育現場での自由の概念は，自由遊びという名称にみられるように，好きな遊びをする活動であったり，自由形態といった一斉指導の対語であったりする。"子どもの自由を尊重する"という言葉が，拘束からの解放を意味する遊びなのか，遊びに決意が表れ，自らの心と同化する自由なのかが問題である。かつて山下と梅根が論争した"自由遊び"の根本的問題もここに帰する。教育の目的が自由に関係することを扱うとしても，自由遊びの根拠も自由の概念規定もない"自由"は教育学の範疇ではとらえようがない。

　ベルグソンが具体的自我（意識的自我）とその自我の果たす行為が自由であるとしたように，シェリングのいう自由もたいへん積極的な意味をもっている。自由について著されたシェリングの『人間的自由の本質について』は1805年の論文とされる。後にハイデガー（*Martin Heidegger*, 独，1889-1976）が大学の講義ノートにシェリングへの思いを込めて解釈をしたのは，カント哲学批判によって当時の哲学界に大きな転換をもたらしたシェリングを学んでシェリングを超える，つまり講義の最後の結びにあるような，人間自身の超越への強い思いがあるからではないかと思われる。「人間とは，存在の深淵と高みを洞察しつつ，おそろしい神性やすべての被造物の生きる不安，すべての被造的な創造の悲哀，悪のもつ悪意と愛の意志を考慮に入れて経験されるもの」で「人間が自分を越えていくように彼を駆り立てているものに即して経験されているのです」[6]と。

ハイデガーは、シェリングの自由の本質について、「自由への問いは存在への歴史的な問いかけ」で「人間の意志に添えられたりそなわっていたりする自由ではなく、存在者全体にとっての根拠の本質としての自由」[7]であるとし、人間として存在しているかぎり自由は人間の本質で、人間は自由の所有物だとする。彼が整理したシェリングの自由は次のようである。

ア．自由の方からみれば、人間の自由のもっとも生き生きした感情は、人間が存在者全体の根拠に属していることを要求する。

イ．体系の方からみれば、正しく理解された汎神論は、人間的自由が建てられることを要求する。

"イ"の体系にみられる五つの自由概念とは、

① 自由とは、自ら開始することができるということである。
② 自由とは、非拘束性のことである。………～の自由（消極的自由）
③ 自由とは、……に自分を拘束することである。（決定の自由）……への自由（積極的自由）
④ 自由とは、感性に対する支配である。（非本来的自由）
⑤ 自由とは、固有の本質法則に基づく自己規定である。（本来の自由）、自由の形式（形相）的概念。

ここに自由の解釈が生まれる。今日、幼稚園等だけでなく一般社会でも拘束されない意味での自由を自由と連想しやすい。自由遊びは好き勝手な解放された遊びであり、自由形態は一斉に拘束された形態から解放された形態を意味するというように。しかしシェリングは、拘束されない自由は消極的な自由で、根元存在としての人間の自由は積極的な意味での自由であり、善にも悪にも、拘束されることにも拘束されないことにも恣意（気まま）することができるものであるとする。自由から人間をみると、"人間が存在者全体の根拠に属していること"、"自由の体系の方からみれば自己開始、消極的自由、積極的自由、非本来的自由、本来の自由の五つの概念がある"ということである。つまり、前者"ア"は人間の意志が自由を保有するのでなく、人間が存在する根拠として自由があるということであり、後者"イ"は自由の

体系は自ら開始することに始まり，消極的自由から積極的自由，本来の自由までの五つの概念が個々ばらばらにあるのではなく体系としてあるということである。それは積極的な善も悪も自己開始に始まり，人間本来の自由，存在の根拠としての自由の連関上にあるということである。

　自らの意志で行動を開始し自己決定できる自由を経験するために，幼児は保護され依存した家庭生活から少しの時間を離れて，同年齢集団の中で生活をする。それが"わたし"が芽生える頃を適期とする就学前教育である。

　就学前教育が目指す自由について，いみじくも福光は保育所であっても就学前教育の場所として幼児を「狭い囲いの中に保護という名のもとに閉じこめて一日を暮らす生活」ではない，積極的自由を経験させる場として保育を構想した。人間の本質に基づく自由な自己決定を打ち立てるために就学前教育の場所があるとする生活原理は記憶に新しいであろう。大正デモクラシーの時代に花開いた自由教育が，生活に統一し，労作と祈りと遊びの中で本質的な意味での自由を追求したのも，このシェリングの自由概念に根拠を置いている。戦後の浅い民主主義教育の自由は非拘束の自由であり，根元的存在を含めて他のいかなるものによっても拘束されないこと，そうであることにおいて自己拘束，自己決定をするという積極的な自由は追求してこなかった。それが今日，職業倫理も生活倫理も見失い混迷する社会現象を生じているともいえよう。自由は，人間が自分を超えていくように自分自身を駆り立てている本質であり，人間はその本質に即して経験されている存在だという自覚が必要なのである。

　欲求を剥きだしにした幼児に，砂場の水の奪い合いが起こること自体，自由を希求する本質の表れである。そこに教師が関与し，保護という名のもとに二人の意欲を押さえたら大きな外圧となり，自由を所有するはずの幼児自身の本質は損なわれる。譲り合おうと説き伏せられ保護されるのも自由の本質ではない。こうした外からの指導が繰り返されれば，大人の保護・支配から解放される自由を希求する我意が培われるだろう。大人の干渉なく互いに闘い合って強い者が奪い，一方が諦めるのは自由の本質である。しかし，二

人が積極的な自由を行使する意欲がさらに強ければ，我意・普遍意志は中心に向かい，善を志向する。

　積極的自由を培うためにはどうするのか，その知恵を太古の文献に求めてみよう。プラトンは『国家』の中でグラウコンに善を語らせる。「自然本来の在り方からいえば人に不正を加えることは善（利），自分が不正を受けることは悪（害）」[8]であるが，人間は被る悪の方が善より大きいので互いに契約を結ぶのだと。それに対するソクラテスの見解は，人間には「相反する性格を兼ねそなえた自然的素質が生まれつきある」[9]ということである。これは，シェリングの体系からみた積極的な自由に通じるものである。状況を適切に判断し決定できる自然的素質を生得的にもっているからこそ，その善を育てることが道徳性を培うことなのである。

　社会道徳上からは水を独占するのは悪でも，グラウコンのいうように，自分の欲求を実現することを善とすれば水を奪う幼児は積極的な善になる。しかし，そこには欲求が実現しない者が生まれる。快が強者のみに与えられ，諦めた側には不快が残る。この次元では，本質的な自由を論じることはできない。ソクラテスがいうように，人間が生まれつきもつ相反する性格，善と悪，知を愛し気概をもつ統一者としての意志・志向性が自由に働けば双方の善を見いだす道を必ず当事者が開いていく。それだからこそ，水を奪われた側が不快を表現し，両者の欲求衝突によって，分け合うとか順番といった双方にとっての快を見いだす決定を，当人たちがする場合は，自由を満たす要件がそろっているということになる。ソクラテスは，統一者としての"わたし"の意思・志向性が自由にはたらいた場合，自然的素質が開花すると信じるのである。

　教育はややもすると，本質としてもつ子どもの積極的な自由を信頼できず，保護や指導という言葉によって子どもの自由を支配する方向に作用しやすい。それもたいへん恣意的に行われ，子どもの自由＝本質を支配し，言葉によって行為を強要することを援助といったりする。本来，就学前教育が介在できるのは「魂のうちにおいて偽りをもちまた所有している」[10]という

"言葉による偽り"を憎み，自己決定する積極的な自由を獲得していく自我の形成を支えることなのである。幼児期に言葉による偽りを憎み，自己決定できる自由な自我が経験されていないと，幼児期以降になると本質が歪曲して悪を悪として行為する積極性さえ生まれてくるのは自然の成り行きといえよう。

　ここにプラトンの教育論の原点がある。自由な人間たるべき者は，奴隷状態において学ぶことがあってはならないし，とくに魂の場合，無理に強いられた学習は何ひとつ魂の中に残らないとする。そして幼年期の「子どもたちを学習しながら育てるにあたって決して無理強いを加えることなく，むしろ，自由に遊ばせるかたちをとらなければならない」[11]とし，そこに個々の子どもの個性，本質の表れをみることを是とするのである。トルストイもガンディー，タゴールも奴隷状態におく学校を批判し，また活動学校を唱えた人々も，積極的な自由を行使できる人間の育成を謳っている。

　さて，アリストテレスが善を快ととらえたように，カントが善を意志それ自体のあり方とみるように，シェリングも善を"真摯なこころざし"ととらえている。つまりアリストテレスは，「人間にとって善とは，生涯を通じての魂の最高の最も優れた活動」で，優れた性格は後天的性行だが"何が適切な行動であるかを決めるのは理性で"あり，"優れた性格の役割は思慮分別の判断に喜んで従う"[12]として善を理性においている。またカントは善を合法則的なあり方にかなった意志・理性そのものであるととらえている。シェリングも善は意志ととらえている点は共通に思われるが，その根元は異なる。善悪二区分されたものではなく，善も悪も自然の理性のなかに体系的につらなるものとしてあると考えるのである。ハイデガーはシェリングの悪の解釈に，「悪の根底は人間存在の根底にほかならないが，人間存在の根底は，最高の意味で積極的なもの」で，悪は「ある点では最も純粋な精神的なもの」[13]とする。悪こそ意志の明確に表れた積極的な自由の表れとみるのである。カントが悪を合法則的なあり方にかなっているかどうかという普遍的な法則性にこだわったのに対して，シェリングは，この真摯なこころざしは神

的（根元存在）なものへの確信であり，普遍妥当的な統一態，つまり心身合一への"こころざし"であるとする。この積極的な善と悪を心身合一できることこそ，意志や志向性が育つ姿とみるのである。

生得的に善をもつ類は，根元的には類を残す方向に作用する。一旦は相手を拒否しても，相手を受け入れることで快がもたらされる共同世界，共同感情をつくっていく"類としての永遠の知性"，"宇宙の理性"があると信じるからである。それゆえにシェリングは，人間の自由とは善と悪への能力で我意と普遍意志という"人間のうちで二つの原理が分離可能であるということが，悪の可能性の条件である"とする。本来分離しない我意と普遍意志とを分離させてしまう教育こそ悪の可能性の条件となる。よい子，悪い子などの分離は，悪の最たるものといえよう。志向性を司る我意と善を志向する普遍意志という人間の二つの原理が，分離していると考えることこそ悪なのである。メルロ・ポンティ（*Maurice Merleau-Ponty*, 仏, 1908-1961)[14]も，幼児期に権威主義的に幼児を調教しようとする二者択一の二分法が"心理的な硬さ"を生む源泉とする。神的なものを信じ信頼し確信することのない，つまり宇宙の知性，理性をもった統一体としての人間存在を信じないこころざしは，悪の可能性の条件ということになる。これこそ"人間の手にわたると悪くなる"とルソーが危惧するところである。

シェリングの善と悪の論理からいえば，水を奪い合う二人に，「喧嘩しないで」「順番に」「仲良く」と譲り合うことを抽象的な言葉で教えることを教育と考えている人々は，悪の可能性の条件をもつ。言葉による偽りをなし，宇宙の知性を備えた統一体としての子どもの存在を信じていないからである。幼児が我意として善悪を内在しつつも人間の本質である自由によって自己決定する真摯なこころざしを生かすことが，善の可能性の条件をもつといえよう。

この心身合一は，ガンディー，タゴールの万物帰一のこころざしでもあり大拙の一真実に通じるものでもある。意志や志向性というこころざしを培うことを幼年期教育における善ととらえるには，今日の教育作用が生みだして

いる善の意味を根本から問い直す必要に迫られるだろう。心身合一の一は全体につながる一で，決して自己本位な一ではない。大拙はこの「一真実」を，「善とか悪とか，有とか無とか，否とか是とかを理絶したところの『自』の居処」[15]そのものとする。"『自』の居処"に善悪，有無，是非といった理屈があるわけではなく，それらと理絶したところにある一なのである。しかし，限られた一はそのまま無限の全体であると同時に「無限の全体」は有限の「一」と対立するものでもなく，身の外にあるものでもないという，大拙の心身合一論である。

　シェリングが，人類が理性によって徳操高くなったり子孫を残し続けるなどということはなく，生命はただ人格性のうちにあるとする人格性とは，"善と悪との能力を保有しつつわたしを生きる人"である。つまり自分の中で統一され調和を保っている意志（我意と普遍意志）がくずれたら再構成しなければならないわけで，理性にどんなに高い地位を与えても理性によって人間は永遠の生命，無限の存在にはならない。自分が善悪あわせ持つ人間だということを認識していれば，私たちは人格者だということになる。善と悪との能力（根元的な決定性）において自由で，自己決定するからこそ"わたし"は"わたし"であり，永遠な存在でありつつも有限なわたしが存在すると考えるのである。

　幼児期に芽生えるという自我が，永遠の命を生きるためにこれほどの意味をもって"わたし"は"わたし"であるという自我同一性をつくりあげていくものだということを，私たちは日常忘れている。水を争う幼児に「順番に」「分け合って」と声をかけて争いを治めることが教育指導だとする悪の可能性から抜け出ることは容易でない。教師が状況に関与して生成する意味が，幼児の自由な自己決定によって善を引きだし，自我を育て，自己統一に向けているのか，幼児の悪を引き出し，不自由を与え，教師への依存度を高めて自己統一への可能性を崩壊させているのかなどと自省する余裕もなく，よい指導を行っているという錯覚に陥っているのは，人間の本質への問いを忘れるからである。

それは，自己への理解なくしては不可能だろう。発達心理学が教える子どもの自己の発達は，心身の個的な発達現象である。生理学では身体器官の働きとシステムであり，生物学では動植物の生態系と現象である。そして教育学が，教授作用という方法原理の派生学に分化すればするほど，人間も，教育も切り刻まれて対象を忘れ，作用する側の効果のみに注目する。教師自身も自己統一できる"『自』の居処"を失っていきやすい存在なのである。

19世紀から20世紀初頭における新教育理論は，自己活動をなすことを基軸にした。その自己の根幹が，シェリングの思想にあったこと，それは古来の東洋，日本の思想に通じる普遍であったことを改めて確認することができる。

(3) 心理的諸状態の強さ，弱さと自由

平成時代に入って，3歳学級に入園してくる子どもが，一方では身辺が自立してたくましく，一方では基本的な生活習慣が自律せず，行動の自由を獲得していないという二極化が進んでいる。排泄の自律の遅れは，親がおむつをして家を汚さない安心を買うためか，世話をし保護する優越感を優先させるためか，あるいは環境が自律を必要としなかったり動きを制御したりするためか，一つの幼稚園現象を巻き起こしている。それは当然，幼児の探索活動を拘束し活動範囲を狭めるため，自我の発生や自己意識，本質としての自由の発露にも影響する。

幼稚園等に入園してきた子どもが，自分がやりたいこと，遊びたいことを見つけられない，誘われて遊んでもすぐに飽きてしまう，言われれば動くが言われないと棒立ちになっている，といった姿が報告される背景に，社会的環境変化の問題がある。それは人々の意識の変容でもある。保護という名のもとに子どもを支配する構造の中で，子どもの我意も普遍意志も行き場を失っているといえよう。幼稚園等だけではない。小学校に行っても準備をしてこない，忘れ物が多い，授業に興味がない，話を自分のこととして聞かれないといった現象に悩まされる教育現場からの報告がある。それは幼年期だけ

のことではない。高等教育の場でさえも，遅刻する，私語が絶えない，予備学習をしてこない，指示されなければ動けない，自分の意見がないといった，幼稚園等とまったく同じ現象，いやそれ以下の現象に見舞われているのである。

　教育期間，つまり自己を教育する期間でなく，保護され教授される期間が長くなればなるほど，人間の精神・自我・社会が自己統一を失っていくとすれば，学校不要論がでるのもやむをえない。その社会現象が発生する根っこが，自己教育を忘れた幼児期からの自我形成にあることは確かである。これら自我の形成が，意志・志向性の強さ，弱さの表れとすると，心理的諸状態の強さ，弱さとは何であろうか。それは，シェリングのいう特殊意志，中心意志が子どもの中に芽生え，確信となっているかどうかの問題であると思われる。幼児だけでなく青年に至るまで，自己認識が弱い，強いという現象を考えてみよう。

　心理的諸状態に強さ，弱さの概念を持ち込んだベルグソンは，感覚，感情，情念，努力など，意識の諸状態の増減は，対象との関係の問題だとする。強さは弱さの連続の中にあり，自分の空間にある諸々のものの中に含むものと含まれるものとの像を形成するからだと考える。たとえば関心のある他者は意識が含むものだが，無関心な他者は意識の中に含まれるものとして，である。そして感覚は，意識の表面で行われて運動あるいは知覚と常に結びついている諸現象であり，意識は漸次的に増大する強さをつくりだすために，筋肉の収縮をある一点に集中するとする。強い欲望や怒り，情熱的な愛情や憎しみなども，一つの観念によって整合された筋肉収縮の一体系だということである。反省は認識しようとする観念だが，情動は非反省的観念だからである。

　ある子どもに対して私たちの意識が強いときは，なぜ遊びを転々とするのか，一緒に遊ぶ友は誰か，好みの傾向は，家庭での様子は，と様々な情報を総合させてじっと観察する。言動の中に心理的諸状態を理解する表れがあるからである。しかし意識が弱いときは，漠然と外見をとらえていて幼児の内

面はみえない。ある4歳学級で，無口だという印象はあったものの，その子が選択性かん黙児だと1年間，気づかなかった事例がある。子どもの言葉に対して，みようとする教師の感覚，感情，情念，努力など，意識の諸状態が弱く，学級の所属員として認識していても自分の意識の中に含み気にかける存在ではなかったということである。

　強さは，筋肉の強さを一点に集中する。選択性かん黙児が，他児からからかわれたとき，拳をぐっと握って相手を睨む様は，言葉には表れない怒りの強さを表している。体の動きの方が言葉以上に心理的諸状態を表すのも心理的諸状態が筋肉収縮の一体系だからである。

　ベルグソンのいう「強さという観念は，外的原因を表象している意識状態を研究するのか，それともそれ自体で充足している意識状態を研究するのか」[16]で異なり，前者は結果のある種の質によって原因の大きさを値踏みする習得的知覚で，後者は基本的状態の内部に存在すると推測される単純な心的事象の数の多少（知覚そのもの）だとする。つまり，私たちが「最近の子どもたちは，学生たちは」という姿に対する強いいらだちの感情は，結果の質によって原因を値踏みする習得的知覚であり，騒然とした教室で私語禁止と怒鳴る怒りの強さは心的事象ということになるが，実際には混じり合って表象されている。それは，一方は外部からの外延的大きさの観念をもたらし，もう一方では意識の奥まで入り込んで内的多数性の像（イメージ）を求めて，一点への筋肉収縮の集中により，それを意識表面にまでもってこようとするからである。

　5歳児が仲間と合奏をしているとき，ある子どもが音を鳴らすと，別の子どもが「ふざけるな。やる気がないなら出ていけ」と怒鳴り，怒りをあらわにした場面がある。これは結果の質から原因を値踏みしたものではない。意識の奥にしまい込まれている自分が習い事で浴びせられた怒りの言葉とイメージが，同じような外延的な場面に結びついて強く表れたとみることができる。しかし，「入れて」「駄目よ」「どうして」「どうしても」「意地悪，いつも入れてあげたのに」というように，これまでままごとに入れてやっていた

友だちが，自分を入れてくれないことに対する怒りは，習得的知覚からの怒り感情ということになる。

　幼児の感覚，感情，情念，努力など，意識の諸状態の増減は，動きや振り，語調の強さ，その持続性として表れ，他者との関係を築く上で重要なテーマとなる。あの子は意志が強いとか弱い，もろい，自分があるとか自分がない，といった言葉で日常語られる幼児の心理的な状態の強さ，弱さが，関係の中で形成されていくからである。

　その筋肉の収縮を集中させて自らの心理的状態を認識し，自由に適切に自己決定できる"我"が芽生えることが意志や志向性を涵養する就学前教育の命題である。己の感情を発露する自我とそれを認識する自己が育つ時期だからこそ，「三つ子の魂百まで」といわれる就学前教育の重要性がそこにある。自己認識が存在しない人間に，積極的な自由に向けた自己教育は成り立たない。その意識の諸状態への自覚が，筋肉の集中的な収縮であるとするベルグソンの理論は，今日，茂木らの脳科学研究と関連して，さらに新たな知見を生みだすことだろう。

2．経験を組織化する主体

　自由に向かって自己認識し自己教育する人間とは，開かれた経験を成熟させる存在である。心理的諸状態を認識し，外部と調整して行為する人間の実体がそこにある。欲求（特殊意志）を自己認識する"わたし"を形づくるものは，経験であり，仮想経験も含めたクオリアであるといえる。また別の視点からみれば"わたし"は，他者との関係によって形づくられるともいえる。

（1）開かれた経験

　経験について森有正（1911-1976）は，「一人一人が自分の経験をもっていて，その経験はほかの人の経験と置き換えることができない。ある一人の

人間ということと，ある一つの経験ということとは全く同じことである。そのある一つの経験というものは，一人の人間というものを定義するもので，それ以外に人間というものは考えられない。それ以外にあるものはただ人間の形をした一つの肉体の固まり」[17)]であるとする。シェリングが，人間を「わたしを生きる人」としてわたしを経験されるものとしたように，またベルグソンが想起的記憶を伴った物語こそが経験であるとしたように，森も経験こそが一人の人間を定義するとする。森はさらに，経験には閉ざされた形と開かれた形があり，経験が体験的なものに凝固してしまうと体験になり，新しい可能性に向かって開かれているとき，経験という名前が付けられるとする。

　幼児は，刻々と新しい可能性に向かって経験を開いていく。孟宗竹の筒があるとバケツに見立てて水を運ぶ，鍋に見立て泥水を入れてかき混ぜる，野草を摘んで花瓶として生けて使う，ときには「あんたがたどこさ」の歌に合わせて楽器として使う，和太鼓にする，物を置く台にする，といったように竹筒一つでも語る物語が次々に生まれてくる。一つの経験に固執しない伸びやかさは，納得するまで竹筒で遊び，貪欲に経験を成熟させていく。ある4歳児が砂遊びを拒む。洋服を汚したらママに叱られるという思いが凝固していて，自分の行為を変えられない。我意のままに行動する自由，自己決定できる自由があれば体験を経験に変えることができるのであろうが，一度凝固した体験を溶かすのは容易ではない。

　しかし，森は「我々は絶えず，『体験』を『経験』に転化させるよう努力しなくてはいけない。というのも，どんな『経験』でも『体験』になる傾向をもっており，また，どんな『体験』でも『経験』に向かって開くようにすることができるからです。」[18)]と言う。そして凝固の極端なものが迷信で，閉ざされた経験は，言葉にしてはっきり形に表しやすいとする。ある一つの経験が内面的に組織化され成熟するときに，一人の人間がいるということが確認される。

　凝固しない開かれた経験によって形成される心像，これを世界観ととらえ

てみよう。ハイデガーは，カントがつくりだした現象の直接の経験としての世界観という言葉を，シェリングは現象の一つの直接経験という世界だけではなく万物がそのつど特定の方向で，ある制限内で開き示された姿ととらえていると解釈する。そして彼はシェリングの「すなわち，人間理性が世界を，人間の有機的構造がその可視的な写しであるようなある種の型だけに従って表象するのと同様に，それぞれの有機的構造『広義の生物』は，世界観というある種の図式化機能の写しである」[19]を引用し，世界観がそのつど特定の方向をとり，特定の覚悟に立って世界を開き，開いたままにしておくことだとする。この世界観によって私たちは「自分自身に向かう衝動がどの程度明確に意識されているか，そのさまざまな段階に応じて存在者全体に関係し，この基本的な関係に基づいて振る舞い行動」[20]すると解釈するのである。経験が開かれるとは，この世界観が開かれたままになっていて，振る舞い行動する自由の概念とも深く関係するということである。

「先生おはようございます。みなさんおはようございます」「今日は10月1日，火曜日，天気晴れ」「お当番さん，よろしくお願いします」などといった構造化された文脈で一日の生活が動く保育がある。これは一見，子どもを主体にしているようだが，経験を凝固させる方向を示唆する。経験は，不確定要素を含み，教条（きょうじょう）的な命題（めいだい）に表すことのできない，あいまいなみえない部分をもっているからこそ，新しいものが生成し経験されるといえよう。朝の集まりという表象が，構造化された文脈の一つの経験という世界だけでなく，毎日，そのつど朝の集まりという方向と制限の中であっても，開き示される姿があるはずである。集まりの時間が過ぎて朝の挨拶がふさわしくない場合もあり，天気があいまいな場合もあり，また突発的な出来事が起きる場合もある。そのつどの状況に合わせて表象する世界がつくられていくからこそ，経験も塗り替えられ，朝の集まりが凝固した体験の世界に閉じこめられないといえよう。森の言葉でいえば"経験には一定の不可知識的要素が入っている"ということである。常に生成している臨床知が凝固したら新たな思考も学問も生まれない。学問は経験からでてくるものであり，無自覚な行為

の連続だけでは意識する主体の能動的な命題がないからである。

　保育実践研究会で活動を語る教師がいる。Ａ児が竹馬を押さえてやると数秒立てるようになった。Ｂ児が水道で水を出し排水口を押さえて水が溢れるのを面白がっていた。今年は大根がよくできたので子どもと大根掘りをし，ふろふき大根にして食べた，うちは豚汁にした，と。幼児が竹馬という遊具の特性を体で感じ乗りこなしていく技術獲得の過程を意味づけたいのか，竹馬を支えたことがＡ児にとってどんな意味を生みだしたのかを語りたいのか分からない。排水の仕組みへの興味なのか，水を無駄にすることへの気づきを促す意味なのかも分からない。大根に至ると活動自慢大会といった色合いをもち，経験に昇華された話し合いにならない。つまり，研究会自体が凝固していて，経験から出てくる知が生まれないのである。

　就学前教育が，経験カリキュラムを基調とするという場合の経験も，自己活動によって身体にしみ込ませる経験を幼児自らが組織化し統一するための，自己教育の道と手段の計画化である。予想される経験内容を組織した幼稚園等の生活環境の中で，幼児は自力で自分の経験を開いていく。一つの世界ではなく，教育的な外的作用と衝動としてある内的作用を統合して，そのつどの世界観が全体の体系とつらなって形成されていくのである。幼児は，自らの中にその体系をつくりだすために没我して事をなす。たとえば無心に竹筒を叩いて音のリズムをつくり出すことに没頭する，固い砂団子をつくることに全我をかける，明けても暮れてもだんご虫捕りに没頭する。納得がいくまでなすところに経験の成熟があり，納得したとき，満足したときに経験の成熟を感得するといえよう。「だから経験こそは自分だけがその責任をもてる，また他人はどうすることもできない，この上もなく厳しい世界である」[21]という森の言葉は，経験に対する深い洞察である。主体である子ども自身が経験を組織化しないかぎり，経験にはならないという厳しさを，就学前教育は背負っているのである。

　就学前教育が願うわたしという主体は，欲求（特殊意志）から発生する。フレーベルが人間は生得的に活動衝動，創造衝動，表現衝動をもち，それを

外界に表すとしたように，デューイは活動衝動，表現衝動，製作衝動をもつ子どもの衝動を学習の原動力にして教育的価値にまで高めることが経験の成熟にとって重要であると考える。「最初に自己の衝動を表現せしめ，それから批判や質問や暗示を通して，自分が何を為したのか，何を為さねばならないのかという意識にまで導く」[22)] ことにより子どもの衝動は意味をもち自己教育，自得する経験の成熟が可能になるという思考は，シェリングや森にも通じるところである。汚れるから泥遊びは駄目として経験を凝固させられた子どもは，泥を探索したい本能的な衝動を表現することすら許されていない。まして，土を水に溶かしたりぬるぬるの感触を味わったり，砂と混ぜて固い団子にしたりといった活動もないため，自分が何をなしたのか，何をなさねばならないのかを意識することもない。汚れを他者につけない，汚れた場合はきれいに洗う，衣類は洗濯するといったなすことによって学ぶことからの開かれた経験が得られない以上，経験の成熟には至らない。ママに叱られるところには，大人に依存しなければ生きていかれない幼児期の弱さがある。大人はこの子どもの弱さを駆け引きの材料にして，子どもの自由を奪いやすい存在といえよう。

　さらに，自分が何をなし，何をなさねばならないか，人間がもつ本質は根元的な自由により自発する。内的衝動がある目的をもったときに，興味となって対象とかかわり，対象と自分との距離を消滅させるとともに世界が開ける。しかし，「有機体と周囲の事物との歩調が狂い」ずれが発生するのが現実で，デューイはこのずれが問題意識や願いを顕在化するとする。教育的経験は，このずれを自らの努力などによって手段や方法を考え，調和を回復する過程に生まれると考えると，幼児の泥遊びをしたいという欲求が消滅しないうちに，汚すと叱られるというずれを調整し，調和を回復する手段や方法を考えなければならない。半ズボンを履き腕まくりする，素足になる，汚れてもいい服を着る，汚れた泥は自分で洗うなど，泥遊びをなすことによって，それと引替えになさねばならないことがつながれば，限定された中とはいえ経験は開かれるといえよう。

(2) 主体としての自我と自己

　自分を客観的に対象化してとらえる自分を自己といい，わたしを認識するわたしが芽生えることを自我の芽生えとして，幼稚園教育要領総則第3節には「自我が芽生え，他者の存在を意識し，自己を抑制しようとする気持ちが生まれる幼児期の発達」と謳われている。相反する性格を統一する意思が芽生え，他者の存在を認識して自らの快だけでなく他者にとっての快とも折り合いをつけていく幼児期という意味である。つまり経験として開かれた自己認識が他者との共通感覚につらなり，そこからコミュニケーションを通して共同感情を培い，共同体の一員となっていく初発の時期であり，社会なくして幼児の自我は形成されないといえよう。

　3歳以上の幼児が幼稚園等の同年齢集団の中で生活する社会，それは上下の関係もなく欲求を剥き出しにできる社会である。橋詰が子ども同士の世界において子どもになれるとしたように，子ども同士の世界で「自覚，自省，自衛，互助，互楽」する生活の場所は，大人の干渉を極力少なくして，子どもが相互作用する時間がつくられる場所(トポス)である。自我が芽生えて他者の存在を意識するというより，自分の欲求と他者の欲求とのずれによって自我が意識され，シェリングの言葉を借りれば"類をつなぐ永遠の知性"がずれを回復する過程を歩むという，自由な意志が作用する場所である。

　つまり砂場の水を争う自我は，生理学的な有機体とは異なり，社会的な経験と活動の過程の中で生じ発展するものである。ミード（*Geoege Herbert Mead*, 米，1863-1931）[23]は，人間という有機体は誕生したときからそこにあり，直接に起きる経験を有しているが，自我はその直接に起きる経験を自我の経験に組織化する"我"の働きであるとする。たとえば乳幼児は誕生したときから社会の中にあり，生理的欲求を満たす食べる経験を有しているが，食事は社会における食であり，その食文化を受容しつつ，自分の意志で能動的に食べる経験を組織化する我の働きが生まれる。自らの意志で食べるという経験を組織化する我を自我ととらえるということである。離乳食を口に運んでもらっていた幼児が手づかみでニンジンや芋を口に運ぶ。それを「おい

しいね」と人々に喜んで見られることで，おいしい野菜を食べる記憶が我によって組織化され経験となる。喜ぶ周囲の人々がいなかったら，食べるという運動はあっても，食べることにかかわる物語は生まれない。ベルグソンが，感覚運動的記憶でなく想起的経験が物語る自分を存在させるとしたように，経験は言葉を使う社会の中にいてこそ心像，つまり茂木のいう記憶の中の仮想としてのクオリアを形づくるといえよう。

　幼稚園等でアヒルの世話をする活動がある。社会の中の幼稚園があり，そこにはすでに歴史を重ねたアヒルと暮らす子どもたちの文化がある。新たにそこに暮らす幼児はその文化を受け入れつつ，小屋を洗う，餌をやるといった能動的な活動を行う。アヒルの世話をする風景の中で起きるそのつどの開かれた世界観を，昨日から今日へと時間を組織してアヒルと暮らす意味をつくりだすのである。「アヒルが鳴きながら後をついてきて可愛かった」「ハクサイやパンの耳をおいしそうに食べた」「糞の色がいつもと違っていて心配した」というように，時間的な記憶をたぐり寄せて，自分と他者とアヒルとの関係を物語る。それは，状況に意味をおき，記憶を組織化して経験とする"我"の働きなのである。

(3) 自我の社会性

　さらにミードは，自我は生誕のときからあるのではなく社会的経験と活動の過程の中に生じるもので「自我は，それ自身にとって対象であるという特徴をもち，その特徴は自我を他の諸対象から，また身体から区別する」[24)]として我を認識する精神世界が浮きぼりにする。

　自我がそれ自身，わたしを認識する対象であり身体と区分されるからこそシェリングは我意と普遍意志を統一する主体として，大拙は一真実である我の居所として心身合一の論理を展開し，そこに我を一者とする無を説いたのであるが，自我についてミードは，社会的経験と活動過程に視点をおいて，我の社会性を論じている。

　そしてこんな例をあげる。みなさんが誰かから追いかけられたとき，逃げ

ることに専念していて自我が入り込まないという経験があるだろうか。非常に緊迫した行動の最中に何かを想起し予想する状況に遭遇したことがあるだろうか。我が入り込まなくても身体が反応する，我が入り込んで状況をとらえ隠れるなどの先を予想する，これがミードがいう有機体と自我を区分する意識と自己意識の違いである。無我夢中でどう逃げたか記憶にないという我が入り込まない意識もあるが，緊迫した状況下でもどうするか想起し予想する我は，自己意識をもつ我である。リレーで走っている途中，帽子が脱げたことに気づかず走り続ける子どももいるが，気づいても走り続ける自我もあり，走るのを止めて帽子を拾いに戻る自我もある。気づいた自我はそれぞれ，自分の行為を「帽子がなくても支障がないから」「ないと叱られると思った」などと過去の記憶につなげて説明する客観性をもつようになる。自我が入り込まない意識も，あるいは自らが選択した決定も社会環境や取り巻く人々の状況に大きく左右されるのである。

　自分自身を間接的に経験する自己意識は，取り巻く社会環境や自分を含む人々の経験と行動の脈絡の中で，自分に向けられた他の諸個人の態度を取得することによってのみ生まれると考えられる。ミードはそこに有意味シンボルとしてのコミュニケーションをおいている。無意識に見聞きする状況とは異なる，他人に向けて語ったり反応したりする応答の中に自己の経験の対象となる行動が生まれる。それゆえに，自分自身の対象となる自我，つまり客観的に自分をとらえる自我は，本質的には社会構造であり社会的経験の中に生じるということである。

　入園当初の4月，3歳のたかしが庭で転んで泣く。教師が走ってきて「どうしたの，大丈夫」と聞いているところに他児も寄ってくる。教師はたかしを抱き起こして洋服の土を払い「もう大丈夫，偉かったねえ」と言いながら手をつないでぶらんこの所に行く。

　同様，3歳のゆうこが床上で転び泣く。教師も友だちも誰も寄ってこないので，彼女は泣き声をあげながら5本指の間から周囲を覗く。みんなそれぞれ遊んでおり，教師も悠然と椅子に座ってみんなの遊びの様子を見ている。

しばらくその状態で待つが誰も関心を示さないことを悟ったのか，すっと立ち上がり「もう，大丈夫よ。元気，元気。」と独り言し，ぶらんこに遊びに行く。

　いずれも3歳児がバランスをくずして転び泣く場面であるが，自分に向けられた周囲の目は全く異なる。一般的に周囲に人がいない場合，怪我等により起立が困難でないかぎり幼児は自ら立ち上がる。しかし，取り巻く人がいる場合は周囲の反応によって自分の行為を決める。他者の反応や応答の中で自己の経験の対象となる行為を生みだしている。

　たかしは心配し抱き起こす教師に自分を委ねることで「大丈夫，偉い」という意味を付与してもらい，コミュニケーションを成立させている。たかしに自らの意志で立ち上がる志向性がないわけではないだろう。しかし，ここでは手を差し伸べる教師に身を委ねることが教師を受け入れることであり，相手のつくろうとした意味に添うことである。保護といわれる関係がここでは成立している。一方，後者は，保護を求めても転んだことに周囲が反応しない。ゆうこはしばらく反応をみた後で自らを励まして立ち上がり，自ら気持ちの転換を図っている。立ち上がることは偉いと褒められることでもなく当然のこととして，自ら自己決定し解決していくという自由な経験が生みだされている。

　転んだときどう行動するのか，自分自身の対象となれる自我，客観的に自分をとらえられる自我は，こうした場面で教師や園が，親が，社会が反応するように幼児も反応していくといえよう。そこにある社会構造，社会がつくりだす意味の中で，幼児は社会的な経験を積んでいくという自我の形成には，関係の問題が横たわっている。

　八大主張における千葉命吉の教育の誤謬罪悪（ごびゅう）の例題の中に，「子どもに『生の水を飲むな』と言ったのです。これは本当の教育的態度でしょうか。創造主義の立場に立てば弱虫を造る教育であったのです。なぜに飲みたいと云う欲求があるならば飲ませないのか。成るほど細菌が居るかも知れません。濁っているかも知れません。或いは悪い臭いがするかも知れませんが，

それは飲むと云う衝動に対する邪魔物であるといふだけです」[25]として，衝動を他者が押さえることで引っ込み思案の弱虫をつくるのではないかという。この断念させる教育，積極的衝動を押さえて消極的衝動のみを伸ばす教育は，活発な生の持ち主である児童を老人のように臆病にするとして，危ないから飲むな，やるなといった教育は過去からの滔々たる教育の実際だったとする。つまり，教師や親，社会や社会構造が子どもを臆病にしているということである。パパフレネの木に教師は登らせてやらないが子どもは自らが経験の成熟をまって登る，45度ほどの傾斜地の縁に柵はないが子どもは自ら安全を確保する，フィンランドの池にも柵はないが子どもは落ちて落ちないことを学ぶという。北欧やカナダでもマイナス22度までは幼児を戸外に出して遊ばせる。それがその土地の自然と生きる人間の教育観であり文化である。文化の違いは，意志や志向性の強さ，弱さを方向づける。千葉のいう積極的衝動とは，飲料水として不適かもしれない水を飲めと奨励することではないが，どうしたら安全な水になるか，濾紙で漉す，臭いを消す，煮沸するなど徹底的に工夫する。そこに衝動を実現する学習の過程があるとするのである。

転んで自ら立てる状態であるにもかかわらず，子どもを抱き起こすような保護を，教師も親も求める社会は脆弱である。千葉のいうように，教育が子どもの衝動を押さえて弱虫をつくる，自覚的な自己形成ではなく依存的な弱い心理的諸状態を生みだすということにつながっている。

それゆえにこそ，幼稚園等の集団の中で生活する時間は，行為が自覚化され，どう行動するかを自己決定できる自由な自分を発見する機会が必要である。家庭では保護され，親子ともに無意識的に習慣化していた行動が，集団の場では意識に上る機会が増え，自我を社会的な経験の坩堝に対面させる。教育によってつくりだされる有意味な作用が，子どもの自我，ひいては意志や志向性を育み，全体世界を支える意味につながり，次の社会に継承されて共通する文化，道徳性の実体となっていくのである。

§2　意味の生成

1．フッサールの生活世界

　幼稚園等での幼児の経験内容は，日常の営みそのものの過程に表れる。その過程は，過去の記憶とつらなり未来をも予想させる意味の総体をつくっている。営みとは，イトナシ（暇無）の語源が示すように，暇無くつつしんでつくりととのえていく時間の流れであり，常に変化する生活現象そのものだからである。生きることは経験であり，時間であり，生活である。日常の生活の現象を生活世界としてとらえると，そこには太古の昔から歴史を刻んできた人類の知恵がみられる。近代科学が捨象した生活を再び歴史上に登場させたフッサール（*Edmund Husserl*, 独, 1859-1938）の生活世界という総合的な知の在所に迫ることは，就学前の教育原理を考える重要な視点である。

(1) 日常という世界

　動物の知覚システムがつくりだす意味について，アフォーダンスが関係することは第2部で述べた。空間や場所や物などの物理的な対象と自分の身体との関係に生まれる生命を保持するための，環境が提供する価値の探索である。しかし近代科学の知は，アフォーダンスを見いだす人間の総合的知の統一性より，社会的な意味の獲得や，分断した知識の記憶に重きをおく。そのために，多くの人々は生活世界の内に埋め込まれた知の総体を忘れやすい。身体知を伴いつつ人々との関係の中で生成する知を分離してしまい，取り出して伝達することを教育ととらえているからである。

　フッサールは本来，意識的に自由に処理できるような運動感覚の全体系は，運動感覚的状況において現実化され，知覚野の状況と結びついて対応しているが，近代科学の学問では物体と身体とは本質的に区別され，身体はわ

たしの身体としてあり，他人の身体はわたしとしては知覚されず単なる物体としてあるとする。しかし，生活世界では，共に知覚しつつ存在するわたしと他者がいる。その総合的統一性のある生活世界を分断すればするほど，わたしの中に他者がいない現象が発生すると警告を発する。

さらに，存在するわたしと他者，換言すればわれわれ相互について彼は「世界のうちで相互に生きているものとして，まさにこの世界に属している」われわれで，「世界意識に生きているものとしてのわれわれは，たえず受動的な世界所有をもとにして能動的なのである」[26]と言う。つまり，私たちは何千年の人々の歴史の上にすでに意味をもっている生活世界を受け入れつつ，自分の関心に従って様々な対象（主観的対象）に能動的にかかわりあって生きているということである。それはシェリングの普遍の知性にいきつく。

日本人が箸で食事をするのはすでに文化として歴史とともにあることで，それを受容しつつ道具としての箸を使って自らは能動的に生きる。日常，知覚でとらえたものの性質を観察的に解明したり，関係づけたり，区別したり，価値づけたり，計画を立てたり，予想して目標を実現したりする行為は，作用主体（自我主観）として主題的な対象（志向性をもつ対象）に向けられているということである。箸を使う人々の生活の中で，その性質を観察し，食と関係づけ，時と場所，料理内容でナイフやフォークと区別し，価値づけ，自我が箸を使って食事するという主題に向けられて能動的に生きるということである。生活はすでに与えられたものとしての形式的な枠組みをもっており，通常はこの与えられた枠組みに向かってまっすぐに生きる。当然，理論的・実践的（哲学的・実践的）主題もすべて，生活世界の統一性のうちに存在するので，私たちが経験し，認識し，行為する作用は，すべてそこに向けられる。それが日常である。

この世界意識（日常の世界をとらえる意識）が不断の運動のうちにあり，主題的対象，志向性に向けて動いているからこそ，生活世界は常に生きているのであり，私たちは意識的であれ無意識的であれ"互いに共に"という形

で存在しているといえる。今日も一日頑張ろうという朝の始まりは，昨日から連続する今朝であり，頑張ろうとする志向性が互いに共にあるからこそ仕事ができる。幼い子どもでも，自分の意志で昨日に続く今日をつくっている。それゆえにこそフッサールは，「生活世界は根元的な明証性*の領域である。明証的に与えられたものとは，それぞれの仕方で，知覚において直接に現前している『それ自体』として経験されるもの，あるいは記憶において『それ自体』として想起されるものである」[27]とする。

　まりつきをしている自分自身が知覚においては今，まりをついている身体状態として認識されるものであり，また10分前からついていた自分がそれ自体として想起されるものである。連続する時間の中で主体としてのわたしが意志，志向性をもって行為しているからこそ，根元的な明証性の領域としてある。生きているという実感は，明らかな証拠としてのこの生活世界があるからであり，自らの身体でまりをつくるという現実がなければ，それ自体として経験され，想起されるものは得られない。ベルグソンがいう想起的記憶として時間と場所が規定された直接的経験とは，生活世界の根元的な明証性の領域をいうのである。

(2) 言葉とジェスチャー

　私たちは明証性に裏付けられた生活世界の中で，抽象的な言葉という音声や記号をもち，振りや言葉を媒介にして関係に意味をつくりだす。日常的に経験するすべてのことが意味として立ち表れ，意味に取り囲まれて生きているのも，言葉が介在するからである。今，自分が普通の状態としてここに存在するという認識自体，意味をおいて自分が在るということであり，日常は意味にあふれた世界である。

　ある物や現象を想起できるかできないかは，共通に分かり合う言葉が介在

---

*　**明証性**　　はっきりした証拠，明らかな根拠のある普遍のこと。哲学用語としては，直観的に真理であることを疑うことがない本質，普遍性をいう。

するか否かによる。たとえば，柿，牡蛎，花器という同音の言葉がある。私たちは，"かき"を言葉の抑揚と文脈の中で判断して想起する。かきに生けるとなれば花器，かきを食べるとすれば柿か牡蛎，カにアクセントがあれば牡蛎でありキにアクセントがあれば柿を想起する。それほどに，言葉は想起的な記憶を形成し，他者との関係に意味をつくりだす道具である。

　言語についてソシュール（*Ferdinand de Saussure*, スイス，1857-1913）は，言語は耳が知覚する音節と発声器官が音として出す二重性をもち一方が価値をもつのは他方によるとする。また，言語記号は恣意的でも人間の象徴行為は言語が了解される意義をもたなくなる，として言語を扱う困難さをあげる。そして，私たちは「語は単位としてそこに存在していて，それに意義が結びつけられるのだと信じてしまう。逆に，思考の中に語を画定していくものこそ意義なのに」[28]として「語」を画定する基準が一人ひとりの意識の中にあり，語る主体の感情の中にあるもの，何らかの度合いで感じられているものが言語の意義だという。つまり，思考の中に確定していく言語は，使う人の所産・道具で，社会が共有の所産として用いている恣意的なものである。恣意的なだけに従来使われていた言葉の意味より，ジェスチャーの方が言語を越えて意味を有する場合もある。うやうやしく挨拶するジェスチャーは，挨拶の言葉を越えてうやうやしさを表現する。転んだゆうこが泣きながら指の間から周囲の状況を伺うジェスチャーなどは，"指間から覗く"という意味より"泣く振りをして周囲の反応を試す"という意味のジェスチャーである。「もう大丈夫よ。元気，元気」と自らに話す語が，自我の表れを示し，「大丈夫」，「元気」がゆうこの思考の中に，他者からもらう言葉だけではなく自らを励ます語として画定したとき，彼女は"もう大丈夫，元気出そう"と自分に向けた言葉・道具としても使っていくといえるだろう。

　この社会が共通に分かり合う言葉という道具を，一人ひとりが画定する過程で，ジェスチャーが大きな役割を果たしている。幼児期は，言葉とジェスチャーは切り離せないもので，教師はジェスチャーを読みとることで言葉に置き換えている。下半身をもじもじさせると排泄の欲求か痒さを推測した

り，爪を嚙んで虚心でいると退屈か葛藤かストレスかと推察する。これがやがて言葉による応答に変わっていくのだが，言葉という道具はジェスチャーを伴った社会的な道具として，また自己を客観視するための道具として一人ひとりの中に画定されていくのである。

集団生活の経験がない3歳聾児は，入園当初，言葉でも振りでも相手に欲求が伝わらず，叩いたり蹴ったりして自分の欲求を通すが，やがて教師の手話によるコミュニケーションの方法を獲得してくると，ジェスチャーで会話する。

A児（3歳聾児）が作ったダンボール箱の2両連結の電車を，B児も作りたくて教師にA児を指さす。教師が指差しの意味を読みとって「ダンボール箱が欲しいの」と手話で問い，箱を提示すると，B児はそれをもってA児のところに行く。2両つなげるために穴をあけようとするが開かないため寝転がって泣く。それを見たA児がB児の肩を叩き，箱と箱を合わせた後穴を指さすと，B児はうなずく。A児は穴を一緒に開けてやる。

二人の動作は，手話とは異なる自然的ジェスチャーであるが，相手によく伝わって共通の電車ごっこの世界をつくっている。私たちが言葉の通じない外国で品物を指さしたり，お金を出したりしてジェスチャーで買い物をするのと同様，ジェスチャーによる動きが双方の動きを引き出して言葉として画定する状況をつくりだしている。ミードがそこに自我の芽生えをおいたように，A児，B児らは，欲求の表れとしての社会的なジェスチャーからやがて言葉としての手話を獲得していくと，言葉を媒介に関係の意味をつくるようになる。日本の聾教育が長年，ジェスチャーを否定して言語を取り出し指導してきたのは，個々人が言葉を画定していくところに意義をおかず，社会がもっている言語・語彙数を記憶させることに意義をおいたからではないかと思われる。今日，新井孝昭[29]や長谷川らによってようやく言葉を獲得する意義の置き換えをする試行が始まっているが，それは就学前教育の原理を再確認する作業になるだろう。ソシュールの言う「語は単位としてそこに存在していて，それに意義が結びつけられるのだと信じてしまう」教育から「思

考の中に語を画定していくものこそ意義」だという教育への転換だからである。それは聾教育だけの問題ではない。

　言葉を獲得していく幼児期に，知的早教育などの単位としての語を注入する教育から一人ひとりの思考の中に語を画定することに転換する教育が求められるのは同じである。一人ひとりの意識の中で言葉を画定する基準ができること自体，我の働きである。幼児は個々の基準に沿って言葉を画定しながらシンボリックな相互作用をしていく能動的な存在，換言すれば生活世界において自ら画定した道具としての語を他者との関係に生かして自己を発展させる存在だからである。生活世界と切り離したところに存在する言語には，ジェスチャーも言葉としての広がりも，自己意識も形成されないということである。

(3) 生活世界と全体世界

　生活世界にもう一つの意味の視点を提供するメルロ・ポンティは，「身体が新しい意味によって浸透されたとき，身体が新しい意味の核と同化したときに，身体が了解した，あるいは習慣が獲得されたと人はいう」[30)]として，「世界の媒介者としての身体」が行為として習慣化したとき，世界を意味のあるものとして現存させるとする。

　保護者にやってもらっていた身支度を，入園後，自分でやる習慣が獲得されたとき，つまり身支度が親の行う行為から自分のなすべき身体行為として置き換えられたとき，身支度という言葉の概念が成長する自分への喜びとして，自由の拡大として，自立に向かう自己意識として新しい意味を獲得したと考えられる。身体は，常に世界に開かれ世界と自分とをつないでいるのである。だからこそ，ポンティは「一つだけの道具は厳密にいえばない。道具の存在には，その都度，常に道具全体が属しており，その中において道具はそれがある通りのこの道具でありうる」[31)]として，私たちが道具としての言葉や意味を獲得するのは，道具全体の組み立ての中においてだとする。生活世界の道具は，個々バラバラなものではなく，場所，時間，対象，などが自

分との関係の中で継続・維持されて全体を形成しているもので，私たちの意志が全体を部分に分類するのである。たとえば，教師の生活世界といったらすべてである。しかし私たちは，仕事の時間と私的時間を区別する。仕事も子どものいる時間と放課後とを区分する。その意識に即して身体が意味を理解し動いているのである。総合的な生活世界で，意志が全体を区分しない場合は混沌である。公私の区分も，仕事時間内の能力集中も，金銭的区分も，意志が区分しない場合は時間や状況に流される。

　たとえ3歳児でもわたしを誕生させていれば，生活世界全体を区分する意志がみられる。親の顔を見た途端にだっこやおんぶをせがむ幼児が，集団の場では一人の自立した存在として振る舞う。親子の関係という生活世界にあった身体が有していた意味が，園という生活世界に意識を移したからである。それでもなお，園生活と家庭での生活は全体の中に連関して位置づけられ，全体を統一しているのである。物との関係も同様である。靴は左右でもって1足，箸は2本で一膳として自分の身体と関連する意味をもつ。日々歩行する道路の車と標識とそこを歩く子どもが全体的世界をつくっているのであって，道路標識や車や交通ルールだけ取り出しても，そこを歩く人間だけを取り出しても無意味である。車と標識とルールと道路網の構造，そして通学する子ども自身との関連があっての意味体系となる。このように考えると全体的世界は，意味体系によって維持され存続しているといえよう。

　ポンティが強調するのは，全体的世界自体が常に自己形成し，自己発展して意味体系を変容させているという事実である。洗濯機の発現は，洗濯板で洗っていた身体の動きを変え，生活世界における洗濯の意味を変えている。テレビの出現は，村々の語り部や祖父母の物語，街頭の紙芝居屋からテレビ画像の前に子どもの身体を向かわせるため，物語を聞くから物語を見るに身体の意味体系を変容させるといったようにである。しかし，こうした新しい意味が歴史の中の暮らしの文化と有機的に関連をもてば，全体的世界は過去も含みつつ現在も未来も包含する広がりをもつということである。洗濯機も扱い，洗濯板も扱う中で，洗いすすぐという経験の概念が広がる，電子媒体

の恩恵も受けるが，語り部にも耳を傾けることで全体的世界は過去も現在も未来も包含していくということである。ここに，デューイが「すべては生活に始まり，生活に統一する」[32]といった教育の原理，和田が生活と遊嬉に統一するとした論理，あるいは倉橋が「生活を，生活で，生活へ」とした原理を支える理論が潜んでいるといえよう。

2. 意味とシンボリックな相互作用

　言葉は，人間がこのように全体的な意味をも取り込んで生きる世界をつくりだす。言葉によって生活世界の共通の枠組みをつくり，言葉によって過去の想起，未来の予測が可能となる。カキがカキであるという共通の枠組みや，塀が塀であることが，わたしにとっても他者にとっても塀であるという共同意識が生まれる。カキを語る場合，季節と場所と状況性が運動記憶も伴って想起される。また，所有者がいるカキや塀は，どんなに欲しくてもそこに登って盗ってはいけないという認識が自分にも他者にもあるとき，社会の枠組みが共通認識されていることになる。わたしも他者も共に生きるその共同体の共通の枠組みの世界で，私たちがつくりだす意味は，表象が他者と行き交う相互作用の実体と言い換えることもできるだろう。

(1) 間主観的*な意味

　言葉に付随する振りや表情が，言葉以上に内面を表象することは前述した。言葉の獲得がまだ十分でない幼児期は，言葉より振りや表情が言葉を補う。しかしミードは，振りや表情，動きのジェスチャーなど個人のなかに他者の行動と同じような行動がすでに存在するから模倣が可能であり，そこに意味が生まれるとする。つまり「他者の反応が呼び起こされ彼の行動を統御

---

*　間主観的　　主観の間に成立する関係あるいは性質を間主観的という。間主観的な状態が成立するという場合，なんらかの主観の間に同意された言語を使って有意味性が人々の間に共有される。

する刺激になるところで，彼は自分自身の経験のなかに他者の行為の意味をもつ」[33]として，他者の行為と同じ過程に参加して自分の行為を統御する人間の「思考」がもつコミュニケーションの特徴をとらえている。思考は他者の中にあると同様，彼自身の中にあり，彼自身の刺激となる共通の反応を構成している間主観的なものだということである。

　これは茂木のいうミラーニューロンと同様，他者の中に反応を呼び起こす行為とジェスチャーが彼自身の中にも同じ反応を呼び起こすからこそ，そこに意味をおくことが可能になるという，意味生成のメカニズムであろう。

　5歳A児が声もたてずに涙を流している。「どうしたの，何が悲しいの」と問うB児の内面には声を出さずに涙を流す悲しみを伴った経験があり，自分が読みとった「悲しい」という意味を音声ジェスチャーで質問したということである。それに対してA児が「目にゴミが入ったの」と返してきたとき，A児は初めてB児に映った自分の姿が見え，目にゴミが入ったという意味を確認したことになる。「そう，痛いでしょ」とB児がさらに反応したとき，B児には相手の痛みを自分の痛みと感じる感覚があるということである。A児やB児が初めから意味をもっていたのではない。A児の行動からB児の読みとった意味がA児に意味を与え，A児の説明がB児に痛みの共感をよぶという共通の反応が行き交ったのである。

　集団の場では涙を流しているA児を笑う子どももいる。泣き顔がおかしい，5歳児なのに涙を流すのは赤ちゃんといった別の意味をおいた場合である。この子には，声を忍んで涙を流す経験がないのかもしれない。逆に，泣いたとき笑われた，あるいは赤ちゃんとさげすまれた経験があるのかもしれない。涙とつながる身体内の経験が呼び起こされて起こした反応が，他者との共通の反応を呼び起こせないのである。

（2）意味と象徴

　環境のアフォーダンス，場所・空間・時間と自己活動，記憶，身体知と経験そして関係のずれなどが間主観に意味を発生するように，自我が芽生えて

自己認識があるかぎり，私たちは意味のない世界は生きられない。意味から逃れようとしても意味が追いかけてくる。無意識の状態であっても意味を意識して私たちは行動しているという現実を多くの人々が実感していることだろう。駅のホームで電車を待つ無意識の一瞬，もし電車が遅れたら，事故を起こしたらといった思いがよぎる。職員室の喧噪から逃れて保育室内にこもっても，みんなの笑いは何だったのか，明日の保育準備に何をすれはよいのかといった迷いがよぎる。それがどんな意味をもつのかを予想して行動しているからである。それほどに，人間はいったん意味を保有すると寝ていても意味と付き合うことになるといえよう。

　ミードは，自我が幼児期に芽生え，自我が一度生じると，自分の自我に対して他者がそれに反応するように反応する過程は，「自分自身の他者との会話に参加し，自分の言っていることを自覚し，自分の言っていることについてのその自覚を，それから後に自分が言うことを決めるのに利用する」[34]ようになるから，有意味コミュニケーションが成立する，とする。幼児が転んで泣き教師に身を預けるのも，教師の反応に反応するように振る舞うことであり，独言して立ち上がるのも周囲の反応に反応する自分の振る舞いである。そこに意味が生まれてくるわけだが，シェリングの我意と違う視点からミードは自我の発生の背景について，

① まず最初に，ある種の共同的活動に巻き込まれている動物の間に，ジェスチャーの会話が成立する。
② ある動物の行動の始まりが，他の動物の刺激になり，その反応が最初の動物の刺激になり，行為を導く。
③ 双方に引き起こす反応，社会的刺激が，個人に影響を及ぼし，個人が反応する関係に，シンボル（象徴）が媒介する。

と，社会的経験と活動の過程に生じることを強調する。ミードは自我の発生を子どもの遊戯において観察する。子どもが母親の振りをしたり教師の振り，警官の振りをしたりして遊ぶ。母親になって自分自身に話しかける，警官になって自分自身を捕まえる，ある人物になって何かを喋り，他の人物に

なってそれに反応する。一人の自分が二つの役をジェスチャーの会話によって進行するといった中に自我の発生をみている。

　言葉が誕生した2歳ころの子どもが一人で「おやちゅですよ」「あん，あん」「おいちいでちょ」と母役と赤ちゃん役を演じている姿に出会うことがあるだろう。そこには気の向くままに役を移りながら会話する自分ともう一人の自分がみられる。双方が刺激しあうジェスチャーの反応が，言葉というシンボルを媒介に，意味をつくりだすのである。一人ごっこの場合は，自らが決定でき，いかようにもドラマを展開できる自由がある。その時々の決定の中で，自分と会話する自分を認識しているのである。

　ごっこも数人で行う場合，役を交代するためにはまわりの合意と了解が必要になり，役を分胆したりドラマ展開の合意をつくりだす必要が生じる。また，ルールのあるゲームではルールを守ることが楽しさにつながり，合意したルールを勝手に変更できない。組織化されたごっこやゲームに移行する前の，一人で役の振りをして遊ぶ段階に自我の芽生えがみられるとするのである。

　これは，和田實が模倣的遊戯としてごっこをとらえた中にも，ピアジェが，象徴的遊びが2，3歳から発生し7，8歳ころには終わりを告げるとして，これを幼児期の特徴的な遊びであるととらえた中にもみられる。ピアジェは実践の遊び（身体機能を動かす遊び，ここでピアジェがいうのは機能的遊び）は感覚運動力あるいは知力（質問，想像など）を使用し，遊びは質問あるいは想像を実践するが，象徴的遊びは「子どもが一つの対象を他の対象に変える時，あるいは彼女自身に類似する行動を彼女の人形にもっていく時，象徴的想像は遊びのための道具となり，もはや内容ではなく，この場合の内容は象徴によって表象された人物や出来事のグループである」[35]とする。そして，「象徴的遊びは自我に対する実在の表象的同化を通し，実践の遊びが機能的同化を通して」[36] すでにある成功した経験を強化するとする。現実では，母親になれない幼児が実在する母の役になって言葉や振りという表象的同化を通し，子どもである自分を認識する，つまりごっこによって自我が強

化されると考えるのである。

　一方，エリクソンは，幼児期の遊び，「殊にさまざまな自己像及び他者像を実験してみるというときのそれは，精神分析でいう自我―理想」[37]を最もよく表していて，理想に達しない部分を排除しながら自らを理想的な演者（行為者）として想像できる場合に，役割演技が可能になるとする。つまり，象徴的遊びの中で理想的な役割と邪悪な役割とのヒエラルキー（階級）を試し，実際に行う準備をするほどに，幼児は空想世界と交流して人間生活に参入するということである。幼児期の遊びが，自我を芽生えさせる上で重要な意味をもっていることは，ベルグソンの感覚運動的記憶から内閉的記憶に，そして想起的記憶に移行する時間の理論と深く関係するのはすでに前述したとおりである。また，澤口が脳のシナプス数の増加曲線が最高値になるという脳科学の発達曲線と，茂木が提唱するクオリアや仮想という記憶の実体からも，あるいはミードがいう自我の局面としての「I」と「me」の区分が明確になってくる幼児期を，この象徴的な遊びの様相から説明できることは，すでに諸家が研究しているとおりである。

　ミードに始まるシンボリック相互作用論は，プラグマティズム（実用主義）のもとで誕生したといわれる。プラグマティズムの考えでは，言葉や概念も道具であり，道具は実用に用いてこそ道具としての意味があると考える。ミードの役割取得（ごっこを遊ぶ子ども）でみたように，人間の相互作用が道具によるシンボリック（象徴的）なものであり，人間は他者の刺激・態度を身振りや言葉というシンボルによって取得し，能動的に反応する自我を形成するからである。刺激に対して意味を付与し，シンボル化することで情報を選択し再構成することを可能にする。行為する人々によって構成される人間社会は，相互作用する人々の行為によって社会の本質を形成するともいえる。ブルーマー（*Herbert George Blumer*, 米, 1900-1987）が，相互作用の性格は，「人間がお互いの行為に，単に反応するだけでなく，お互いの行為を解釈し，規定する事実」[38]によって生ずるとするように，泣いている他児に対して受身的に反応するのではなく，それを主体的に受け止め，意味づ

け，解釈した上で受容するからこそ，自分自身の行為を志向することができるのである。つまり課題に立ち向かい，働きかけ，修正変更し，新たなものをつくりだす能動性があるからこそ，相互作用は動的，発展的になるということである。

　幼児教育が目的とする道徳性の涵養につながる意志・志向性とは，主体的に受け止め，意味づけ，解釈する自己を認識しつつ形成する生成発展的なものといえよう。ブルーマーは「自分自身との相互作用」は，外界を自らに表示する過程と，表示されたものを解釈する過程から成り立ち，「自分自身を認識でき，自分自身の観念をもち，自分自身とコミュニケーションでき，自分に向かって行為できる」[39] 対象化した自己を認識することが自己を超越できる鍵となるとする。船津の説明によるところの表示過程とは，「客観的事物，また，他者の行為，期待，要求のみならず，自分自身の欲求，感情，目標，集団のルール，状況，自己観念，記憶，将来の行為のイメージを自分自身に表示することも含む」[40] もので，「ものごとを，その背景から解き放し，分離し，意味を与え，ミードの言葉を使えば，それを『対象』とする」ものをいい，表示過程はさらに「自分のしたいこと，その仕方，条件，要請，期待，禁止，脅威を，自分自身に表示することによって，それを自分が取扱いうるものとし，それにもとづいて行為を推し進めることができる」[41] ようにするもので，表示がなければ解釈も生まれないということである。解釈過程は意味の取扱いの問題で，解釈過程によって「事物や他者は，人間を絶対的に拘束するものから相対化されて，自由に選択され，取り扱われ，変更されるものとなる」[42] とする。

　ジェスチャーという身体運動によって内面の表示が自らに確認され他者に表示が伝わる。他者がそこに意味を付して反応を返す，あるいは反応しない状況を自らに返して対話する。この表示過程と解釈過程が，自分自身と会話し，自己を認識し，観念を形成し，その観念を自由に塗り替えていく実体ということである。

3. 生活世界の振りと会話

　保育という生活世界が探求する主題は，直観を出発点とする。知覚システムが心像を豊かにし，意味を生成しつづけている感性的直観が"互いに共に"表れてくるからである。私たちの記憶のうちには知覚したものが含まれているので，意味解釈のために想起（想起には過去志向も未来志向も含む）の分析をする際には，知覚の分析が前提となる。ベルグソンも意志・志向性なしに想起はなされず，想起自体，過去志向と未来志向を包含した志向性の表れとする。フッサールも，志向性なしには対象と世界は現存せず，むしろ対象と世界は主観的な能動的作用（能作）から生じた意味をもってのみ存在するとする。つまり志向性がなければ，現実も，過去も未来も現存せず，能作から意味も生じないということである。感性的直観をもたらす知覚システムは心のシステムにつながり，その都度変化する状況に対して思念し，予想し，一つのものとして統一的に作用するわたしを形成していくのである。

(1) 意味の生まれるところ

　意味についてフッサールは，運動感覚，妥当変移，地平意識，経験の共同化という主観的根本現象をとらえていくことだとする。つまり，自分の身体運動（内的な運動感覚と外的な実在的運動）を働かせながら，その運動感覚は「もし～ならば～である」という志向的な連関の中で何を妥当とし変移とするかを解釈して知覚している。しかし，他人と共に生きることによって相互に訂正しあう妥当の変移が起こり，わたしの経験と他者の経験がつながっていく。たとえ，相互の不調和が発生しても，一致を目指すことが可能だということが確信されている。各人の意識において，共同意識において，一つの世界が一部はすでに経験された世界として，他の一部はすべての人々の可能的経験の開けた地平として恒常的，連続的に妥当し続けるから，すべての人々にとって共通で普遍的な地平としての世界が成立する。経験の共同主観は，わたしと共に生きる人々にとって無限の地平なのである。

「郵便屋さん，お入りなさい」と歌いながら跳んで遊ぶ縄跳びで大縄を回している幼児は，跳ぶ友だちの動きに自分の腕と縄の回り具合を合わせていく。跳ぶ側も，回す友だちの動きに自分の身体を合わせる。それぞれが一致を目指して共同することが確信されているからこそ，跳ぶことができる。かくれんぼも同様，鬼と身を隠す自分の関係がみえていて，必ず鬼が自分を見つけてくれるという確信の上で遊びが進む。その確信ができないときは，かくれんぼを遊ばない。全盲のキーボード奏者大島章は6歳の頃かくれんぼで遊んでいて，随分時間が立ち，夕飯に呼ぶ母の声で自分が見つけてもらえず一人残されたことを知ったという。それは，全盲だということを初めて知った衝撃の瞬間で，確信がくずれた原因が外界が見えない自分にあった悲しみである。今まで何の疑念もなく自分と共に遊んできた他児が，かくれんぼでは経験の共同主観が同じ地平になかったという経験は，音楽を通して共同主観をつくることに彼を向かわせたといえる。

　こうした意味を生みだしているのは，個々の人間存在であるが，個々の存在は全体的世界を構成する。また，全体的世界は意味の総体であり，個々人は全体世界の意味へと自分を適合させ維持していく。そこで私たちが意味を考える場合には，現象学的な視点から全体的世界へと遡及して，現存する今という世界とその延長線上にある全体世界の意味産出のメカニズムに迫ることだといえる。

　水道で水を多量に流したまま絵の具ポットを洗っている3歳児がいる。その幼児を見てもう一人も水を出し蛇口に手を当てて水が飛び散るのを歓声をあげながら繰り返す。教師が来て「水を無駄にしないように」と注意するが，二人には通じない。幼稚園等の3歳学級ではこんな風景は日常的である。水を無駄にしないという教師のもつ意味は，すでにある全体的な世界が共通に認識する事項である。しかし発達途上の3歳児には，延長線上にある全体世界がまだ経験されていないため，無駄という言葉の概念も，その状況を想起させることも不可能なのである。今，自分が行為していることに快を感じている。それも一人ではなく二人が並行して水で遊ぶ快が伝染する共同

世界がある。彼らが水で遊ぶ延長線上に全体世界がもつ意味があることを真に学ぶのは，渇水に遭遇するときである。水を無駄にしないという意味は，水がなくて困るという問題解決をする過程から生じる。溢れるばかりの水が提供される状況では無駄の意味は経験できないのである。早急に渇水経験を得させるには水道を止めることである。水がないと困るという経験が，無駄に使わないという意味を感得させる。幼児の経験と教師の経験それぞれの意味がつながり，一致を目指すことに信頼をおけるとき共同意識が生まれ，教師が経験した世界が，幼児にも可能的経験の開けた地平として恒常的，連続的に妥当し続けるからである。すべての人々にとって共通で普遍的な地平として成立する生活世界は，たとえ3歳児でも自我が芽生えていれば，水を無駄にしないという共同意識が形成される地平としてあるといえよう。

(2) 共同感情が生まれる保育のトポス

共同感情が生まれるところには，経験の共同がある。フレーベルが，手遊びをしながら歌う母子が語る世界を共同したり，父が労働をしながら傍らに子どもをおいて，作業を手伝いたい子どもの衝動を活動につなげたりした中に共同感情が生まれると考え実践したように，幼児の自己活動は常に他者との関係の中にある。ポンティ[43]は，認識の機能は，身体内に経験組織化の能力というものがあって，刺激群は幼児なりの身体的・社会的条件の中で可能なかぎりの布置や平衡の型を得ているとし，言語習得も同様とする。そして，感覚的な諸性質や空間の知覚などの非感情的にみえる知覚ですら，"パーソナリティや幼児がその中に生きている人間関係によって深く変容されるもの"だとする。

実践者は子どもとの関係に共同感情が生まれるとき，仕事の醍醐味を感じる。生活を第一として，灰や腐葉土をつくり，野菜栽培を実践する北野は，野菜の味見をする会話の中に共同感情が生まれることを実感する。労作したからこその野菜の鮮度のよさであり，その場で味見できる感覚である。この実践を「大根の葉を食べたときの味わい方，言葉での表現，楽しみ，興味,

目の輝きなどに表れる共感，消毒せず草や虫の幼虫をとりつづけてきたこと，盛り土をしたことなどが会話の節々に表れる。自ら体験したことは意味を知る本当の知識であり，畑の世話をするという子どもの生活に結びつき，知識が生かされていたからではないかと思う」と考察して，共同感情が，積み重ねた経験の質と，惰性化しない意識によることをとらえている。

　大根の生長を観察し，味覚で確認する非感情的知覚も，"幼児がその中に生きている人間関係によって深く変容されるもの"で大変知的な作用ということになろう。共同感情はこうした明証性のある経験によって身体を通して生まれていくのである。ポンティは，「他者の言葉は所作以上のなにものをも与えないのだ」[44]として，ここにある問題は，ある命題に配列された自分の思考以外の何を意味するのか，所作が何を示すのか，自分が入れ込んでみえたもの以外の何が見えるかということで，「われわれのすべての経験によって暗黙のうちに行われている定位」[45]が自分の身体性を転移可能な一つの意味に仕立て上げ「ある共通な状況」を可能にし，「われわれ自身」の知覚にしていくとする。栽培活動から味見の命題が生まれ，他者を自分の思考に引き寄せ，われわれ自身の世界をつくり出したということであろう。共同感情とはわれわれ自身の知覚である。

　遊びの中では，この共同感情が動力になる。しかし，それが自然に生みだされるわけではない。互いの所作，運動に命題が見えないと，身体が納得をつくり出さないのである。

　幼児期に発現するごっこには，共同感情の有無が顕著にみられる。次は4歳児3学期のお家ごっこの様子である。

　　　　H児に「入ったらお兄さん」と誘われたS児は「先生に言ってくるね」と立ち上がる。H児が「何，言うの」と聞くとS児は「呼んでくる」と出ていく。教師はS児が仲間に入れてもらったことを知り，その場を離れようとすると，S児は「行ってくるね」とついていこうとする。H児が「どこへ」と聞くと「分からない」と答える。K児に「ね

え，犬になってくれる」と言われるとうなずき，犬がうんちをする振りをする。K児が「遊園地に行こう」とみんなに声をかけるとS児は「片付けてない」と泣きそうになる。みんなが「いいじゃん」となだめる。遊園地に見立てた梯子渡りで「ねえ，どうするの」と聞く。L児が「もう，帰れ」と怒鳴る。K児が「何やってるの，いらつくなあ。なんにもできないくせに」と吐き捨てるように言う。

　S児は仲間に入れてもらっても，自分の居どころがなく身体が不安定で「あなたは」と問われると不安が増幅する。犬になった振りで安定を得たのもつかの間，遊園地に見立てた場所への移動が身体のありようを変えるため，反応がついていかない。他児もわれわれ自身というある共通な状況が中断され，ごっこの世界から現実に戻されるために周囲に不協和が生じている。片付けが終わらなくても梯子を渡れなくても身体がついていけば共通な状況がつくられ言葉も変わっただろう。場や物を見立てたりドラマを展開して言動をやりとりするごっこは，身体性と対話によって他者の言葉を自分の意味に配置していくことが問われるだけに，われわれ自身の世界を作り出せない場合には苦痛である。しかし，自らも相手の想起する世界を想起し，自己発揮しながら共通な状況を生みだせると遊びは面白い。
　次は，われわれ自身という共同感情をつくりだす5歳児の電車ごっこである。

　　A児，B児が一輪車を引いてきて出会うと「京浜東北線だから」「これ速いの？　お前，新幹線」「うん，ひかりがいい」と会話する。C児が「まだ電車こないなあ」と言うとB児は急いで車をベンチの横に着け，乗せるが「あ，待って，下りて。2番線と1番線」とベンチを取りに行き，雲梯の下に置く。A児が「1番線入ります」と車を着けると，B児は反対側に着け「2番線，2番線に入ります」とアナウンスする。3人で，東海道線，中央線特快，東北新幹線など出し合い「うん，東北は上野駅だから駄目だよ」「上越は」「上越も東京にくるっけ」「やっぱ，

ひかりにする」と新幹線ひかり号で東京から福岡往復と決める。東京駅と博多駅で客を乗せると絶妙なタイミングで名古屋駅のホームに入ることを繰り返す。C児がB児の車に乗り「いいかな。体重23キロだよ。200キロで走れる」と自分より小さいB児を気遣う。

　新幹線の合意をつくるまでの意見の出し合い，駅の配置，乗客のさばき方，到着する呼吸，相手の身体的疲労への気遣いなど，それぞれの応答が共同感情をわかせている。ポンティが「共通の言語体系(ランゲージ)への，あるいはさらに言語活動(ランゲージ)という共通の世界へのわれわれの所属も，私と私の言葉(パロール)との原初的関係を前提にしている」[46]というように，個々に定位した関係が"共通の言語活動に参加しうる存在の次元という価値を与え"もう一人のわたし自身が他者になりうるし，わたし自身になりうるということである。

　生活やごっこなどの遊びに生まれる共同感情とともに，集団生活の中で幼児は様々な共同感情の機会を経験している。素話の世界は，語り手と聞き手がいて，場所と時間を共にしながら他者の言葉のリズムに自分の身体リズムを合わせ，物語の世界の共同感情をつくりあげていく。子どもの経験の語りも物語として，他者に共同感情を起こすように，プラトンも「保母や母親たちを説得してそういう物語をこそ話して聞かせ」[47]物語によって彼らの魂を造型するとする。益軒もまた「いとけなき時より，年老いておとなしき人，才学ある人，古今世変をしれる人，になれちかづきて，其物がたりをききおぼえ，物にかきつけをきて，わするべからず」[48]と，老人の物語りを聞くことを奨励する。ベルグソンの想起的記憶の発達が，言葉による"物語る経験"から促進されるように，言葉は「表現機能，ことに言葉は，その生誕の状態でとらえるならばもはや単に存在の共同体にすぎぬものではなく，行為の共同体でもあるような共通の状況を設立するのだ」[49]とポンティは言う。行為から言葉へ，意味から言葉へと，共同感情も言葉による行為の共同体とすると，物語の世界も身振りと言葉のシンボリックな相互作用によって共同感情を形成するといえよう。3歳児の姿からそれをとらえてみよう。

第1章 自己と自己教育

　プール遊び後の休息に，安部が絵本「みんなおひるね」を取り上げた実践である。半円形に椅子を並べ，その中央やや後方に安部が座って，全体に絵本の絵と自分の表情が見えるようにしながら絵本を取り出すと拍手が起こり，数人が椅子をがたがた揺する。「ねこさんが　おひるね　すや　すや　すや」「いぬさんも　おひるね　すう　すう　すう」とゆっくり読むと，3人が椅子から床に腹這い寝転がる。安部は全体の幼児の顔をゆっくり見ながら次のページをめくると3人は椅子にさっと座る。「きつねさんは　すずしい　こかげで　くう　くう　くう」とリズミカルに読むと，一呼吸おいて隣を見ながら7人が床に寝転がる。安部がゆっくり次のページをめくると，寝転がった幼児たちはさっと椅子に戻り姿勢を正す。安部はさらに読み進む。「パンダさんも　こかげで　ぐう　ぐう　ぐう」今度は，ほとんどの幼児が床に寝そべる。数呼吸おいて隣の友だちの顔を見，動きを感じて，同時に立ち上がり座席に座る。チンパンジー，シロクマ，カバ，トラ，ライオンと昼寝の場面が繰り返されるたびにほとんどの幼児が寝転がる。ライオンがあくびをする写真の場面では，幼児は口を大きく開けて伸びをする。安部が「あつい　あつい　なつは　みんな　おひるね　おやすみなさい」と読み終わると，幼児たちはしばらく床に伏せて寝ている。

　動物の親子が昼寝する「快」という絵の情報が，幼児の探索欲求を刺激し動物と一体となって身体レベルで同調行動を起こし，動物に感情移入し，自分を昼寝する主体としてその場に参加させる，という行為の共同体をつくっている。椅子をがたがたさせること自体，絵本へのわくわく感という共同感情である。身体が反応することによって言葉が共通な状況におかれ，絵本が発する動物の親子の昼寝を受感していったと思われる。

　幼児に「快」を伴った昼寝の体感が呼び覚まされ，絵本の動物の親子に自分を重ねる数人の動きが周辺の幼児に広がる。ランゲフェルド（*Martinus. Jan. Langeveld*, オランダ, 1905-1989）が，共同存在としての人間は，「事物によって直接に語りかけられ（筆者註，第一の関係は『受感的』），さまざまな可能性を発展させると同時に，かれはまた直接に共同存在としての人間によっ

て語りかけられる。―中略―人間が人間に対してもつ，この第二の関係は『入感的』と呼ばれ感情移入的である」[50] というように，幼児の動きが伝染するのは，「快」の情動が感情移入され身振りやその場の空気がコミュニケーションとして機能するからである。絵本の動物の親子のように，絵本を見ている幼児の想起的記憶にある昼寝の経験も快であったに違いない。絵をともなった物が語ることからの「受感」だけでなく，人が語ることからの「入感」，場に生じる「共感」が，そこに参加する幼児に絵本のアフォーダンスの価値を感じとらせ，次に繰り返される場面を予測して，それがイメージとして描けるからである。

「はんぶんこ　はんぶんこ」の絵本も繰り返しが多い。はんぶんこの言葉になると，安部は「間」をおいて幼児の顔に目をやる。数人が唱和する。読後，安部は「今日のおやつは，二人ではんぶんこ」と言いながら一枚の皿に一袋の煎餅を配ると分配する二人組を確認する。「いただきます」の挨拶の後，幼児たちは袋を開けて2枚入っていた煎餅を1枚ずつ分け，歓声をあげながら煎餅を取る。一枚ずつ分けることを間違う幼児はいない。

幼児は「はんぶんこ」という言葉にともなって学級内に発生するわくわくした共同感情の中に含まれる「価値」を見いだし，取り込んでいるといえよう。絵本に登場する動物の名前を教えたとしても，半分という言葉を1/2と理解させたとしても共同感情はつくりだせない。シンボリックな相互作用によって，生活世界という全体世界で生まれる受感，入感，共感という作用が関係の中に生まれることが必要である。幼稚園等では素話を聞かせる，絵本を読み聞かせる，絵を描かせるといったことに意義をおく実践が多い。しかし，問題は，幼児自身が言葉を画定する，生活世界を定位することに意義があるように，絵本の世界に共同感情をつくりだしたり，描く世界に没頭する我に意義を見いだしたりしていくことではなかろうか。

第2章

教育臨床への挑戦

§1 教育実践へのアプローチ

1. 教育実践のもつ必須条件

　多くの人々が，自らが構築した就学前教育の原理を人間の生きる姿形に具現化するために，様々な実践へのアプローチをしている。教育の場所(トポス)にその姿形を現し，相互作用の中に共同感情を生みだす方法の原理を追求し，自己活動，自己教育する主体を形成することを実践としてきた。その臨床の場の実践をどのようにきわめ，人間にとっての，あるいは子どもにとっての教育的価値を追求するかが，実践を通して原理を浮きぼりにし，確かめる視点である。

(1) 実践研究の定義

　カントは自然的教育と実践的教育とに分けて，実践的教育は理性の上に成立することを明言している。大人たちの一方的な養護や保護ではない，わたしが主体となる自覚的，理性的次元での実践的教育である。カントも幼児期

の遊びの重要性に触れているのは，わたしという主体が芽生えた後の理性的次元の実践的教育を目指すからである。フレーベルが幼児の遊びと両親と共に行う労働と祈りのある生活という方法原理によって，自らの本質を発展させることを幼児教育の根本に位置づけた根拠は，自己教育をもって教育が始まると考えるのもカントと同様である。教育実践はまさに，教育の目的・課題をどこに置くかにかかっているといっても過言でない。

　ここでいう実践（労働・活動）とは，教育の本質において教育が人間にとってどのような価値があるかをとらえていく概念である。それは梅根の実践課程から問題解決課程，基礎課程へと循環する考え方にあるように，主体である子どもが明証性のある生活実践から，そこで発生する問題や探求課題を主題として解決する課程，さらに認識にまで高める基礎課程の循環の中にある生活実践である。幼年期の教育は，生活に統一するという方法原理を有しながら，家庭での保護・養護とは異なる人間の教育ともいえよう。斉藤浩志（1926-）は，勝田のいう「教育的価値」を追求することこそ，教育学の基本命題で，あらゆる分野の教育研究の基本的・統一的研究視点だとする。そして教育実践とは「常に『教育の論理』と『教育的価値』を課題とする実践であり」[1]「子どもたちが自覚的に意欲的に『学習』し『発達』する『自己運動』の力を育てていく論理であって，そのようにして『人間としての自己実現』のエネルギーを子どもの人格の内部に育てていく論理」[2]としている。就学前教育は，その動力，自己運動の力を幼児の中に自覚させ，認識させることに始まり，子どもの中にある動力，自己運動の力を確かなものにしていくことが実践の命題といえよう。

（2）教育的価値

　矢川徳光（1900-1982）は，教育実践は子どもとの共同作業を通して「子どもが何に悩み，何を畏れ，何を喜び，何を悲しみ，何を考えているのか」[3]を理解し，発達の実体をなす"経験している内容"を把握して，子どもが自己形成していく方向を，取り巻く環境や直接的なかかわりによって用

意し，自学自動を支えていくことであるとする。それは，現実を直視しながら見いだす方向を，共に考え模索する子どもとの時間の共同でもある。

　教育実践とは，ある集団内における関係の相互性・多義性が相乗効果をもたらすダイナミクスを発生させながら，実践に志向性をもつこと，実践の継続性をもつこと，実践を共同する地域共同体を有すること，を必須条件として，そこに子どもが育ち合う時間・空間を創出しながら，実践の明証性をつくりだしていくことである。矢川が「人間の発達とは制限を脱却すること」[4]であり，「限界を脱出」して自己発展し，自由への道を進むとした教育実践の真髄は，教育が人間にとっていかなる価値を有するかを，実践の明証性によって吟味するものである。

　実践の志向性とは，教育がどんな教育的価値を目指して実践されるかである。就学前教育も含めた初等教育が道徳性を涵養することを目的とするように，就学前教育の課題を具現化する実践は，子どもの意志・志向性の発達や経験内容を吟味する。それが教育環境との作用であり，関係の中の意味の生成であり，子どもの姿形にみる意思や志向性の表れである。

　かつて，綴り方教育を実践した教師たちは，働いても働いても食べることすらできない厳しい現実を直視した子どもたちの綴り方から，どのような社会をつくるか，どんな人間として生きるかを子どもと対話した。無着成恭（1919-）の「山びこ学校」[5]にある生徒たちの綴り方「母の死とその後」や「病院暮らし」，「僕はこう考える」，「父は何を心配して死んで行ったか」などを読むと，何度読んでも深く胸をえぐられる。国分一太郎（1911-1985）は，この教育実践を「形式主義的でゴッコ遊びみたいな社会科のゆきづまりを打開する方法」[6]を志した実践で，① 全員が「自分が見たこと，きいたこと，したこと，感じたことを，ごく率直に書きつけている」こと，② 個性が表れて多様だが，「事実にもとづいて論理的に思考したことを，きわめてハッキリと書いている」こと，③ 児童生活詩を継承しながら「生活と感動の急所をキュッとひきしめた形のものになって」いてその後の職場，農村，サークルの詩作に影響を与えたこと，④ 美文・観念文でなく「現実生活にピッタ

リ密着した形で書かれており」戦後文学に対して新鮮な刺激を与えたこと，などを評価している。またそれは，「現実の事物のこまかい観察と凝視，それに基づいてだけ，『ある考え』や『感じ』をつくり出していく下からの思考方法，認識の発達のための初歩の方法と，本に書いてある抽象的なこと（つまり概括された理論）から学びとらせる方法とが，いかにも統一された形で行われている」[7]とする。つまり現実を直視する感性と，教育の外的作用と内的創造性が統一に向かっているところに，国分は無着の教育実践の教育的価値をとらえているのである。まさに，子どもの綴り方に，日本的な，そして人間の本質を開く方法の原理が実現しているということである。

　就学前教育では，作文によって子どもの内面に迫ることはできない。子どもの語りに耳を傾け，その語る世界をとらえるために，「ママ，あのね」「せんせい，あのね」といった子どもの言葉を書き取って，そこに表れる子どもの内面をとらえるといった方法がとられる。あるいは，絵や作品として表現されたものから，子どもの現実を直視する目や空想を広げる世界，そこから統一を図ろうとする我をとらえて，教育実践の価値を吟味する。福光が実践した「生活のうたを描く」の裏表紙に，黄色の台紙を赤色の水性ペンで塗りつぶした子どもの絵がある。鈴木五郎（1950-）は，こんな描写をしている。「4歳の子どもが赤いサインペンでB4版の画用紙に小さな克明なタッチで埋めはじめている。赤いサインペンで埋めはじめた画面がまぶしく目にしみる。もう1時間も手を動かしている。そして―2時間その手の動きが止まらない。ペンを持つ手が痛くなってときどき手を振って休める。少し休んでまたはじめる。4歳の子どもとは思えないほど，緊張と集中を持続させている。その傍らで子どもたちがゲームをしたりして遊んでいる。誰かが声をかけてもそれに応じるでもなく，描き続けている。教師たちはその子どもにときどき目をやりながら声をかけたりはしない。集中の邪魔をしないようにそっとしておく。子どもは他人に命令されたのではなく，自分の意志でひたすら手を動かし，手の動きによって白い画用紙の空間を赤いペンで埋めることの楽しさを味わっているようである。ようやく塗り終わったところを見計ら

って『これは何を描いたの』と教師が声をかける。子どもは『ゆうやけ』と答えている。」[8]

この教育実践にも深い洞察がある。緊張と集中を持続させて自分の意志で手を動かす。2時間余の作業は手指を痛くするが，なお意志を集中させる。その幼児の意志が継続できる環境を保つ教育実践である。そこには，福光の善を志向し，自由を実現する人間への教育的信念，原理がある。絵という表現手段を通して，教育的価値を子ども自身が生みだしているといえよう。

教育実践の継続性とは，こうした実践が一過性のものではなく時間的持続性をもつということである。1949年の青空保育から出発し，学習会を重ねて行き着いた実践は1974年から数えても30年以上継続している。つまり理念が生活文化として位置づいているからこその実践である。教育実践の継続性は，教育的価値が社会に生き続けることにある。無着の実践が今日も多くの人々に読み継がれ，神谷保育園の実践が子どもの身体に経験として刻みこまれるだけでなく，町に文化として生きていることが，教育的価値のもう一つの側面である。イタリアのレッジョ・エミリア市の幼児学校でマラグッチ（*Loris Malaguzzi*, 伊，1920-1994）と教師や子どもや保護者たちが共同して生みだした教育実践も1963年に遡る。第二次世界大戦後，教育問題に取り組んだマラグッチは，教会が独占してきた幼児教育から，「市民と家族がますます社会サービスと子どものための幼児学校を要求する社会において必要な変化でした。市民と家族は，より良い質の幼児学校，慈善的傾向から自由な幼児学校，保護施設だけではない幼児学校，そしてあらゆる差別のない幼児学校，新しい種類の幼児学校を求めた」[9]として，幼児の創造性を培う共同体におけるプロジェクトの試みを行う。身近な環境にある興味をもった対象と親しくなり，様々なアプローチを試み，心像としてある世界を豊かに表現する子どもに親や教師たちが耳と心を傾けることによって，幼児の意志や志向性の育ちをとらえるもので，それは映像を通し，子どもの言葉を通して世界に発信され，すでに40年余も継続試行しているのである。幼児の表現に教育的価値を見いだす方法論は，色や形だけではない。つぶやきの言葉や

詩,歌などに表れる姿の中から,音やリズムでの身体表現に,関係の中でつくりだす意味にも表れる。その表れを,何十年も継続して教育的価値を吟味している教師たちがいる。

　もう一つ,教育実践が志向性をもち,継続性をもつためには,実践を共同する人々が必要である。それは園内・校内といった狭い共同体ではなく,地域共同体も含めたその土地の人々との教育実践の共同である。鮎澤[10]は,結城の町に根を下ろして,子どもたちの生活に人形劇を組み込み,町の文化拠点として人形劇団を組織する。また子どもの玩具館を有するだけでなく結城紬の保存や結城の町の文化と幼稚園文化との融合を図りながら共同体の輪を広げる。東喜代雄[11]も,保護者と子育ての共同を図るために,地域ごとに相互に預かり預け合って友だちの家に泊まる経験を組織する。自分の子どもが育つ地域社会の連帯を築くことが幼稚園の実践と嚙み合ってその教育的価値を高めていくからである。

　こうした意味で教育実践研究は,今という時間だけを切り取ったものではなく,ある一つの園の思想研究でもある。時間がつくりだした文化,その集大成された各園の沿革史や教育史に刻まれた事実が,子どもや保護者,社会の姿形としてどのように現れているかに教育的価値の解釈が生まれる。教育実践研究が,ややもすると一事例研究に陥ったり,一過性の流行を追ったりする現実は,教育実践そのものを枯渇させていく。教育実践は,どんな理念を掲げ,実践によってどのように子どもの姿形に現そうとしているのか,その教育的価値を繰り返し問う過程にあるといえよう。

2. 教育的意味のエポケー

　表示過程と解釈過程という人間を能動的にする内的メカニズムに対する自我形成から教育実践の価値を吟味するという視点は,エポケー*に通じる問題を浮き上がらせる。就学前教育は,意味の解釈というパラダイムの連続であり,行為者の立場に立って内面を明らかにしつつ行為する,意味の体系を

生みだす生活世界の現象だからである。

(1) 生活世界の超越論的判断中止

　ある5歳学級で、「先生、遊んでいい」「先生、トイレに行ってきていい」と聞いて行動する幼児が大勢いる。教師は笑顔で「いいよ」と応答する。この教師は幼児の欲求を受容し、信頼関係を築くことを大切にしているという。自らの行為が、就学前教育の原理に通じる欲求の発露や信頼関係の構築といったゆるぎない信念に裏付けられているかぎり、この応答が幼児の自由を拘束していないか、自己判断、自己決定する機会を奪っていないかなどと想像することはないだろう。つまり「いいよ」という返事が、幼児に遊びもトイレも教師の許可を得て行く、あるいは許可を得なければ行かれないといった抑圧を与えていないかという吟味の視点は生まれない。

　3部にわたってとらえてきたように、教育論の行き着くところは、人間の自由のとらえ方であり、我のありようを規定する道徳性である。またシェリングの自然の理性化といった普遍の法則への気づきである。そこに教育実践を吟味する根元があると思われるが、私たちの日常ではこうした教育を吟味するための、我とは、自由とは、秩序とは、安定とは、躍動とは、時間とは、全体世界とは何かといった新たな主題を見いだすことに意識を向けない。すでに与えられている中に自分を合わせることに主題を見いだし、他者と合わせていることで安定を得ているからである。

　フッサールは、新たな主題は、先所与性（あらかじめあたえられたこと）の世界に生きるのをやめ、妥当性の遂行をたえず差し控えることによってのみ到達することができるとする。そう考えると、先導試行的な教育実践をした人々にしても、実践の継続はエポケー（普遍的な判断停止）なしには実現しなかっただろう。しかし、教育実践におけるエポケーは難しい。

＊　**エポケー**　ギリシャ語を語源とする判断停止、あるいは普遍的な判断停止の意味。私たちには無意識の志向性があり、妥当とする様態がある。その先所与性から解放されて新しい視点を開拓するための方法論的手段として、妥当様態からの判断中止をいう。

意識的にたえず新たな教育的意味と存在妥当性を得る主題を研究しようとする能動的な行為がエポケーによって拓かれるとはいえ，就学前教育は生活世界そのものであり，たまにではなくいつもすでにそこにあり，その世界の型のうちに生きている者にとっては，主題をもつ以前に動作や態度が先行してしまうからである。

たとえば，ある幼稚園で，朝の出会いで挨拶を交わした教師と子どもが，昼食前に集合して朝の挨拶を交わす。これはその園の時間がつくりあげた生活では普通のことで，当事者は疑問ももたず毎日繰り返す。それは，中学高校の部活で，夜の仕事場で，その日初めて顔を会わせた人々が交わす朝の挨拶言葉の拡大された領分とは異なる，独特の文化である。

挨拶とは何かという主題が生まれれば，超越論的判断中止は，この形式から自らを解放することに始まる。朝の挨拶と集合時の挨拶の意味は何か，すでに2時間も共に生活した者が昼食前に交わす言葉とは何かといった洞察をする自分が必要である。そして，園文化を超えた一般社会で通用する集合時の挨拶，挨拶の意味，関係の意味を子どもたちと互いに共に考えたとき，超越論的還元を可能にし主題が浮かび上がってくるといえよう。教育実践のみならず，すべての実践（生きる）のための基盤となる教育実践のエポケーは，その"意味と存在の妥当性"という主題に向き合わねばならないのである。

(2) 教育実践の吟味

一方で私たちは，経験が世界に開かれているように，教育実践に統一性があるか，普遍的妥当性があるかといった普遍的地平に対する認識ももっている。教育実践がわたしという一を包含し，わたしは常に全体に開かれているという世界の統一性であり妥当性である。その教育実践には，今まで自分の中では主題とされなかった無数の型が存在し，妥当性を吟味している。こうした知らなかったことを知り，試みなかったことを実践し，認識を拡大していく能動的な生活があるから，全体性の中で自分という固有性が確認され

る。わたしの教育実践はつねに全体世界に開かれて統一性と妥当性という二つの視座が交流しているのである。私たちが先所与性の世界に入り込んで生きることに留まらない能動性は，主観的な領界へ関心を向け，新たな主題を生みだす源泉である。それゆえにこそ，就学前教育は生活に統一することをもって，能動的なわたしという自我を芽生えさせ，意志，志向性を培うことを基本とするともいえる。

　たとえば，"片付けとは類別して収納し見えなくすることである"とする先所与性があったら，"片付けを自他ともに見えるように収納する"という新たな主題を生みだし，現実の生活世界でそれを試み実現することができる。寒い季節は室内で過ごすという先所与性があったら，寒い季節こそ屋内より屋外で遊ぶという主題があれば，新たな主題に沿って，日溜まりで過ごす面白さ，動いて身体が暖かくなる経験によって新たな主題の妥当性に気づく。"ウサギとカメ"の物語を聞く子どもが「今度は海の競争にして」という願いに教師自身がもつ先所与性から解放される。そして"ウサギとカメ"も海の競争になれば話は逆転する。新たな物語を創作できるのも能動的なわたしの自覚化であり，エポケーを働かせてわたしに立ち返るということである。子どもが好む児童文学には勧善懲悪の先所与性だけでなく，おそろしいやまんばや赤鬼，竜が優しい主人公であるという主題を生みだす視点が豊富に提供されている。

　これらは，客観的・論理的明証性を基礎とした科学知が超えられなかった超越論的現象学の視点である。生活世界は連続した場所と時間を伴い，現前している"それ自体"として想起される安定した地平がある。フッサールは，そこには科学をも包含したすべての内容があるから，客観的・論理的な科学の明証性より高い品位をもつ（認識が形成される）主題を生みだせる可能性に満ちているという。教育実践もまったくそうである。

　しかし，すでにあり，また明日もあるという教育実践の自明性が統一性や意味の妥当性を論じる主題に迫ることを拒む。明治時代から変わらない幼稚園風景の一コマとして，エプロンを掛け，オルガンを弾いて子どもと歌う女

性の先生像が放映される。今日でも，多くの幼稚園等が教師・保育士の服装として男女問わずエプロンをすることが求められる。それが，母性を象徴するのか，仕事着によって職場の連帯感を意味するのか，あるいはそういうものだという生活世界の自明性が優先するのかは定かでない。エプロンによって養護と教育をあわせもつ教師という自己存在が確認されるのかもしれない。日本独特のエプロン文化が象徴する就学前教育者の日常である。また，片付けの時間になると「おかたづけ，おかたづけ」と歌い，昼食時間になると「おべんとう，おべんとう」と歌う。帰り時間になると「面白かった，面白かった，面白かったお遊びも」と歌って一日が終わる。なぜ，生活の節目が歌なのか，毎日同じ曲なのか，家庭や社会で食事の準備後歌う文化があるのかなどと考えることなく，幼稚園等の既存の文化に従う。幼い，可愛い，上品という聖域性をつくるために，「おつくえ」「おいす」「お集まり」など何にでも"お"を付けたり，「先生」と自らを三人称で語る言葉が使われる。それがきれいな日本語なのか，幼児期に言葉の混乱を教えていないかといった疑問もなく，3年間，同じことが繰り返される。こうしたことが新たな主題を生みだすことを阻んでいるのである。

　エプロン文化の意味と存在妥当性，歌の意味と妥当性という新たな主題が生まれれば，そこに能動的な主観が存在し，エポケーが新たな主題に光を当てる。これについてフッサールは「真の超越論的判断中止は『超越論的還元』を可能にする」[12]という。エポケーは，先行する態度変更によって行われるので，あらかじめ与えられているといった内的拘束から自らを解放しなければできない。超越論的還元は，内的拘束から解放された中で，主観性，つまり人間として自己を統一している意識をもちながら同時に全体という世界内に存在するという意識をもち，判断中止と還元を自分自身に立ち返って行うことにあるとするのである。

　フッサールは心理を哲学する者に，"存在への問い，価値への問い，実践的な問い，存在や非存在に対する問い，価値あることや有用であることへの問い，美しいこと善いことなどに関する問い"など，現前する世界に問いを

発することを拒まないかぎり，新たな視点を生み出すことはできないという。つまり，現前する世界に問いを発している限り，現前する世界の中で堂々巡りするしかないということである。日常的な関心が働きの外におかれるとまったく別の意味の現象が立ち現れる。他園に見学に行ったとき，海外視察に出たとき，あるいは海に山に行ったとき，ふっと新たな主題が浮かび上がることがある。それは日常的な関心が働きの外におかれた状態がつくられたからである。

　朝早くから夜遅くまで就学前教育の場に時間的に献身していると思っている者にとっては，現前する世界に問いを発するだけなので，すでに意味を失っている問いを発して，さらに時間を費やす。場合によっては問いを発する自分さえ失って，身体だけが紙を切り刻んで反応していることもある。そうした幼稚園等の現場では，問いを発することすら忘れているのに，現前に問いを発することを拒んでも別の意味の現象は立ち現れないという困難な課題が発生しているといえよう。可能なのは，異なる時空間に自分の身体をおくことであろうか。そして，先所与性の内的拘束から自らを解き放ち，つねに能動的に世界を形づくりつつある自分という主観性が，本質への問いをもてるかどうかを洞察することである。そこに，実践の意味を洞察する多様な視点が生まれるであろう。その連続性の中に，自分がみえ，就学前教育界の考え方がみえ，超越論的相関関係が発見されるということになる。そこには，哲学する幼年期の人間教育の原理が横たわっているはずである。

§2　教育実践の真髄

1．八大教育主張の真意

　4千人も集まった教育実践家覚醒の会は，日本の教育史上またとはないだ

ろう。教育実践の吟味は，思想を語らなければ形式主義に陥るだけであるが，どこに教育の対象を据え，いかなる人間教育の原理を置くかである。手塚岸衛や千葉命吉のように八大教育主張後，排斥されたように，思想は時代の推移にともなって高い評価の対象になったり批判の的になったりする。思想を語ることはわが身を危険にさらすこともある。しかし何千年，何百年と続く人間の普遍がそう変わるものではない。そこに焦点を当てると，日常，無意識に流されている実践への問いが浮かび上がってくるのではなかろうか。

(1) 教育の先導試行の時代的価値

　これからの就学前教育の原理を自ら再構築するにあたって，『八大教育主張』[13)]に再び視点を当ててみよう。幼児教育界では倉橋を頂点に戦後まで一つの思想，一つの論述に傾きがちであるが，就学前教育を考えるなら現前する時代の外に身を置くために大正期の八大教育主張を理解しておくことがエポケーにつながるだろう。ここには明治の学制開始，幼稚園教育の輸入から半世紀，教育実践が様々に試行し模索した初等教育実践と，そこに生きていた教育の原理の集大成があり，本書がこれまで述べてきた就学前教育の原理が実践課題として凝縮され，実践とは何かを問う言葉がちりばめられているからである。また，就学前教育を語る言葉が枯渇した今日，古い言葉の中に新しい言葉を発見していくことも必要と考えるからである。言葉の置き換えができないかぎり，エポケーに向かう自由な自分は存在しない。八大教育主張で訴える内容に，子どもの姿に表れた思想や教育的価値を伝える言葉があり，実践研究の生き生きしさがある。

　八大教育主張をまとめた小原国芳は，ルソー，ペスタロッチ，フレーベル，モンテッソーリに始まった新教育運動が旋風を起こすきっかけが，第一次世界大戦に破れたドイツが国を起こすために掲げた「試行教育」（試み，行い，為し，勤しむ，働く労作教育，創造教育を言う）の影響だとする。1921年の8月1日から8日間にわたって4千名を越える人々が全国から参集し，

教育を論じたという。そこには，及川平治（明石女子師範学校附属小学校主事），稲毛金七（教育雑誌「創造」主宰，後早大講師），樋口長市（東京高等師範学校教授），手塚岸衛（千葉県師範学校教諭・同附属小学校主事），片上伸（詩人・早大主任教授），千葉命吉（広島師範学校附属小学校主事），河野清丸（日本女子大附属豊明小学校主事），小原国芳（成城学園小学校長）の８人の論客が登場するが，彼らはみな多彩な経歴を有し，日本の初等教育（就学前も含む）の黄金期を実践した人々といえよう。木下竹次（1872-1946），北沢種一（1880-1931）なども新教育の実践家として特筆に値するが，ここには登場していない。

教育の先導試行は，自らの教師生命を危険にさらす場合もある。それでもなお，子どもに生きる人々は，人間教育の本質を求めて自らの知を実践によって確かめようとするのである。

(2) ８人の主張骨子
ア．及川平治の動的教育論

及川平治（1875-1939）は「動的教育論」[14]の実践から，総代教育（優れた者を中心とした教育）ではない，すべての子どもの頭がよく働き，心情もよく働くように身体と精神作用を分離しない動的な見地を主張する。学習の定義を「今ここで我の要求を充たさんがためにその要求を充たす仕方，即ち活動系統を自ら構成する過程なり」として教材を授けるという思想を捨てて，教材に到達するように子どもの経験を育てるとする。それが地位論と機能論と題材論（自学論）の展開である。地位論とは，「我と環境との関係に於て自己を見出した意識」で知・情・意を分断せず動機を惹起こすことから出発し，子どもの能力に応じて行動過程を組織する。成長は地位の連続で，教育は成長の誘発である。修身科の例をあげた件はそれをよく表す。「秋田県の人だ。砂の上に木を植えて林を造った。幾度も失敗した。その間は村から反対も受けた。だからお前たちもかう云う風にしなければならぬ。」と話すが，「だから」以下の言葉は小言となり，子どもが自分はいかにすべきか

という意気を養わないとして，地位論は子どもが自分の生活とつなげて我の要求を充たし活動系統を自ら構成する力に変えることとする。機能論についても，子どもが生きるために活動する衝動を大人たちが撲滅しなければ，「現在の我は過去の経験を資料とし，未来の効果を予想して創造的に進化する」とする。そして教育が子どもの機能を重視して取り扱っていないことをつき，実践事例として，「問『みなさんは盲を知って居りますか』答『知って居ります』問『目を閉じて』答『見えませぬ』先生『左様な人にはいたわって上げねばなりませぬ』と言った。こんな馬鹿なことがありすか」と問題提起する。いたわってやるなどという言葉の偽りを子どもに求めるなということである。さらに題材論では「1年生，2年生の教育を見ると何が何やら分からない。『トリ，ハナ』を教えるに2時間も3時間もかかって居るが，―中略―我が輩のやり方では一ヶ月も掛かったら47字の仮名が悉く書けるようになる」として絵が文字の字引で，子どもは生活から考えて自学するというのである。及川の教育の定義は「教育は子どもが生活の価値を評定し統御することを補導するにあり」である。生活が苦しくても骨が折れても価値創造を楽しむ，つまり生活の価値を創造することに動的教育の真髄があるとする。若くして独自の教育実践を試行しただけに謙虚さに欠けるとして非難されたが，就学前教育原理の真髄に迫る視点はもちあわせていたといえよう。

　イ．稲毛金七の創造教育論

　稲毛金七（1887-1946）[15]は，「人間は自覚的存在であり人生は自覚的営み」として，教育は，自覚的存在である人間が人間全体をして自覚的人生を営ましめるために，自覚的方法を講じて自覚的現象を起こすことで，これを研究する教育学者も実行する実際教育者も，自覚をもって自己に対し，自己の職務に対し，その意義と価値を自覚すると主張する。主義なきところに人生はないとする稲毛の主義とは，人格，生活，思想，行動の統率原理・統制原理である。これを説明する条件として，主義は統制原理であり，統率原理は人格そのもの，生活そのもので統率されるものに存在する（と共にそれを

超越する）とし，教育上の主義・学説は教育の全体を包括し全体を説明するという。そして，「創造教育は，創造と云う原理を以て教育の全体を説明する」主張で，教育現象を説明するためには，① 目的思想，② 方法手段，③ 教育の動力の3方面にわたるとする。彼の目的思想は"創造"，方法手段は創造という目的を達成するための動力を主眼にし，動力は一元的に考えるとする。「教育者と被教育者と云う立場から教育を考えて居る限りは千年待っても教育の明瞭な概念は得ることができない」として創造目的は動力の動力で，創造と創造性と動力は一元とするのである。彼が創造を説明するのに「創造の創は，即ち作用である。『きづつく』『かさ（瘡）』『いたむ』『そこなふ』『やぶる』『こらす』とも読む」ように創造の半面の破壊を意味し，「造」は建設に該当するとする。創造という破壊に即する建設についてはベルグソンの自由性を取り上げる。自由とは超自覚的，全我的活動というインスピレーションで，それに従うことが自分の無上の幸福であるというのが創造の内的意識，すなわち自由性だという。創造それ自身の力で不断に自己超越する，それが自由の本義で，人間的現象である創造は，一つは人生を創造するという目的論，理想論になり，二つは人生は創造性だという方法論，手段論の基礎になると考えるのである。創造性が衝動から発露すること，文化の本質も創造性であること，そして創造性は一個の能力ではなく全生命の理想的活動をなしたときであるから，「真に卓越した創造性の発動を為し得る児童なら自由ならしめよ。但し卓越せざる者にとっては—中略—良い意味の注入も他学も必要である」として児童の自発活動に傾き過ぎる危険も指摘し，動機なければ動機をつくり，動機をつくるためには材料を与えることが必要だとする。そして教育者は，被教育者と共に創造生活を営むことの重要性を説くのである。

ウ．樋口長市の自学教育論

樋口長市（1871-1945）[16]は明治期の模倣主義，注入主義，教師中心主義は，明治期の教育としては必要であったとした上で，新教育の自学主義を主張する。① 児童内部の諸能力を十二分に発揮させる，② 児童の自主的学習

を重んじる，③ 主知説に反対して主意説に立脚する，ことを柱にしている。自学は，自主的学習，自慣的学習，自発的学習あるいは自動的学習という言葉の略で，学習の一形式だとする。児童は経験に先んじて生まれながらにして本能を有し，学習本能，学習衝動がある。自学教育では，フレーベルがいう作業本能，構成本能，遊戯本能のうち作業本能をもっと利用し，自然の学習本能の上に自学を建設するとする。そして自我の発達過程を論じたあと，方法論として学順，学式の二つをあげる。これは学習という作用を研究した結果で，学式には攻究式（自動的と被動的攻究式の二つ），試過式，模倣式（模想式と模技式の二つ）があるとする。これらは予習，本習，復習いずれの場合も適用される。学順は，学科の種類（知力科か技能科か理想科か），学習作用の種類（予習，本習，復習，練習）を踏まえることとし，複雑で全部は説明できないため一例が示されているが，知力科の文学の学習順序は，捉題，通読，精読，吟味の順で，提供された問題を把握し，一通り読み，次に読みや字句の意味を辞書で調べ，再度読みとき再考して教師にただす準備をなし，さらに本日習った読み書きに深い注意を向けるというもので，予習だけでも相当な自学である。これに本習，復習，練習が加味される。

　西脇の解説によると，樋口は自学に関する文献として次の図書をあげているとして紹介している。沢柳政太郎『学修法』（明治41年12月），樋口長市・立石仙六『自学法並これと関連せる教授法』（明治42年3月），遠藤隆吉『硬教育』（明治43年7月），西山哲治『児童中心主義攻究的教授法』（明治44年6月），及川平治『分団式動的教育法』（大正1年12月），山本良吉『発動主義の教育』（大正2年10月），河野清丸『自動主義最新教授論』（大正3年8月），及川平治『分団式各科動的教育法』（大正4年7月），河野清丸『自動教育法の原理と実際』（大正5年4月），同監修『自動主義教育実際叢書』（全十二編，大正5年9月），西山哲治『自学主義各科教授原論』（大正7年9月），また，自学主義実際上の中心として福岡県の谷本富『新教育講義』（明治39年11月），鹿児島女子師範学校の木下竹次がいるとしている。時代の流れが彷彿とされる知の連鎖である。

エ．手塚岸衛の自由教育論

「今や教育実践家覚醒の時期に際会して居ります」と感慨を述べた手塚岸衛（1880-1963）[17]は，自学主義より自由教育にまで高めることを主張する。従来の自分の実践も自学を命じるという子どもの自学と教師の教授が分離していたことを振り返り，予習，復習が自学自習ではなく，これこそが本当の授業だとするのである。学校生活のどこを切り取っても自学自習の血が流れている学校への改造は，自覚に基づく自学である。その真の自学をなすには子どもの自覚に訴えることで，そのためには自由を与えねばならぬとして，自由教育に至る過程を説明する。自己が自己を教育する立場に児童を立たせる以上，自己教育，自教育とした方が適切で，自覚の教育は自由に至るまでの教育であるとする手塚の思想が「自由教育」という言葉になったとし，自由について論究する。手塚の消極自由と積極自由は，シェリングの自由で読んできたとおりである。消極自由とは外部の拘束に対して反抗反対する自由で，積極自由は，自己の法則という拘束はあるが，自己の法則に従って自己が進んでいくものとし，自由教育は理性という己の法則に従う自由を陶冶する。「理性の自由活動，即ち自由に依って個性が創造せられる真善美は自由活動によってのみ作られる」として，自由は自然の法則に支配されながらも，理性によって己の中に法則をつくりあげ，己の意志により自由に自己選択，決定したことには責任をもつとする。そうした意味では，「自由が服従の第一義である」，つまり服従の第一義が自由であると積極的な自由を掲げる。子どもを力のないものと見過ぎた児童観を転換させ，「自然の理性化」を図っていくこと，そこに自由教育があると考えたのである。「自然の理性化」は篠原が生涯求め続けた哲学であったことを思いだすだろうか。手塚はそのための実際として，45分授業を40分にして時間を生みだし，自由講座，自由発表会，自治集会，自治会，通知票の廃止など，創意した実践の次第を開陳するのである。しかし，彼の自由教育は官僚体制から嫌悪され，やがて学校追放となって自ら「自由ヶ丘学園」を創設し園長となるが，6年で廃校となっている。ここにフレネ学校の危機と同じように時代を先取りした

者に与えられる試練として，教育が戦うものは本質であると同時に，一方ではその時代の制度であるという歴史を感じるのである．

####　オ．片上伸の文芸教育論

第一線の文芸評論家が教育論を闘わすという，ここにも八大教育主張の個性がある．片上伸（のぶる）（1884-1928）[18]は，実用一点張りの職業的受験的教育，一個の人間としての全体的な生活を生かすことを忘れた教育を批判し，人生の道徳的生活を内面的に統一ある一つの全体として考える必要を主張する．「人間の生活は複雑極まりなき一大総合である微妙なる一大交響曲である」として，この交響曲の実質内容を形成し基調を形づくっているのは人間生活の意欲の交流であるとする．年少の子弟が自己の生活の内容について善悪を尋ねる前に一切の意欲をいかにして思うままに伸びていくようにするか，無事無為のときにおける生活こそ，人間における最も重大な根本的な意味深い生活であるとして，交響曲の一音一音を引き離さない全体に対する理解と批評の必要性を述べている．教育，教化，感化の事業は生活意欲が是認されるところから出発し，愛憎も服従や反抗も，生活意欲が相集まって一大交響曲をつくりなし，そこに人間生活が創造されるとする．「文芸教育は単なる感情教育ではない，人間の道徳生活に対して最も微妙な，甚深な根本的永久的な感化を有するものは文芸であって，その力に依って，教育の根本的総合的な事業が成遂げられなければならない」として，その根本の心力は，自己を実現しようとする動力となって実生活に表現されるのである．全的な根本的な真の教育は，文芸の力によって，最も自然に悦ばしく，確実に行われることの主張である．当時の文学界の新人気鋭が語る文芸教育論は，プラトンを想像させる．

####　カ．千葉命吉の一切衝動皆満足

千葉命吉（1887-1951）[19]は，彼の創造教育を衝動の満足という視点から主張し「人間というものは好きなことをやってそれを徹底するときに始めて本統の善となる」とする．道徳上の善は嫌なことから出発して到達はせず，善をなすには自ら好むところ，望む所をしなければならないとして「至誠力

行」を掲げる。至誠とは赤子天真の純なる心を失わないことで、好きなことを徹底的にするには努力がいる、力行がともなう。そこに善があるとするのである。千葉が実践している創造教育の5段階は、① 資料の受領、② 問題の発見、③ 問題の構成、④ 問題の解決、⑤ 独創の表現である。この5段階の教育法で独創力が養成され、児童は生の徹底を期するという。そのため彼は成績考査を改革し、子どもに自らの成績についての価値を発見させ、子どもの主観的判断力を相当に尊ぶとし、教師ばかりが正しい判断力をもつのでなく、子どもの考査力は相当正しい判断力で行われるという。そして「子供の行為を支配するのは子供なのです」と強調する。創造教育の理論は、人間は衝動によって活動を起こす。生の要求が衝動で衝動満足、つまり好きなことを徹底的に行うことにより道徳的善に至る。自発、独創は衝動満足の徹底的状態だという論理である。この衝動の思想は日本の神道の思想で、日本人ほど衝動に正直に向き合ってきた民族はいないとする。その衝動を押さえれば悪になり徹底すれば善になるとして、「教育者が今日、善というものは前以って決まって居る。争ふことが悪いぞ、人と争わないものは宜いぞと決めて型にはめています」これを教育上の理想主義として、教師が理想の型を描いてそれに合うものはよく、合わないものは悪いとする危険を説く。神道、カント、朱子学など様々な思想と具体例から、力説した千葉の創造教育論は、衝動、自由と道徳といった深い子ども理解に根ざしている。しかし、この主張と実践は広島県知事の忌憚(きたん)にふれ、彼は半年後、職を辞すことになったため新教育運動として花開くことはなかったが、生涯をかけてこの論理の普及に務めている。

キ．河野清丸の自動教育論

日本にモンテッソーリ教育を紹介し、やがてその形式主義を批判した河野清丸（1873-1942）[20]の主張は、自動主義教育論と放任教育の関係を解釈するところから始まっている。放任しておいても人間はある程度まで発達を遂げるし、かえってその方がよい場合も多いとし、その根拠をもって自動教育論を理論立てる。まず、自動は構成論的認識論の根底にあるもので、人間が

もつ一つの認識主観は知識を構成するのに与えられた材料，つまり純粋経験を材料にして認識主観がそれを構成する。つまり知識は自己の認識主観によって構成されるとする。知識が外界にあってわれわれの意識の鏡に写す模写説では，自動という概念は生まれないとして，論理の根底を構成論的認識論におく。そして真善美を構成する主体は一個人ではなく，超個人がこれを構成するとし，中国の書物に「万物心に備わる」ではなく，朱子の理気二元論の「すべての物は理気二元を具えて居る」という経験論的立場を説明する。次に自動教育すなわち放任教育の可能について，人類全体を被教育者とみれば，人類以外が人類を教育したとは考えられず，「人類は人類其者が自ら発展し，自ら文化を獲得し得た」として，文化を発展させるのは皆自動的でなければならないとする。3番目に赤ん坊の自覚作用のない体験を原始的体験，純粋経験とすると，第2次的体験は自覚的に体験を"我"に織り込んで自我になる体験であり，体験の知は自分が行わないかぎり得られないとする。だからこそ，体験の知を徹底的に得させるには放任教育すなわち自動教育に限るとする。そして自動教育は放任だとする誤解に対して，善，悪の自然性などなく，すべての自然性をうまく統一して自我の要素とする，すべての衝動，本能といった自然性が自我の統一を完全にすることが自我の実現であり発展であり，自然性が統一されれば自然が理性化される。これが教育の目的であるとする。そして河野の学校での実践として，"質素にしろと親にいわれて従うのはよい子だがいわれないで自発する子どもは強い子になる""分からぬ事をすぐ教え一時ばかりを喜ばす，それは誠に不親切，誠の親切いたしましょう"といった校則を一人ひとりの子どもが歌につくって歌うのも，生徒が自動自発的にしなければ教育ではないからである。学習態度の精神のためには，6歳ではなく好奇心旺盛な質問期に入る3歳児頃の最も興味を有する時代から学齢として，学習動機を培養し，積極的に推究するようにし，自教自訂する（自ら反省によって訂正する）態度を培うものとする。そして，自然に自発的に知識を応用し活用するような態度を養うのが学習態度論だとする。

ク．小原国芳の全人教育論

　小原国芳（1887-1977）[21]が自らの教育哲学，教育実践に「全人教育」を付したのは八大教育主張のときである。自分の主張は主義ではなく真実までであり，中庸までとする。ややもすると主義を振りかざす実践に異を唱え「各自各自で教育せよ。他人の型によらないで自己のものとして教育すべきである」という。また腹と口と異なる官学の曲学阿世（きょくがくあせい）の徒を批判するところに，教育実践家の理念，信念は実践によって示すという強い意志がみられる。そのため教育は教師に深い人生観を必要とし，諸主張は自ら一元に徹底する教育の目的への特殊論だとする。"反対，矛盾，葛藤，犠牲，差別，衝突，悪などすべて"は一者の中に同時に存在するものなのに，社会はすべて二元の対立でそれが本質のごとくとらえられているが，「実在は一方に於いて無限の衝突であると共に，一方に於いて，又無限の統一であります」として，主義も教育も徹底すれば一元に帰すべきものだとする。全人教育は，偏狭な世界に蟄居（ちっきょ）せず人間として真実の生活ができるようにするもので，道徳的人格，芸術的人格，哲学的人格などではなく総合的人格が欲しい，総合的人格をこしらえるための総合的教育・全人教育を実現したいとする。当時の成城学園が世間から誤解される自由主義も，児童に真実の発達をさせ，児童を尊重するところからで自由教育は標語にしていないとし，全人教育を自由主義以上のものと位置づける。さらに教育を論じるには，方法だけでなく根本問題としての思想が重要で両方が尊重されて教育実践があること，そして哲学をかじらない浅はかな教授者を追放したいとする。そのために，① 教育そのもの，人生そのものの解釈のためにも，② 教授法の真の研究のためにも，③ 教材そのものの解釈のためにも，絶対に哲学に基礎をおいた思想という根本問題が必要だとする。「ソクラテス，プラトン，ペスタロッチ，ロック，カント，フレーベルもナトルプもデューイもコメニウスもスペンサーも，ヘルバルトも教育学者というより寧（むし）ろ大哲学者，宗教学者ではありませぬか」として，哲学の上に教育を打ち立てることを強調する。全人教育は，真人間の教育，本当の人間をつくることで，それはフレーベルのいうよ

うに『人の教育』（小原訳）そのものだとする。「私達の教育の理想も方法も，施設もすべてが『人』の本然の本質から出発せねばなりません」という思いは，彼が成城において人の教育は個性の教育として実践したものであり，玉川大学・玉川学園において実践した全人教育である。

　教育には身育と心育があり，身育である体育のほかに，心育の価値体系として真育，善育，美育，聖育の4方面があり，その外に実際の教育つまり経済，制度，軍事，交通，政治，法律，農工商等の手段があるとする。全人教育は個性尊重の教育であることを説明するくだりに，ある母が桜の葉をとって幼児に見せ，同じ形があるか問うたとき，幼児はたくさん集めてくる。母は「坊や，そっくり同じか」と問うと，どの葉を見てもみんな違って，しかし格好は体系を揃えている。母は「誰がこんな不思議なものをこさえたか」と問うと幼児は「神様だ」と叫んだとする。これを普通即特殊，個性の中に境を有し，調和の中に個性を有する話として紹介する。また，体育では「朝から晩まで運動会のような学校」ではなく，木登りや石投げ，魚釣りや遊泳，かけっこや滑り台，縄跳びやごっこなど子どもの本能的遊戯の世界にもっと貴いものがあるとする。そうした意味で，教育の方法論は，動的，創造，自由，自動，自学，悉皆満足，いずれも人の本質に根ざしていればどれでもよく，拘束や禁止，詰込みや否定，叱責や訓練細目，進度表や一斉教授，これも人の本質にかなえば可とするところに，小原の本質，根本精神の研究に焦点を当てた主張がみられる。

2．おわりに

　これらの主張は，当時の教育実践家の心を大きく揺さぶり，時代を大きく動かす契機となり，教育とは何かを教育実践家や社会に問うものとなったとはいえ，戦後の教育ではこの知見を知る者が少ない。とくに幼稚園等は，6．3．3制度と切り離された幼稚園と保育所との二元，一元の問題に終始してきた。また，高度経済成長を求めた社会は，幼稚園等の年齢を下げる方向

に作用して就園率を上げてきたため，少年期との接続の課題は，何度か話題に上りながら，まだ残されたままである。本来，幼児期から少年期につらなる教育として出発した就学前教育であるが，戦後は法の目的を保育，教育の目的としているため，人間の教育を語ることを忘れているのではないかと思うほど，現実対応に追われたともいえる。

　そうした意味でも大正期の8人の主張は，今日の初等教育改革が試行する視点と重なり合っており，これからの就学前教育を考える視点として，今も新しさをもっている。再び，就学前教育としての知見を求めるなら，ルソー，ペスタロッチ，フレーベルに始まり，教育哲学が導入され日本化した明治末から大正時代の教育主張とその実践へのアプローチに学ぶ内容が多くあろう。

　かつても，今も，幼年期教育の変革を求めて学校を創設した人々が，不確実性に立ち向かい，保護者や子どもと行程を共にしたように，また発生する問題を受け入れて解決のために何十年という歳月を歩んだように，変革の過程には大きな山が立ちふさがる。それはまた，全英知を結集して情報を交流し，実践を報告して世論の批判を糧にしてシステム化，系統化するもので，小さな試みが地域で実行され，やがて大きな変革へとつながっていったといえよう。それが社会が動くということである。

　教育改革が本質からはずれやすいことについて，ヨーロッパの教育改革の障碍を論じたランゲフェルドは，ミルズ（*Matthew B. Mils*, 米）の「人々の要求をくみあげて（幼稚園のような）実際的設備が工夫されてから―その過程だけでも概して50年を必要とする―学校組織の3パーセントがこの新しい制度を設けるまでにはおよそ15年かかる」[22]と，有益な創案が普及するには50年かかるとする調査結果を引用している。そして本来，教育の変化は時勢にかなり遅れるもので，政治的，経済的制約下にある限り本質がみえないとする。さらに教育改革に熱中する人々の業績とともに，つくりだす3種類の混乱についてもふれ，①「彼らはあまりにも多くの小さな，はかない，偶然的な，人目をひく，ごたまぜの目先の変わったものを提起するの

で，われわれは木を見ることができるが，森を見ることができなくなる。いいかえると，彼らはより根本的な変化を隠蔽し，それを処理しえないものにしている」[23]ほか，② 諸勢力の分裂と可能性の多形化により全般的な革新の勢いをそぎ，③ 教師の創造力を取り去り，強力に促進される計画のための集団的な「運動」へ巻き込む，とする。目先の改革は，こうした危険と裏腹にあるもので，その危険については多くの人々が指摘するとおりである。彼のこの喩えは興味深い。「子供たちが生まれた瞬間から鼓舞激励され，3歳で字が読めるようになり，14歳で性に目覚め，16歳で結婚し，17歳で自分の子供を教育するようになり，したがって，その年齢で十全な市民としての責任をもつ時，彼らは何を成熟と呼ぶつもりなのか。君たちは社会的安定性，文化の創造性が実際に何を意味していると考えるのか」「なぜ君たちは急ぐのか。われわれが教育よりもはるかに速く機械化を発達させる場合，われわれはもはや教育で焦ろうとはしないのではないか。というのは，今後われわれの必要とする教育は余暇の生活をいかに過ごすかについての教育だからである」[24]と。誕生と同時に早く，早くと急ぐ教育が次の時代に必要とするの教育の内容が余暇時間をいかに生きるかにあるとは，まさに現代のありようで，成熟が他者によってつくられる危険があるということである。「われわれの時代は，ある問いを問う前に，すでにその問いに答えている」[25]性急さは，人間が紆余曲折しながらも自らを統一ある主体として形成する存在であることを忘れ，木は見えても森は見えない状況をつくっているということであろう。

　人間が法やシステムに縛られ，経験が凝固する現象を脱却するために，いま一度立ち止まり，先所与性の外に己の思考をだして，人間の教育の根元的な問題に向き合うことが必要ではないかと思われる。

【引用・参考文献】

〈第1部第1章〉
(1) 日本保育学会編『幼児保育百年の歩み』ぎょうせい，1981
(2) 貝原益軒『養生訓・和俗童子訓』岩波書店，1961
(3) 林子平『父兄訓』『安斎随筆』，山住正己・中江和恵編注『子育ての書 2』平凡社東洋文庫，1976に収録
(4) フレーベル／岩崎次男訳『人間の教育』明治図書出版，1960，梅根悟・勝田守一監修『世界教育学選集9-10』明治図書出版，1971に収録
(5) ライン／湯本武比古訳『ラインの教育学原理』山海堂，1896
(6) コメニウス／鈴木秀勇訳『大教授学 第1』明治図書出版，1962，p.13
(7) ルソー／今野一雄訳『エミール』岩波書店，1962
　　　参考：梅根悟『ルソー「エミール」入門』明治図書出版，1971，p.23
(8) 森上史朗編『初等教育原理』ミネルヴァ書房，1993
(9) 村山貞雄・岡田正章編『保育原理』学文社，1991
(10) 篠原助市『理論的教育学』共同出版，1949
(11) 小原國芳・荘司雅子監修『フレーベル全集 第1巻』玉川大学出版部，1977（フレーベル／岡本藤則訳『教育の弁明』玉川大学出版部，1971を『自伝』として収録）
(12) 同上 p.62
(13) 同上 p.63
(14) プラトン／藤沢令夫訳『メノン』岩波書店，1994，p.68
(15) 鈴木大拙著，上田閑照編『新編 東洋的な見方』岩波書店，1997，p.10
(16) 同上 p.11
(17) J.O.アームソン／雨宮健訳『アリストテレス倫理学入門』岩波書店，2004，p.49
(18) 上掲書（11）p.125
(19) 同上 p.122
(20) 同上 p.101
(21) 勝田守一編『岩波小辞典教育』岩波書店，1973
(22) 上掲書（11）に同じ
(23) フレーベル／岩崎次男訳『人間の教育Ⅰ』明治図書出版，1960，p.11
(24) 同上 p.14

(25) 上掲書（11）p.422
(26) イヴァン・イリッチ／東洋・小沢周三訳『脱学校の社会』東京創元社，1977
(27) 津守真・久保いと・本田和子『幼稚園の歴史』恒星社厚生閣，1959
(28) 同上p.15
(29) 同上p.43
(30) 同上p.43
(31) 同上p.47
(32) 同上p.56
(33) 同上p.59
(34) 同上p.60
(35) 上笙一郎『日本子育て物語－育児の社会史－』筑摩書房，1991
(36) 上掲書（11）p.126
(37) 同上p.128
(38) 長尾十三二『ペスタロッチ「ゲルトルート」入門』明治図書出版，1972，p.108
(39) 同上p.110
(40) ペスタロッチ／長田新訳『ペスタロッチ全集 第8巻』平凡社，1974，p.239
(41) 石井正司『教授理論研究 2－直観教授の理論と展開－』明治図書出版，1981
(42) 上掲書（11）p.148
(43) フレーベル／岡元藤則他訳，小原国芳・荘司雅子監修『フレーベル全集 第1巻－教育の弁明－ペスタロッチに関する報告』玉川大学出版部，1977，p.150
(44) 同上p.164
(45) 同上p.338
(46) 同上p.172
(47) 同上pp.182-183
(48) フレーベル／岡元藤則他訳，小原国芳・荘司雅子監修『フレーベル全集 第1巻－教育の弁明－カイルハウにおける一般ドイツ学園の原理，目的および内的生命について』玉川大学出版部，1977，p.383
(49) デューイ／宮原誠一訳『学校と社会』岩波書店，1957
(50) フレーベル／岡元藤則他訳，小原国芳・荘司雅子監修『フレーベル全集 第1巻－教育の弁明－カイルハウにおける一般ドイツ学園の原理，目的および内的生命について』玉川大学出版部，1977，p.406
(51) フレーベル／荘司雅子他訳，小原国芳・荘司雅子監修『フレーベル全集 第3巻－教育の弁明－カイルハウ学園のクリスマス祭の催し』玉川大学出版部，1977，

p.54
(52) 同上 p.54
(53) フレーベル／岩崎次男訳『人間の教育Ⅰ』明治図書出版，1960，梅根悟・勝田守一監修『世界教育学選集 9-10』明治図書出版，1971，p.25 に収録
(54) 同上 p.39
(55) 同上 p.10
(56) 同上 p.51
(57) プラトン／森進一他訳『法律 上巻』岩波書店，1993，p.68
(58) フレーベル／岩崎次男訳『人間の教育Ⅰ』明治図書出版，1960，梅根悟・勝田守一監修『世界教育学選集 9-10』明治図書出版，1971 に収録，p.72
(59) ケルシェンシュタイナー／高橋勝著訳『作業学校の理論』長尾十三二監修『世界新教育運動選書 2』 明治図書出版，1983，p.70
(60) A．フェリエール／古沢常雄・小林亜子著訳『活動学校』『世界新教育運動選書 29 巻』明治図書出版，1989，p.53
(61) 同上 p.53
(62) フレーベル／荘司雅子他訳，小原国芳・荘司雅子監修『フレーベル全集 第3巻－教育の弁明－人間の本質および使命について，またそれを人生に表現しうる可能性について』玉川大学出版部，1977，p.267
(63) 荘司雅子『フレーベル教育学への旅』日本記録映画研究所，1985，p.136
(64) フレーベル／岩崎次男訳『人間の教育Ⅰ』明治図書出版，1960，梅根悟・勝田守一監修『世界教育学選集 9-10』明治図書出版，1971，p.83 に収録
(65) フレーベル／坂田幸三訳『母の遊戯及び育児歌上下』頌栄幼稚園，1897，岡田正章監修『明治保育文献集 3巻』日本らいぶらり，1977 に収録
　　 フレーベル／津川主一訳・編・解説『母とおさなごの歌』日本基督教団出版部，1957
(66) フレーベル／岩崎次男訳『人間の教育Ⅰ』明治図書出版，1960，梅根悟・勝田守一監修『世界教育学選集 9-10』，p.86 に収録
(67) 同上 p.86
(68) 同上 p.104

〈第1部第2章〉
(1) 速水融『歴史人口学で見た日本』文藝春秋，2001
(2) M．トケイヤー／加瀬英明訳『日本には教育がない』徳間書店，1976

（3）貝原益軒『養生訓・和俗童子訓』岩波書店，1961，p.206
（4）同上 p.231
（5）岡田正章監修『明治保育文献集 第1巻－近藤真琴 博覧会見聞録別記子育ての巻－』日本らいぶらり，1977，p.76
（6）岡田正章監修『明治保育文献集 第1巻－ロンゲ夫妻・桑田親五訳 幼稚園－』p.103
（7）岡田正章監修『明治保育文献集 第4巻』 p.139
（8）東基吉『幼稚園保育法』目黒書店，1904，岡田正章監修『明治保育文献集 7巻』日本らいぶらり，1977，に収録
（9）東基吉「市川君の批判に答ふ」『婦人と子ども』第4巻 第8号，1890
（10）東基吉『幼稚園保育法』目黒書店，1904，岡田正章監修『明治保育文献集 7巻』日本らいぶらり，1977，p.196に収録
（11）同上 p.212
（12）同上 p.277
（13）中村五六『幼稚園摘葉』普及舎，1881，岡田正章監修『明治保育文献集 8巻』日本らいぶらり，1977に収録
（14）和田實「幼児教育の方法に関する重なる理法とは如何なるものなるものか」『婦人と子ども』第8巻第8号，1908，p.8
（15）中村五六・和田實『幼児教育法』，フレーベル会，1908，岡田正章監修『明治保育文献集 9巻』日本らいぶらり，1977，p.123に収録
（16）和田實「拙著幼児教育法に関する批評に就いて」『婦人と子ども』第9巻第9号，1909，p.17
（17）和田實「拙著幼児教育法に関する批評に就いて」『婦人と子ども』第9巻第9号，1909，p.20
（18）和田實「お茶の水時代－思い出をたどる」幼児の教育第33巻第3号，1933，p.73
（19）中村五六・和田實『幼児教育法』フレーベル会，1908
　　　岡田正章監修『明治保育文献集 9巻』日本らいぶらり，1977，p.167
（20）篠原助市著，梅根悟編『批判的教育学の問題』明治図書出版，1970
　　　沢柳政太郎著，滑川道夫・中内敏夫共編『世界教育学名著選 第22－実際的教育学－』明治図書出版，1962
（21）及川平治『分団式動的教育法』弘学館書店，1912，p.20
（22）同上 p.21
（23）同上 p.26

(24) 同上 p.39
(25) 小原国芳『全人教育論』玉川大学出版部，1969
(26) 西山哲治『私立帝国小学校経営廿五年』モナス，1937
(27) 沢柳政太郎『実際的教育学』同文館，1909
(28) 羽仁もと子『生活即教育』婦人之友社，1997
　　参考：羽仁もと子著作集『家庭教育篇 第10-11巻』婦人之友社，1950
　　羽仁もと子『教育三十年 第18巻』婦人之友社，1968
(29) 今井令雄『日本の「新教育思想」野口援太郎を中心に』勁草書房，1948
　　参考：野口援太郎『高等小学校の研究』帝国教育会出版部，1926
(30) 橋詰良一『家なき幼稚園の主張と実際』東洋図書，1928
　　岡田正章監修『大正・昭和保育文献集 第5巻』日本らいぶらり，1978，p.26
(31) 同上 p.15
(32) 小林宗作『綜合リズム教育概論』，1935，岡田正章監修『大正・昭和保育文献集 第4巻』日本らいぶらり，1978 に収録
　　黒柳徹子『窓ぎわのトットちゃん』講談社，1981
　　佐野和彦『小林宗作抄伝－トットちゃんの先生 金子巴氏の話を中心に－』話の特集，1985
(33) 小原国芳『新学校叢書 第3篇－日本の新学校』玉川学園出版部，1930，p.476
(34) 同上 p.475
(35) 岡田正章監修『大正・昭和保育文献集 第13巻』日本らいぶらり，1978，p.35
　　文部省教育調査部資料『我が国に於ける幼児教育に関する諸問題』，1926
　　参考：東京都公文書館『東京の幼稚園』東京都，1966
(36) 和田實『実験保育学』フレーベル館，1932，岡田正章監修『大正・昭和保育文献集 第10巻』日本らいぶらり，1978，p.20 に収録
(37) 森上史朗『児童中心主義の保育－保育内容・方法改革の歩み－』教育出版，1984
(38) 倉橋惣三『児童保護の教育原理』雄山閣，1927，岡田正章監修『大正・昭和保育文献集 第8巻』日本らいぶらり，1978 に収録
(39) フレーベル／岩崎次男訳『人間の教育』明治図書出版，1960，梅根悟 勝田守一監修『世界教育学選集 第9-10巻』明治図書出版，1971，p.28 に収録
(40) 同上 p.29
(41) カント／三井善止訳『人間学・教育学』玉川大学出版部，1986
(42) トルストイ／昇曙夢・昇隆一訳『国民教育論』玉川大学出版部，1984，p.107
(43) 同上 p.110

(44) 同上 p.111
(45) 倉橋惣三『幼児の心理と教育』雄山閣，1929，岡田正章監修『大正・昭和保育文献集 第8巻』日本らいぶらり，1978，p.68 に収録
(46) 同上 p.70
(47) 倉橋惣三『倉橋惣三選集 第3巻』フレーベル館，1993
岩波書店編『岩波講座教育科学 第6冊』岩波書店，1931
(48) 倉橋惣三『幼稚園保育法真諦』序 東洋図書，1934，岡田正章監修『大正・昭和保育文献集 第9巻』日本らいぶらり，1978 に収録
(49) 倉橋惣三『幼稚園真諦』フレーベル館，1953
(50) 森川正雄『幼稚園の理論及実際』東洋図書，1924，岡田正章監修『大正・昭和保育文献集 第7巻』日本らいぶらり，1978，p.93 に収録
(51) 同上 p.79
(52) 同上 p.82
(53) 同上 p.84

〈第1部第3章〉
(1) 小川正行『フレーベルの生涯及思想』目黒書店，1932，岡田正章監修『大正・昭和保育文献集 第3巻』日本らいぶらり，1978 に収録
(2) 荘司雅子『フレーベル「人間教育」入門』明治図書出版，1973
(3) 荘司雅子・茂木正年『フレーベル教育学への旅』日本記録映画研究所，1985
（あわせて記録映画『フレーベルの生涯と思想－全8巻 別巻1』が制作されている）
(4) 岩崎次男『フレーベル教育学の研究』玉川大学出版部，1999，p.651
(5) 副島ハマ『フレーベルとその遺跡』白眉学芸社，1982
(6) 高杉自子『アイ・アイ・アイ』チャイルド本社，1983
(7) トルストイ／昇曙夢・昇隆一訳『国民教育論』玉川大学出版部，1984，p.18
(8) 同上 p.20
(9) 人見楠郎『昭和教育源流考 大学の巻』昭和女子大近代文化研究所，1993
(10) ガンディー・タゴール／弘中和彦著訳『世界新教育運動選書30－万物帰一の教育－』明治図書出版，1990，p.171
(11) 同上 p.140
(12) 原ひろ子『子どもの文化人類学』晶文社，1979
(13) 吉野せい『洟をたらした神』文藝春秋，1984

(14) 子安美知子『私とシュタイナー教育－いま「学校」が失ったもの－』朝日新聞社，1993，p.39
参考：子安美知子『ミュンヘンの小学生－娘が学んだシュタイナー学校－』中央公論社，1975
子安美知子『シュタイナー教育を考える－「自由への教育」を求めて－』学陽書房，1996
ビデオ『子安美知子さんとたどる「シュタイナーの世界」－全5巻－』栄光教育文化研究所，1996
(15) 若狭蔵之助『フレネ教育－子どものしごと－』青木書店，1988
(16) セレスタン・フレネ／宮ケ谷徳三著訳『世界新教育運動選書16－仕事の教育－』明治図書出版，1986，p.26
(17) 同上 p.88
(18) 神谷美恵子『神谷美恵子著作集9－遍歴－』みすず書房，1980，pp.23-25
(19) エリーズ・フレネ／名和道子訳『フレネ教育の誕生』現代書館，1985
(20) 城戸幡太郎『幼児教育論』賢文館，1939，岡田正章監修『大正・昭和保育文献集 第10巻』日本らいぶらり，1978，p.323 に収録

〈第2部第1章〉
(1) スチュアート・カウフマン／米沢富美子監訳『自己組織化と進化の論理－宇宙を貫く複雑系の法則－』日本経済新聞社，1999
(2) エドガール・モラン／古田幸男・中村典子訳『複雑性とはなにか』国文社，1994
(3) 谷昌恒『教育の心を問いつづけて－北海道家庭学校の実践－』岩波書店，1991，p.3
参考：留岡幸助『留岡幸助－自叙／家庭学校－』日本図書センター，1999
(4) 澤口俊之「人の脳はなぜ進化したのか」栗本慎一郎・養老孟司他『脳がわかれば世の中がわかる－すべて，ここに始まる－』光文社，2004
参考：澤口俊之『幼児教育と脳』文藝春秋，1999
(5) 養老猛司「『脳化社会』へ至った人間」栗本慎一郎・養老孟司他『脳がわかれば世の中がわかる－すべて，ここに始まる－』光文社，2004
(6) 今井和子『自我の育ちと探索活動－3歳までのあそびと保育－』ひとなる書房，1990
(7) J.J.ギブソン／古崎敬ほか共訳『生態学的視覚論－ヒトの知覚世界を探る－』サイエンス社，1985，p.137

(8) ルソー／今野一雄訳『エミール 上』岩波書店，1962，p.75
(9) 長尾十三二『ペスタロッチ「ゲルトルート」入門』明治図書出版，1992，p.107
(10) 茂木健一郎『心を生みだす脳のシステム―「私」というミステリー―』日本放送出版協会，2001，p.18
(11) 同上 p.39
(12) 同上 p.97
(13) 佐々木正人『アフォーダンス―新しい認知の理論―』岩波書店，1995，p.54
(14) 同上 p.39
(15) フレーベル／岩崎次男訳『人間の教育』，明治図書出版，1960，『世界教育学選集第9-10』明治図書出版，1971，p.44に収録
(16) 佐々木正人『アフォーダンス―新しい認知の理論―』岩波書店，1995，p.81

〈第2部第2章〉
(1) 空間認知の発達研究会編『空間に生きる―空間認知の発達的研究―』北大路書房，1995，p.23
(2) 中村雄二郎『共通感覚論』岩波書店，2000，p.236
(3) 勝田守一『勝田守一著作集4―人間形成と教育―』国土社，1972，p.63
(4) 同上 p.65
(5) 篠原助市著，梅根悟編『世界教育学選集55―批判的教育学の問題―』明治図書出版，1970，p.299
(6) エレン・ケイ／小野寺信・小野寺百合子訳『児童の世紀』冨山房，1979
(7) 安部富士男『遊びと労働を生かす保育』国土社，1983，p.102
(8) 同上 p.100
(9) 同上 p.101
(10) デューイ／松野安男訳『民主主義と教育 上』岩波書店，1975，p.23
(11) 篠原助市著，梅根悟編『批判的教育学の問題』明治図書出版，1970，p.84
(12) 同上 p.104
(13) 野中真理子監督『子どもの時間』，2001
(14) 木都老誠一『育つ―子どもたちと共に―』新読書社，1995
(15) 荘司雅子・茂木正年『フレーベル教育への旅』日本記録映画研究所，1985，p.12
(16) 倉橋惣三・新庄よし子『日本幼稚園史』臨川書店，1980
(17) カント／尾渡達雄訳『カント全集．第16巻―教育学・小論集―』理想社，1866，p.13

カント／三井善止訳『人間学・教育学』玉川大学出版部，1986
(18) 同上 p.22
(19) 同上 p.28
(20) 同上 p.31
(21) 同上 p.31
(22) 同上 p.32
(23) カント／湯浅正彦・井上義彦訳，坂部恵・有福孝岳・牧野英二編『カント全集 第17巻－論理学・教育学－』岩波書店，2001，p.241
(24) ヘルバルト／是常正美訳『一般教育学』玉川大学出版部，1968
(25) 清水義弘・向坊隆編著『英才教育』第一法規出版，1969
(26) 国立教育政策研究所 教育政策・評価研究部『橋本昭彦研究室』http://www.nier.go.jp/aki/soukirep.html（2006/12/12）
(27) グレン・ドーマン，ジャネット・ドーマン／小出照子訳『子どもの知能は限りなく－赤ちゃんからの知性触発法－』サイマル出版会，1996
(28) 水野常吉著，水野浩志編『幼稚園研究』EXP，2002，p.20
(29) 国立国語研究所『就学前児童の言語能力に関する全国調査』，1967，p.434
(30) M.トケイヤー『日本には教育がない－ユダヤ式天才教育の秘密－』徳間書店，1976，p.27
(31) D.エルキンド／水田聖一編訳『早期教育への警鐘－現代アメリカの幼児教育論－』創森出版，1997
(32) K.H.リード／宮本美沙子・落合孝子訳『幼稚園－人間関係と学習の場－』フレーベル館，1978，p.54
(33) M.モンテッソーリ／鈴木弘美訳『マリア・モンテッソーリ こどもの何を知るべきか－モンテッソーリの教育－』エンデルレ書店，1993，p.18
(34) 同上 p.23
(35) 河野清丸『モンテッソーリ教育法と其応用』同文館，1914，岡田正章監修『大正・昭和保育文献集 第1巻』日本らいぶらり，1973，p.113に収録
(36) 森上史朗『児童中心主義の保育－保育内容・方法改革の歩み－』教育出版，1984
(37) 尾崎トヨ「転地保育の実際」『婦人と子ども』第18巻第12号，1932
(38) 橋詰良一『家なき幼稚園の主張と実際』東洋図書，1928，p.48，岡田正章監修『大正・昭和保育文献集 第5巻－家なき幼稚園の主張と実際－』日本らいぶらり，1978に収録
(39) 安部富士男『遊びと労働を生かす保育』国土社，1983，p.46

(40) デューイ／宮原誠一訳『学校と社会』岩波書店，1957，p.29
(41) 鈴木五郎編『生活のうたを描く－幼児の美術教育－』チャイルド本社，1991，p.112
(42) 岡田正章監修『大正・昭和保育文献集 第13巻』日本らいぶらり，1978
(43) 全国幼稚園施設協議会『幼稚園のつくり形と設置基準の解説』，1957
(44) 岩波映画製作所『みどりぐみ　こ・う・じ・げ・ん・ば』，1981
   岩波映画製作所『子どもはうったえている』，1983
   桜映画社『子育ての基礎体力つくり』，1981
(45) 青木久子『保育は芸術なり』国立音楽大学附属幼稚園，2000
(46) S.D.ハロウェイ／高橋登・南雅彦・砂上史子訳『ヨウチエン－日本の幼児教育，その多様性と変化－』北大路書房，2004

〈第2部第3章〉
（1） アンリ・ベルグソン／田島節夫訳『物質と記憶』白水社，1999
（2） 中村雄二郎『共通感覚論』岩波書店，2000，p.219
（3） 同上p.224
（4） 茂木健一郎『脳と仮想』新潮社，2004，p.56
（5） 同上p.105
（6） デューイ／松野安男訳『民主主義と教育 上』岩波書店，1975
（7） 唐沢富太郎『図説 明治百年の児童史』講談社，1968，p.117
（8） ジャン・ドレー／岡田幸夫・牧原寛之訳『記憶の解体』海鳴社，1978
（9） 同上p.55
（10） カント／有福孝岳訳，坂部恵・有福孝岳・牧野英二編『カント全集 第4巻－純粋理性批判 上』岩波書店，p.66
（11） 同上p.67
（12） 和田實『実験保育学』フレーベル館，1932，岡田正章監修『大正・昭和保育文献集 第10巻』日本らいぶらり，1978に収録
（13） 同上p.30
（14） 中村雄二郎『共通感覚論』岩波書店，2000，p.225
（15） 倉橋惣三『倉橋惣三選集 第3巻』フレーベル館，1993
（16） 東京女子高等師範学校附属幼稚園編『系統的保育案の実際』日本幼稚園協会，1935，p.7，岡田正章監修『大正・昭和保育文献集 第6巻』日本らいぶらり，1978に収録

参考：倉橋惣三『幼稚園保育法真諦』東洋図書，1934，岡田正章監修『大正・昭和保育文献集　第9巻』日本らいぶらり，1978
(17) ベルグソン／平井啓之訳『時間と自由』白水社，1990，p.200
(18) 石垣恵美子『就学前教育の研究』風間書房，1988，p.484
(19) 大場牧夫『幼児の生活とカリキュラム』フレーベル館，1983，p.14
(20) 石垣恵美子『就学前教育の研究－日本とイスラエルの比較を軸に－』風間書房，1988，p.477
(21) 山下俊郎他監修『幼児教育学全集　第1巻－幼児教育の理論－』小学館，1970，p.13
(22) 安部富士男『遊びと労働を生かす保育』国土社，1983，p.130
(23) 山下俊郎他監修『幼児教育学全集　第1巻－幼児教育の理論－』小学館，1970，pp.11-12
(24) 石垣恵美子『就学前教育の研究－日本とイスラエルの比較を軸に－』風間書房，1988，p.201
(25) ミヒャエル・エンデ作，絵／大島かおり訳『モモ－時間どろぼうと，ぬすまれた時間を人間にとりかえしてくれた女の子のふしぎな物語－』岩波書店，1976，p.75
(26) 同上 p.211

〈第3部第1章〉
(1) フレーベル／岩崎次男訳『人間の教育。』明治図書出版，1960，p.90
(2) 同上 p.90
(3) 高山守『シェリング－ポスト「私」の哲学－』理想社，1996
(4) プラトン／久保勉訳註『饗宴』岩波書店，1952，p.118
(5) プラトン／岩田靖夫訳『パイドン－魂の不死について－』岩波書店，1998，p.367
(6) マルティン・ハイデガー／木田元・迫田健一訳『シェリング講義』新書館，1999，p.281
(7) 同上 p.199
(8) プラトン／藤沢令夫訳『国家　上』岩波書店，1979，p.106
(9) 同上 p.149
(10) 同上 p.169
(11) プラトン／藤沢令夫訳『国家　下』岩波書店，1979，p.154
(12) J.O.アームソン／雨宮健訳『アリストテレス倫理学入門』岩波書店，2004，p.30

(13) マルティン・ハイデガー／木田元・迫田健一訳『シェリング講義』新書館，1999，p.270
(14) メルロ＝ポンティ／木田元・滝浦静雄共訳『幼児の対人関係』みすず書房，2001
(15) 鈴木大拙著・上田閑照編『新編 東洋的な見方』岩波書店，1997，p.85
(16) ベルクソン／平井啓之訳『時間と自由』白水社，1990，p.73
(17) 森有正『生きることと考えること』講談社，1970，p.49
(18) 同上 p.100
(19) マルティン・ハイデガー／木田元・迫田健一訳『シェリング講義 3巻』新書館，1999，p.182
(20) 同上 p.49
(21) 森有正『生きることと考えること』講談社，1970，p.109
(22) デューイ／宮原誠一訳『学校と社会』岩波書店，1957，p.51
(23) 河村望訳『デューイ＝ミード著作集 6－精神・自我・社会－』人間の科学社，1995
(24) 同上 p.171
(25) 小原国芳他『八大教育主張－教育の名著－』玉川大学出版部，1976，p.196
(26) エドムント・フッサール／細谷恒夫・木田元訳『ヨーロッパ諸学の危機と超越論的現象学』中央公論社，1995，p.194
(27) 同上 p.229
(28) フェルディナン・ド・ソシュール／前田英樹訳・注『ソシュール講義録注解』法政大学出版局，1991，p.69
(29) 新井孝昭『幼児教育における聴覚学習について考える(1)(2)』トータルコミュニケーション研究会会報 No.55，No.57
新井孝昭「言語学エリート主義を問う」「ろう文化」『現代思想』臨時増刊号第24巻第5号，青土社，1996
平成15年度大塚ろう学校研究紀要『遊びの中で伝え合う力を育てる』大塚ろう学校，2003
(30) 竹原弘『意味の現象学－フッサールからメルロ＝ポンティまで』ミネルヴァ書房，1994，p.10
(31) 同上 p.11
(32) デューイ／宮原誠一訳『学校と社会』岩波書店，1957
(33) 河村望訳『デューイ＝ミード著作集 6－精神・自我・社会－』人間の科学社，1995，p.95

(34) 同上 p.176
(35) ジャン・ピアジェ／大伴茂訳『幼児心理学 第2－遊びの心理学－』黎明書房，1967，p.68
(36) 同上 p.72
(37) E.H.エリクソン／近藤邦夫訳『玩具と理性－経験の儀式化の諸段階－』みすず書房，1981，p.113
(38) 船津衛『シンボリック相互作用論』恒星社厚生閣，1976，p.35
　　 ハーバート・ブルーマー／後藤将之訳『シンボリック相互作用論－パースペクティヴと方法－』勁草書房，1991
(39) 同上 p.36
(40) 同上 p.36
(41) 同上 p.36
(42) 同上 p.37
(43) メルロ＝ポンティ／木田元・滝浦静雄共訳『幼児の対人関係』みすず書房，2001
(44) 同上 p.204
(45) 同上 p.204
(46) 同上 p.205
(47) プラトン／藤沢令夫訳『国家 上』岩波書店，1979，p.155
(48) 貝原益軒『養生訓・和俗童子訓』岩波書店，1961，p.235
(49) メルロ＝ポンティ／木田元・滝浦静雄共訳『幼児の対人関係』みすず書房，2001，p.206
(50) M.J.ランゲフェルド／岡田渥美・和田修二監訳『教育と人間の省察－M.J.ランゲフェルド講演集－』玉川大学出版部，1974，p.89

〈第3部第2章〉
(1) 斎藤浩志『教育実践とはなにか』青木書店，1977，p.42
(2) 同上 p.43
(3) 矢川徳光『矢川徳光教育学著作集 第4巻』青木書店，1973，p.67
(4) 同上 p.80
(5) 無着成恭『山びこ学校』岩波書店，1995
(6) 同上 p.336
(7) 同上 pp.340-342
(8) 鈴木五郎編『生活のうたを描く－幼児の美術教育－』チャイルド本社，1991，p.7

（9） C.エドワーズ，L.ガンディーニ，G.フォアマン編／佐藤学・森眞理・塚田美紀訳『子どもたちの100の言葉－レッジョ・エミリアの幼児教育－』世織書房，2001，p.73
（10）鮎沢伊江『メルヘン列車出発進行』結城市富士見幼稚園つむぎ座，2005
（11）東喜代雄『愛情，あと半分は土と水とガラクタ』いのちのことば社，2004
（12）エドムント・フッサール／細谷恒夫・木田元訳『ヨーロッパ諸学の危機と超越論的現象学』中央公論社，1995，p.273
（13）小原国芳他『八大教育主張－教育の名著－』玉川大学出版部，1976
（14）同上 p.13
（15）同上 p.53
（16）同上 p.91
（17）同上 p.113
（18）同上 p.149
（19）同上 p.167
（20）同上 p.217
（21）同上 p.253
（22）ランゲフェルド／和田修二監訳『教育の理論と現実－教育科学の位置と反省－』未来社，1972，p.278
（23）同上 p.280
（24）同上 p.289
（25）同上 p.289

【索　引】

〈ア　行〉

アフォーダンス ………103, 109, 115
安部富士男 ……………………129, 182
アリストテレス …14, 124, 164, 198
暗黙知 ……………………………10, 31

意志 ……………………191, 197, 200
意欲 ……………………191, 193, 252

ウィルダースピン ……………………24
運動的記憶 ……………164, 169, 170

永遠の法則………………11, 14, 19
エポケー…………………………240
エラスムス………………………22

及川平治 ……………………61, 247
オーエン…………………………24
オーベルラン……………………24
小原国芳 …………………65, 255
恩物……………………46, 53, 55

〈カ　行〉

我意 ……………………………191, 193
解釈過程 ……………………226, 240
貝原益軒 ………………………50, 232
語り ……………169, 170, 174, 217
価値と実在 ………………………18
価値と存在 ………………………8, 9
学校と社会………………………152

勝田守一 ………………………16, 129
間主観的………………………221
ガンディー……………………82
カント ……………13, 137, 171

記憶と時間 ……………………169, 172
記憶の解体……………………169
ギブソン ………………………103, 109
教育実践 ………………236, 239, 242
教育即生活 ……………120, 131, 176
教育的価値 ……………236, 237, 239
教育的経験……………………208
教育の原理 ………4, 19, 106, 246
教育方法の原理 ………20, 68, 137
教授 ……………………20, 26, 138
教授の強化 ……………138, 145, 181
共通感覚 …………………………3, 164
共同感情………………199, 209, 229

クオリア ………………………107, 164
倉橋惣三…………………69, 71, 73

経験 ……………………164, 172, 204
経験の組織化 ………………168, 229
形式陶冶…………………………149
ケルシェンシュタイナー ……43, 61

語…………………………29, 143, 217
コア・カリキュラム ………180, 182
構造……………………172, 175, 180
ごっこ……………………59, 224, 230

コミュニケーション ………211, 222
コメニウス……………………5, 22

〈サ 行〉

サービス ………………………146, 184

思惟の操作 ……………………171, 172
ジェスチャー …………216, 221, 226
シェリング……………… 12, 191, 195
自我 ………………178, 200, 209, 223
志向性 …………………………107, 215
自己活動 …………………43, 106, 128
自己教育 …………………56, 143, 204
自己決定 …………………………193, 196
自己組織化………………99, 100, 110
自己統一 ………………………… 39, 201
自然的教育 ……………… 137, 139, 140
自然の理性化 ………………8, 140, 241
自治 ……………………………… 63, 180
実践的教育 ……………… 137, 139, 140
児童中心主義 ……………… 54, 71, 129
篠原助市…………………… 8, 61, 129
社会的経験 ……………………… 210, 211
自由 ………………………… 64, 82, 195
自由遊び ………………… 178, 194, 195
自由教育 …………………… 61, 62, 251
主題 ……………… 176, 177, 183, 215
象徴 ……………………… 127, 222, 223
衝動 ………………………… 59, 165, 208
新教育運動 ………………… 43, 61, 247
心理的諸状態の強さ・弱さ………202

鈴木大拙 ………………………… 13, 200

生活世界 ………………215, 216, 219
生活即教育 ……………………………64
世界観 …………………………205, 207
全体的世界 ……………………220, 228
善と悪 …………………197, 198, 200

想起的記憶 ……………164, 173, 210
荘司雅子 …………………………………77
ソシュール ……………………217, 218

〈タ 行〉

タゴール ……………………… 82, 83
探索行動………………………………102
探索衝動………………………………112

知恵の二重行為 ………………20, 21
知覚システム ………………111, 123
知的早教育 …………142, 170, 219

デューイ ………42, 131, 165, 208

統一 ……………………………29, 39
同時性 ……………………178, 187
動力 ………………………175, 176
トポス………………………99, 124
トルストイ ……………70, 81, 181

〈ナ 行〉

内閉的記憶………………………169
中村雄二郎 …………124, 164, 174

人間の教育 ………………3, 10, 78

〈ハ 行〉

ハイデガー……………………194
橋詰良一……………………64, 150
八大教育主張………………62, 246
判断停止……………………31, 240

ピアジェ……………………58, 224
東基吉………………………55

不易…………………………1, 4, 72
複雑系………………………98, 100, 117
フッサール…………………214, 227, 243
普遍意志……………………191, 199
プラトン……………………12, 41, 192
フレーベル…………………2, 53, 191
フレネ………………………86, 90
プロジェクト………………135, 173, 174

ペスタロッチ………………10, 26, 29, 105
ベルグソン…………………163, 178, 202

保育…………………………39, 137, 157

〈マ 行〉

ミード………………………209, 210, 223
ミラーニューロン…………106, 107
メルロ・ポンティ…………199, 219, 230

茂木健一郎…………………106, 164
モラン………………………99
森有正………………………204
問題解決……………………179, 181
モンテッソーリ……………147, 149

〈ヤ 行〉

遊戯…………………………40, 55, 58
誘導…………………………59, 68, 168
養育…………………………70, 156, 181
養護…………………………138
幼稚園教育要領……………74, 156, 209

〈ラ 行〉

ラルゲフェルド……………233, 257
臨床知………………………30, 92, 206
ルソー………………………6, 23, 108
レシ…………………………169, 170
労働…………………………38, 42, 43

〈ワ 行〉

「わたし」観………………192
和田實………………………57, 67, 167, 172

〈本巻著者〉 青 木 久 子（あおき ひさこ）

〈出身〉長野県
〈学歴・職歴〉
　　青山学院大学大学院修士課程修了
　　国家公務員から東京都公立幼稚園の教諭，東京都立教育研究所指導主事，同統括指導主事，東京都教育庁指導部初等教育指導課指導主事として，全都の幼児教育行政，幼児教育・幼児発達研究を担う。その後，昭和女子大学専任講師，国立音楽大学教授兼同附属幼稚園長等を歴任。授業は，他大の非常勤講師も含めると教員養成課程の「表現」を除く全科目を担当する経験を有する。
　　2004年から青木幼児教育研究所主宰，青山学院大学非常勤講師，文京学院大学および同大学院非常勤講師の傍ら，実践現場の研究・研修支援，執筆等を中心に活動しながら週末は農業に勤しんでいる。
〈専門領域等〉幼児教育学，教育実践研究，発達臨床心理士
〈所属学会〉日本保育学会，日本教育学会，日本発達心理学会，日本臨床発達心
　　　　　　理士会，日本教育実践学会
〈主な著書〉
　　『幼稚園の学級経営』（共著，教育出版，1982）
　　『よりよい保育の条件』（共著，日本保育学会編著，フレーベル館，1986）
　　『幼児教育学』（日本女子大学通信課程，1987）
　　『教育学への視座』（共著，萌文書林，1999）
　　『生きる力を育てる保育』全3巻（共著，世界文化社，1999）
　　『子ども理解とカウンセリングマインド』（共著，萌文書林，2001）
　　『子どもに生きる』（萌文書林，2002）
　　『環境をいかした保育』全4巻（編著，チャイルド本社，2006）
　　『幼保一元化問題』2004，『ごっこの社会学』2004，『経営の論と理Ⅰ・Ⅱ』
　　　2005，『トポスの共通感覚』2005（以上，青木幼児教育研究所）
〈実践記録映画〉
　　文部省監修「幼稚園」，「みどりぐみこうじげんば」，「子どもは訴えている」
　　岩波映画「子育ての中の基礎体力づくり」桜映画社の実践記録
　　国立音楽大学附属幼稚園企画「毎日が舞台表現－3歳児の世界－」，「遊びは表現－4歳児の世界－」，「表現を創る－5歳児の世界－」他3本イー・ジェー・シーの実践記録

〈シリーズ〉
〈編　者〉　青木久子
　　　　　青山学院大学大学院修士課程修了
　　　　　幼稚園教諭より、東京都教育庁指導部 都立教育研究所統括指導主事、国立音楽大学教授 兼 同附属幼稚園長職等を歴任。
　　　　　現在、青木幼児教育研究所主宰。

　　　　　磯部裕子
　　　　　聖心女子大学文学部教育学科卒業
　　　　　8年間幼稚園教諭職を経、青山学院大学大学院後期博士課程満期退学。
　　　　　現在、宮城学院女子大学児童教育学科 准教授。

〈装幀〉レフ・デザイン工房

幼児教育　知の探究 2
教育臨床への挑戦

2007年4月25日　初版発行©

検印省略	著　　者	青　木　久　子
	発　行　者	服　部　雅　生
	発　行　所	株式会社　萌文書林

〒113-0021　東京都文京区本駒込6-15-11
TEL(03)-3943-0576　FAX(03)-3943-0567
URL:http://www.houbun.com
E-mail:info@houbun.com

落丁・乱丁本はお取替えいたします。　振替口座　00130-4-131092

印刷／製本　シナノ

ISBN978-4-89347-102-4　C3037